Knaur

Yvonne Hai

Über die Autorin:

Teresa T. Martino lebt auf einer Insel im pazifischen Nordwesten der USA, wo sie schreibt, Pferde ausbildet und die Organisation »Wolftown!« leitet, die sich der Rettung von Pferden widmet. Sie hat schon zahlreiche Bücher über ihr Leben mit den Tieren veröffentlicht.

Teresa T. Martino

# *Tänzer auf der Weide*

## Meine Pferde – mein Leben

Aus dem Amerikanischen
von Ingeborg Ebel

Knaur

Bitte besuchen Sie uns im Internet:
www.droemer-knaur.de

Vollständige Taschenbuchausgabe 2003
Droemersche Verlagsanstalt Th. Knaur Nachf., München

Umschlaggestaltung: ZERO Werbeagentur, München
Umschlagfoto: Getty Images, München
Satz: Ventura Publisher im Verlag
Druck und Bindung: Nørhaven Paperback A/S
Printed in Denmark
ISBN 3-426-77669-3

2 4 5 3 1

*Für Pop,*
*Stoat, Babe und Bean*

# Inhalt

# Danksagung

Ich möchte meiner Familie für ihr Verständnis und ihre Liebe danken.
Dank meiner Lektorin und Verlegerin, Maureen R. Michelson, für ihre harte Arbeit, Hingabe und Liebe. Und dem Verlag NewSage Press für sein Engagement.
Mary Alice Kier, danke! Deine Weisheit ist unbezahlbar.
Meinen Freunden draußen auf dem Land der Blackfeet!
*Oki! Haway! Wahzhazhe!*
Ich danke den Leuten vom Sound Food Restaurant für den Kaffee, die Liebe, den Tisch und das elektrische Licht!
Und gedankt sei dir, Wolftown, den Menschen, den Wölfen und den Pferden! Nie wird es mir an noch zu erzählenden Geschichten mangeln. Seht ihr, Kids, alles ist möglich …
Danke, Wire Artist, weil du an den Bohemian geglaubt hast.
Danke, Pop! Bis bald! Dann reiten wir zusammen!

*my horses prancing they are coming*
*my horses neighing they are coming*
*prancing they are coming*
*all over the universe they come*
*they will dance; may you behold them*
*a horse nation they will dance*
*may you behold them*

The song the stallion sang to Black Elk in his dream
From *Black Elk Speaks*

meine tänzelnden Pferde, sie kommen
meine wiehernden Pferde, sie kommen
tänzelnd kommen sie
aus dem gesamten Universum kommen sie
sie werden tanzen; vielleicht siehst du sie
ein Pferdevolk, sie werden tanzen
mögest du sie sehen

Dieses Lied sang der Hengst dem Schwarzen Elch in seinem Traum
Aus: *Der Schwarze Elch spricht*

# 1

# Der Tempel auf der Weide

Nach den kurzen Wintertagen kommt die Sonne wieder zurück. Jetzt ist die Zeit, wo die Pferde anfangen, ihr dichtes Haarkleid zu verlieren. Wenn sie auf der Weide stehen, treibt die frische Brise lange Büschel vor sich her, bis sie auf das vom Frost graue Gras niedersinken. Die Leiber der Pferde schimmern in satten, samtigen Farben: kastanienbraun, graubraun, schwarz, fuchsrot, rostrot, grau gesprenkelt.
Hengste, Stuten, Wallache und Fohlen – die Pferdefamilie. Sterne auf Gesichtern, perlmuttfarbene Söckchen an den Fesseln, Wirbel im Fell – das alles sind Zeichen der Weisheit oder des Glücks. Besondere Pferde haben Geburtsmale auf ihren Hälsen oder Schultern, wie Fingerabdrücke. Als ich erst vier Jahre alt war, machte mich mein Vater, Pop, auf diese Merkmale aufmerksam. Mit gedämpfter Stimme, die ein Geheimnis oder etwas Heiliges ahnen ließ, flüsterte Pop: »Diese Pferde sind gesegnet, von Gott erwählt.«
Dem ersten Pferd begegnete ich, als ich kaum laufen konnte. Mit zwei stolperte ich auf eine Weide, wie magisch angezogen von dem wundervollen, großen gelben Hengst. Geduldig blieb er stehen, als ich seine Beine umklammerte und mich an ihm emporzog. Das war mein erstes Geschenk von einem Pferd – Unterstützung. Später fanden mich meine Eltern zu ihrer Erleichterung, und es war keine Überraschung für sie, dass ich mein Leben und meinen Beruf den vierbeinigen Geistern widmete, die sich die Ehre geben, das Weideland mit ihrer Anmut und Würde zu schmücken.
Seit fünfunddreißig Jahren schon beobachte und studiere

ich Pferde mit Leidenschaft. Pferde sind meine Familie, meine Schwestern und Brüder. Sie sind auch meine Lehrer und meine Medizinmänner und -frauen, die mir ständig im Bewusstsein sind. In ihrer geheimnisvollen Unerklärlichkeit und mit ihrer Magie haben mich Pferde jene Sprache gelehrt, die ohne Worte auskommt, sie haben mir das Geistige, das Wesen der Familie und Führungsqualitäten beigebracht. Pop sagte einmal: »Willst du wissen, was um dich herum vorgeht? Dann frag die Pferde.«

Pferde haben tiefe Spuren im menschlichen Bewusstsein hinterlassen. Die Liebe zu ihnen liegt im Blut, wie gewisse Eigenschaften genetisch bedingt sind. Ein Pferdeliebhaber wird eher Pferdefutter kaufen als Nahrung für sich selbst. Und der Schweiß der Pferde und das Trommeln ihrer Hufe sind wie ein Ruf, der alle Pferdeliebhaber zu ein und demselben Stamm von Menschen zusammenwachsen lässt.

Pferde sind Halbgötter, die uns Kraft gaben und Macht verliehen. Ihre Sprungstärke, ihr wacher Blick und ihre geschmeidigen Muskeln erlaubten es den Menschen, als vierbeinge Geschöpfe die Prärien zu erobern und ihren Geist zu verbreiten. Und jetzt kann ich dank der Anmut und Würde der Pferde zu jenen Zeiten zurückkehren, von denen meine Vorfahren, die Ureinwohner, erzählten – als die Tiere sprechen konnten. Zurück zu jener Zeit, als Pferd und Mensch miteinander verschmolzen waren, sei es der Zentaur, das Fabelwesen der griechischen Mythologie, oder der indianische Krieger auf seinem Pony.

Pop lehrte mich, für meine Pferde zu sorgen, bevor ich für mich sorge. Er sagte, sie würden es mir immer durch ihre Arbeit danken, wenn ich das täte. Er hatte Recht. Denn während meines ganzen Arbeitslebens haben Pferde mich ernährt und mir geholfen, meine Freiheit zu bewahren.

An jenem besonderen Frühlingsmorgen schien sich die Sonne gegen den feuchten und dunklen Nordwestwind vom Pazifik durchzusetzen. Doch noch drang die eisige Kälte durch meine blauen ledernen Reithosen, und die Zehen in meinen mit gefrorenem Schlamm verdreckten Stiefeln waren gefühllos. Meine Schülerinnen arbeiteten geduldig; sie lernten, wie viel Engagement für das Wohlergehen und die Pflege der Pferde nötig ist. Noch waren sie Laien, sie schrubbten Wassereimer, säuberten Ställe, striegelten und fütterten die Pferde und ölten und wachsten Zaumzeug und Sättel ein.

Die Pferde wussten, dass sie etwas Besonderes waren. Ihre geduldigen Gesichter drückten Behagen aus, als sie uns beobachteten, zuschauten, wie wir uns emsig um ihre Bedürfnisse kümmerten. Liebevoll verfolgten sie unsere Bemühungen, aber sie wussten auch, dass sie diese Fürsorge verdienten. Die Pferde wurden gefüttert, ehe wir aßen. Ihr Wohlbefinden kam vor dem unseren.

So sieht die Wirklichkeit aus. Denn Pferdemenschen gleichen jenen ausdauernd laufenden Schäferhunden, die jahrelang zu dem Zweck gezüchtet wurden, Schafe zu hüten oder Kinder in Indien zu beschützen, die die heiligen Kühe füttern. Auf dieser Basis begegnen Menschen Pferden, seit sie eine partnerschaftliche Beziehung eingegangen sind. Wenn wir mit Pferden arbeiten, sind wir glücklich und ignorieren Kälte, Schmutz und Gefahren. Dies ist unser Leben, ein anderes existiert für uns nicht. Die Pferde aber wissen das und schauen uns aufmerksam zu. Im Charakter der Pferde scheint ein Widersinn zu liegen: Sie müssen uns nicht tragen, aber sie tun es. »Warum tun sie das?«, fragte ich eine meiner Schülerinnen, die ebenso hoch aufgeschossen und schlank wie ein Hengstfohlen war. Dann beantwortete ich mir die Frage selbst. Pferde geben ihre Einwilligung, denn sie verfügen über ein Grundwissen, nach dem

sich die Menschheit sehnt. Wildheit und Kraft sind ihnen eigen, und sie erlauben uns, auf ihrem Rücken über das Land zu fliegen.
Die wahre Beziehung eines Menschen zu einem Pferd gleicht der einzelner Zellen zur Gesamtheit des Körpers. Eine unendliche Vielzahl von Zellen formen einen Körper. Das gilt für das gesamte Leben, aber insbesondere für das Leben mit Pferden. Denn Menschen, die Pferde lieben, können sie reiten, und beide Lebewesen können zu einem werden.

Meine Assistentin, Summer, hielt den Kopf des jungen Hengstes locker fest; ich stand neben dem Pferd, beugte mich vor und sagte ihm mit meinem Körper, was als Nächstes geschehen würde. Summer war siebzehn, in demselben Alter, in dem ich damals meinen Beruf ergriffen hatte. »Arbeite mit deinem Körper«, sagte ich zu Summer. »Höre mit ihm zu. Dein Körper wird dir sagen, wann das junge Pferd bereit ist, den nächsten Schritt zu tun.« Das Tier stand ruhig da, lauschte meiner Stimme, beobachtete mich mit sanften Augen, die Zustimmung ausdrückten. Durch meinen ganzen Körper spürte der junge Hengst mein Vertrauen in ihn. Summer hielt noch immer leicht seinen Kopf, während ich sprach. »Wenn du etwas Falsches machst, spürst du es in deinem Magen. Das junge Tier bestimmt die Lerngeschwindigkeit. Es wird es deinem Körper sagen.« Summer nickte brav.
Der Hengst war noch nie geritten worden. Wir beide taten etwas, das in dem Augenblick begann, als ein Mensch wilde Herden donnernd über Ebenen galoppieren sah und dieses Bild sich für immer in seinem Kopf festsetzte. Über die Jahre habe ich mit mehr als siebenhundert Pferden gearbeitet, und dies war das dreiundvierzigste junge Pferd, das ich

zum ersten Mal reiten wollte. Der Hengst signalisierte mir seine Zustimmung und stand ruhig da, bereit zum Aufsitzen. Nie hat ein junges Pferd unter mir gebockt. Immer habe ich vorher gefragt, und sie haben mir ihr Einverständnis gegeben.

Ich hob mein gesundes Bein, denn das andere ist von mehreren Verletzungen geschwächt. Summer packte es und schob mich über die braune Schulter des Hengstes auf seinen warmen, nackten Rücken. Und als ich mich auf dem Pferderücken streckte, fragte ich mich: *Wer bringt eigentlich wem etwas bei? Wer erzieht wen?*

Haben Menschen Pferde wirklich domestiziert? Oder sind wir nur Partner geworden? Kooperation dient der Maximierung des Lebens und Überlebens. Domestizierung ist ein Generationen übergreifender Vorgang, der in beiden Richtungen wirksam ist. Ich glaube, dass die Pferde auch Menschen gezähmt und sanftmütiger gemacht haben. Einst jagten Menschen die Pferde nur, doch heute dienen wir ihnen, als gehörten sie zu unserem Geschlecht, als wären sie Familienmitglieder. Der Zivilisationsprozess wäre anders verlaufen, hätten wir nicht Pferde zu unseren Partnern gemacht.

Als ich den warmen Körper des Dreijährigen unter mir fühlte, konnte ich mir vorstellen, wie die Beziehung zwischen Pferd und Mensch begann. Seit mindestens fünftausend Jahren schon leben wir zusammen. Menschen der Frühzeit haben von Pferden geträumt und ihre Bilder im flackernden Licht von Fackeln an Felswände gemalt.

Möglicherweise hatte eines Tages jemand eine Idee und dachte: *Vielleicht werde ich diesem Wesen gleich, wenn es mir gelingt, mich auf seinen Rücken zu schwingen.* Jemand fand ein verwaistes Fohlen. Oder Jäger töteten eine Stute, die ein Fohlen bei sich führte, und sahen in den Augen des Fohlens den Schmerz ihrer eigenen Kinder. Und im Blut der Stute sahen sie ihr eigenes Schicksal. Die Menschen der Vorzeit wussten sehr wohl, dass die Erde verschwenderisch gibt, aber auch nimmt.

Jäger wussten, dass sie eines Tages so still und steif wie ihre Beute daliegen würden. Also fühlten sich unsere Ahnen für das Fohlen verantwortlich und gaben ihm ein Versprechen. Vielleicht spielte ein Kind mit dem kleinen Pferd und kletterte während des Spiels auf seinen Rücken.

So lernten sie nach und nach einander zu vertrauen, bis der Mensch das Tier reiten konnte. Da wurde er so schnell wie der Elch, und seine Sinne gewannen an Schärfe. Und plötzlich waren Entfernungen für Menschen zu einem weniger großen Problem geworden. Jetzt konnten sie das Wild wie Löwinnen oder ein Wolfsrudel jagen. Das Pferd erlaubte es uns, zu einem vierbeinigen Tier zu werden, uns körperlich und geistig in die Kreatur zu verwandeln, die wir bewunderten.

Die Befindlichkeit des Menschen – eine Mischung aus Verstand und Ängsten vor den Unwägbarkeiten des Lebens – macht ihn einsam. Er sehnt sich nach der Natur nahe stehenden Gefährten, die nicht ständig über den Tod nachdenken. Wohl aus diesem Grund – so wurde mir von alten Leuten erzählt – kamen Gefährten wie der Hund und das Pferd aus der Wildnis, um ihr Leben mit uns zu teilen und unsere Furcht zu lindern.

Pferdemenschen halten die Tradition in Ehren. Und Schüler übernehmen die Traditionen ihrer Lehrer. Das klassische Wissen über Pferde – Literatur – gibt es, an der Evolution gemessen, noch nicht lange. Das meiste wurde mündlich von Generation zu Generation, von Lehrer zu Schüler weitergegeben. Auf diese Weise übermittle ich meinen Schülern das uralte Wissen vieler Generationen vor mir – seit der Mensch mit dem Pferd kommunizieren kann.

Oft wandern meine Gedanken zu *meinem* Lehrer, Pop, zurück und zu den ersten Pferden, die mich diesen Lebensweg einschlagen ließen. Eine Herde entwöhnter Ponyfohlen stand auf einer Koppel voller Löwenzahn und Lupinen in der Sonne. Pop, hoch gewachsen und tief gebräunt, trug mich durch das Gatter zwischen Pfosten und Umzäunung. Inmitten der neugierigen Fohlen und der großen Blumen setzte er mich ab. Damals war ich vier und dieses Erlebnis von entscheidender Bedeutung für mich. Es war der Tag der Aufnahme in die Gemeinschaft der Pferde.

»Jetzt such dir ein eigenes Pferd aus, Teresa«, sagte Pop. Ich blickte forschend in die erdfarbenen Gesichter, die mich in einem lockeren Halbkreis umgaben. Ein Pony war kleiner als alle anderen. Ein stämmiges, kleines graues Stutfohlen mit einem frechen Gesicht und warmen, klugen Augen. Die kleine Stute kam zu mir und schnupperte an meiner Hand, schnaubte in mein Haar und überlegte, ob sie mich auch schmecken sollte. Doch da sie zu wohl erzogen war, entschied sie sich dagegen. Ich legte meine Hand auf ihren Hals und sagte: »Dieses Pony möchte ich, Pop!« Das war mein erstes eigenes Pferd.

Das graue Pony wurde zu meiner Vertrauten und Gefährtin. Ich taufte sie Babe, nannte sie aber B. B. Pop rief sie immer Rusty, weil ihr Fell in der Sonne wie rostige graue Nägel glänzte. Babe war erst sechs Monate alt, also zum Reiten zu jung. Deshalb verbrachten wir viel Zeit zusammen draußen, auf Feldern und Wiesen. Babe graste dicht neben mir, während ich den Wolken am Himmel nachsah und lauschte, wie sie die Halme abrupfte. Wenn Pop von der Arbeit nach Hause kam, half er mir, sie zu bürsten und zu striegeln, und lehrte mich, sie ans Halfter zu gewöhnen, zu führen und festzubinden. Es war leicht, Babe beizubringen, mich auf ihrem Rücken zu tragen. Wenn sie auf dem Boden lag, kletterte ich auf ihren Rücken. Zwar seufzte und stöhnte sie dann, aber

sie lag ganz still da, wenn ich mit meinen Kinderhänden ihre Mähne packte.
Erst als Babe drei Jahre alt und ich sieben war, erlaubte Pop, dass ich mit ihr arbeitete. Doch da konnte ich mit Babe schon auf die goldenen Hügel und in die schattigen Obstgärten in der Nähe unseres Hauses ausreiten. Meine Mutter flocht mein langes, dunkles Haar in zwei Zöpfe, die mir über den Rücken fielen, dann zog ich alte Jeans und Stiefel an und lief zu Babe draußen auf der Weide.
Und was machten wir, Babe und ich? Das, was alle Pferde und Kinder tun. Alles und nichts. Die Zeit blieb fast stehen, sie zählte nicht mehr, wenn wir den Wolken nachschauten oder unseren Schatten im hohen Gras nachjagten, dessen Halme sich im Wind wie Meereswellen bewegten. Doch jederzeit konnte Babe den Kopf hochwerfen, die Ohren spitzen und die Nüstern weiten. *Wer ist das?,* fragte mich Babe mit ihrem Körper. *Der Hund der Browns oder das Nachbarmädchen auf seinem störrischen Braunen?* Gemeinsam hielten wir dann wachsam Ausschau. Und Babe lehrte mich, meine Sinne zu schärfen, eine Technik, die ich als Erwachsene noch verfeinerte und perfektionierte, als ich mit McKenzie, dem Wolf, auf die Jagd ging.
Auf dem Hügel über unserem weißen Haus gab es einen kleinen Wegweiser, auf dem stand: *A. Martino*. Immer wenn ich mit Babe daran vorbeiritt, glaubte ich, dass es nur eine Familie wie die meine gebe. Der Name meines Vaters war Andrew. Vielleicht nenne ich mich deshalb jetzt als Erwachsene *T. Martino*.
Aus Spaß errichtete ich kleine Hindernisse für das Pony und ritt es ohne Sattel mit ausgestreckten Armen die steilsten Hügel hinunter, wobei ich rief: »Schau mal, Pop! Schau mal!« Schon in jungen Jahren machte ich die Erfahrung, dass die Welt, vom Rücken eines Pferdes aus gesehen, eine andere ist. Plötzlich kann man galoppieren, fliegen. Das Wesen des

Pferdes verschmilzt mit dem deinen; es entsteht durch den engen Körperkontakt eine innige Verbindung.
Vielleicht denken manche Leute, dass Reiten grausam ist und dass mein armes Pony, eine scheue und stumme Kreatur, mir, seiner Herrin, Widerstand leistet. O nein! So ist das nicht. Denn alle Menschen, die viel mit Pferden zu tun haben, die ihnen nahe kommen, so nah, dass sie den warmen Atem dieser Tiere spüren, diese Menschen wissen, dass Pferde sich nach guten Partnern sehnen und sie brauchen. Sogar unter den Menschen suchen sie Partner.
Die arme Babe war nicht schnell. Die Nachbarpferde gewannen immer, immer, wenn wir Rennen in den alten Obstgärten veranstalteten. Sie waren größer und schneller, aber Babe konnte springen, die steilsten Pfade emporklimmen, und sie hatte keine Angst vor scharfen Hunden. Und alle diese schwierigen Gangarten absolvierte ich mit ihr ohne Sattel und Zügel, nur mit dem kleinen Halfter, das Pop für sie angefertigt hatte.
Trotzdem ließ Babe nicht alles mit sich machen. Einmal wollte ich sie über einen zerbrochenen Zaun führen, und sie verweigerte. Länger als eine Stunde versuchte ich alles Mögliche, schmeichelte ihr, beschwatzte sie, zerrte an ihrem Halfter – sie rührte sich nicht vom Fleck. Schließlich musste ich nachgeben und den Zaun umgehen. Aber andererseits verfügte sie über eine Engelsgeduld, zum Beispiel, wenn ich ihr etwas anzog. Ich band Bänder um ihre Fesseln und zog ihr eins von Pops Hemden über. Die Hose stammte von Gott weiß wem.
Im Laufe der Zeit lernte ich auch das richtige Fallen. Babe bockte nie, ich glitt einfach hinunter und holte mir eine Menge Beulen und blaue Flecken, was nicht ohne Tränen abging. War ich einmal gefallen, stupste sie mich beunruhigt mit der Nase an und wartete geduldig, bis ich wieder auf ihren Rücken geklettert war, damit wir unseren Weg fortset-

zen konnten. Nach einem Sturz lief Babe nie weg. Wie ich mich nach der Zeit sehne, als sie wartete, bis ich wieder aufgestanden war! Es tut so wohl, wenn ein geliebtes Wesen nach dem Sturz auf einen wartet. Auch wenn ich gelernt hatte, dass man – wie im Leben – immer wieder aufstehen muss!

Als Babe und ich älter wurden, zeigte mir Pop, wie ich im Sitzen auf ihr die Balance halten und mein Gewicht dazu benutzen konnte, mit ihr in der Pferdesprache zu reden. Diese Sprache ist stumm, hauptsächlich eine Körpersprache, die im gegenseitigen Körperkontakt und dem genauen Beobachten des anderen besteht; etwa dem Blick auf gespitzte Ohren, an denen man die Gedanken des Pferdes geradezu ablesen kann; ein stummer telepathischer und physischer Austausch von Gedanken.

Pop lehrte mich dieses gefühls- und emotionsgeladene Sprechen, bis ich es derart verinnerlicht hatte, dass meine Gedanken von meinem Körper interpretiert wurden und meine Gefühle meinen Muskeln Befehle gaben, die dann auf das Pferd übertragen wurden. Ich lernte, mein Bewusstsein mehr in meinen Körper als in meinen Kopf zu verlagern, und konnte auf diese Weise mit dem Pferd sprechen. Diese Pferdesprache habe ich inzwischen so verfeinert, dass ich ihm schwierige Fragen stellen kann: ob es sprungbereit ist oder ob es bereit ist, zum ersten Mal geritten zu werden, oder ob wir eine komplizierte neue Schrittfolge ausprobieren wollen. Ständig stelle ich solche Fragen und überprüfe meine Kommunikationsfähigkeit. Ist sie vorhanden, tut das Pferd alles Gewünschte ohne Zwang.

Die Tage, die ich mit Babe, meinem ersten Pferd, verbracht habe, leben noch immer in meinem Körper weiter; das warme Sonnenlicht, die staubgetränkten würzigen Gerüche des Sommers, das Glitzern der Wellen auf dem See und meine nackten Füße tief in Babes weichem langem Bauchfell vergraben. Ihr Kopf ins kniehohe Gras gesenkt und ich auf ihrem Rücken. Babe teilte ihr Pferdeleben mit mir. Ein Schritt … rupfen … kauen, kauen … schwirrende Fliegen … ein Schritt … rupfen … kauen, kauen. Die Griechen in der Antike sahen Zentauren, aber ich weiß, wessen Zeugen sie in Wirklichkeit waren – Partner sahen sie, die gelebte Gemeinschaft zwischen Mensch und Tier.

Mein Vater wurde als Sohn italienischer Einwanderer in Brooklyn geboren. Mein Großvater Natali hatte Reiten auf einer Kavallerieschule in Italien gelernt, ähnlich der Ecole Nationale d'Equitation in Saumur oder der Spanischen Reitschule in Wien. Diese europäischen Reitschulen unterrichten in den Disziplinen Dressur-, Spring- und Vielseitigkeitsreiten, in der Kunst, eine möglichst große Harmonie zwischen Pferd und Reiter und somit eine möglichst perfekte Darbietung zu erlangen. Als Großvater auswanderte und sich in Brooklyn niederließ, arbeitete er als Schiffszimmermann und Maurer, um seine Familie zu ernähren. Himmelweit entfernt von der innigen Beziehung eines Reiters zu seinem Pferd.

Großvater Natali wurde bei einem Autounfall getötet. Bald nach seinem Tod zog Großmutter Connie mit der Familie nach Long Island. Und dort lernte Pop ohne die Hilfe seines Vaters Reiten. Er tat das, was alle armen Kinder tun, deren Herz den Pferden gehört und die unbedingt reiten wollen – er mistete die Ställe aus. Als Gegenleistung erhielt er Unterricht im Spring- und Dressurreiten. Nach Beendigung des Zweiten Weltkrieges – Pop war fünfundzwanzig – kaufte er sein erstes Pferd, eine kleine kastanienbraune Stute. Er bezahlte zwanzig Dollar für Dolly.

Wann immer Pop über Dolly und seine große Liebe zu ihr

sprach, wurde er wehmütig und traurig, denn später musste er sie aus Geldmangel verkaufen. Das konnte ich als Kind nicht begreifen. Wie kann man jemanden, den man liebt, verkaufen? Erst Jahre später verstand ich, dass dies ein Fluch ist, der auf den Pferden lastet. Endlich arbeitet man mit einem Wesen zusammen, das man liebt, und dann muss man es verkaufen, weil man seine Kinder ernähren oder den restlichen Viehbestand füttern muss. Wie wild dahinfließende Flüsse voller Stromschnellen und Eisschollen oder sanfte, ruhige Wasser im Sommer überkommen mich dieser Tage die Erinnerungen an Pop. Er war ein Mann, bei dem ganz gewöhnliche Dinge als etwas Außergewöhnliches schienen. Oft wirkte er erstaunt – er hatte den Blick eines Wilden, der gezähmt worden war. Einer seiner letzten Ratschläge kurz vor seinem Tode lautete, »jung zu bleiben«; ich interpretierte diese Sentenz als: »Höre nie auf, dich über etwas zu wundern. Bewahre dir die Fähigkeit des Erstaunens.« Er behauptete, dass Angst die Menschen altern lasse. Einmal erzählte er mir, dass er gern alles verkaufen und in einem Wohnwagen am Fluss leben würde, anstatt ein ganz normales Leben zu führen.

Das Wichtigste, das er mir als Lehrer beibrachte, war die Kenntnis und die Wertschätzung der herkömmlichen überlieferten Kunst des Reitens. Als ich zwölf war, schenkte er mir das Buch von Alois Podhajsky, *Die klassische Reitkunst*, ein Unterrichtswerk, das auf den mündlich überlieferten Erfahrungen der Spanischen Hofreitschule in Wien basiert und auf dem Konzept der Gewaltlosigkeit aufgebaut ist – der Reiter braucht Jahre, um ein perfektes Gleichgewicht zwischen sich und dem Pferd herzustellen.

Erst nach jahrelanger gemeinsamer Arbeit und gemeinsamen Erfahrungen entsteht zwischen Reiter und Pferd eine so tiefe innere Verbindung, die ein Gefühl der Einheit entstehen lässt – beide verschmelzen zu einem Körper. Dann bekommen Pferde, die ich aufgezogen und zugeritten habe, ein Gefühl, als würden sie von meinem Geist beseelt; dann sehen sie mit ihrem Pferde-Geist die Welt durch meine Augen. Pop lehrte mich ebenfalls, dass Pferde wie Menschen an gewisse Grenzen ihrer physischen Leistungsfähigkeit stoßen und dass ein kluger Lehrer diese Grenzen erkennt und ein Pferd nicht überfordert.

Dann sagte mir Pop etwas, das ich meinen Schülern noch immer, auch vierunddreißig Jahre später, weitergebe: »Sag deinem Pferd, was du tust. Sprich mit deinem Pferd, erklär ihm, was du von ihm willst. Ein Pferd kannst du nie belügen.« Wenn ich Probleme habe, gehe ich in den Ställen den notwendigen Arbeiten nach und erkläre den Pferden, was nicht klappt. Sie hören mir dann mit langen Gesichtern und wachen Augen und gespitzten Ohren zu. Nach dieser Rede gehen wir viel freundlicher und verständnisvoller miteinander um.

Dann kam der Tag, an dem ich für mein erstes Pony zu groß geworden war. Im Alter von zwölf Jahren sollte ich ein großes Pferd bekommen. Babe sollte einen Wagen ziehen. Deshalb machte Pop ihr ein Geschirr aus Lederresten, und wir kauften ein Wägelchen, in dem sie mich freudig zog, wobei ihre kleinen Hufe auf der Straße klackende Geräusche machten.

Sunny war mein erstes voll ausgewachsenes Pferd. Wir fanden sie durch eine Kleinanzeige in der Zeitung und kauften sie von Leuten, die aus der Stadt wegzogen. Pop liebte sie wegen ihres Körperbaus, doch mir gefielen ihre ungewöhnliche Farbe und ihre gelben Augen. Sunny war eine magere, lehmfarbene Stute, mit graubraun-silberner Mähne und Schweif und von unbekannter Herkunft. Wir kauften sie für 400 Dollar. Da wir keinen Pferdeanhänger besaßen, mussten wir die zwölf Kilometer nach Hause mit Sunny zu Fuß gehen. Ich hatte meine neuen Stiefel angezogen und Blasen, so groß wie Aprikosen, als ich sie humpelnd auf ihre neue Koppel brachte.

Sunny war weder verspielt noch hatte sie einen besonders ausgeprägten Charakter. Sie war nicht clever wie die süße Babe, die mich neckte oder mir meine Mütze stahl. Ihr Blick war verschleiert, und ihr Geist und Herz waren weit weg. Pop hielt ihr etwas von seinem Pfeifentabak hin, doch auch dieser Bestechungsversuch blieb ohne Wirkung. Ihre Reaktion verwirrte mich. Ich kannte das Verhalten von Pferden, die misshandelt worden waren, noch nicht. So stand sie friedlich auf ihrer Koppel, als Dean, unser Nachbar, ein Cowboy, angeschlendert kam und sich über den Zaun in ihren Korral schwang. Dean glaubte, wir seien mit unseren Reitkünsten am Ende. Was konnte denn ein aus Brooklyn stammender Italiener schon von Pferden verstehen?

Er marschierte zu ihr hin, als wäre er John Wayne, und musterte sie abschätzend. Er schob seinen Stetson in den Nacken, zog an seiner Zigarette und wandte sich wieder ab; Rauch strömte aus seinem Mund. Doch als sich der Cowboy umdrehte, legte die Stute plötzlich die Ohren an, sodass sie nicht mehr zu sehen waren, stellte sich auf die Hinterbeine und griff an. Der arme Kerl drehte sich kurz um und starrte die Stute an. Sunny stürmte, Staub aufwirbelnd, auf ihn zu. Dean drehte sich um und lief um sein Leben; die Sporen an seinen Stiefeln klingelten wie Glöckchen auf dem trockenen, staubigen Lehm.

Fassungslos sahen Pop und ich uns an, dann wanderte unser Blick wieder zu der unglaublichen Szene. Wir fragten uns, ob der Cowboy es bis zum Zaun schaffen würde, ehe die Hufe auf ihn niederdonnerten. Die Stute holte ihn mit gebleckten Zähnen und wütend blitzenden Augen schnell ein. Wenn Sunny Dean erwischte, würde er sterben. Aber er legte noch an Tempo zu und sprang wie eine Gazelle ohne Hilfe der Hände über den Zaun. Auf seinem Grundstück rannte er weiter, weil er wohl Angst hatte, die Stute könnte ebenfalls darüber springen.

Dann sagte Pop in sachlichem Ton zu mir: »Mädchen, dieses Pferd wird dich wirklich das Reiten lehren.« Ich hatte zwar volles Vertrauen zu meinem Vater, wunderte mich aber sehr über diesen Satz.

Inzwischen war meine italienische Großmutter aus dem Haus gekommen. Als sie dem über den Hügel davonlaufenden Dean nachblickte, wischte sie sich die Hände an ihrer Schürze ab und sagte, über den Flüchtenden entzückt: »Das geschieht ihm recht. Dieser Mann beobachtet mich durch mein Fenster!« Dann sah sie mich mit ihren Rosinenaugen an und gab mir den Rat: »Nimm Kieselsteine in die Hand und drück fest zu. Dadurch werden deine Hände stark, damit du diese Stute besser halten kannst.«

Ich war erst zwölf, aber ich erkannte die Gefahr, die von ihr ausging, in Sunnys Augen. Wenn Pop nach der Arbeit heimkam, ging er mit mir nach draußen, um mit Sunny zu arbeiten. Pop unterrichtete mich auf dem Pferd, und das Pferd lehrte mich die Kunst des Reitens auf seine Weise. Manchmal sah uns der Cowboy über den Zaun zu. Dann starrte ihn Sunny mit angelegten Ohren an. Erst Jahre später erkannte ich, dass Dean Sunny an jemanden erinnerte, der sie misshandelt hatte.

Sunny war eine dominierende Stute. Wahrscheinlich hatte sie diesen Charakterzug entwickelt, weil sie gequält worden war. Sie weigerte sich zu wenden, und wenn sie vorwärts gehen sollte, stieg sie oft, oder sie bockte; Pop sagte, sie ähnele im Charakter Grandma Connie. Dieses Verhalten wurde zum Problem, wenn ich Sunny reiten wollte, aber sie lehrte mich dadurch, meine Angst zu kontrollieren. Wenn ich Angst hatte, konnte ich nicht mit ihr arbeiten, denn sie

spürte meine Furcht, roch sie. Und wenn sie erst einmal wusste, dass ich Angst hatte, tat sie nichts mehr für mich.
Aber ich liebte Sunny, liebte ihren anmutigen Körperbau, der dem einer Antilope glich, und die Farbe ihres Fells, ein helles Ocker. Auch die Farbe ihrer Augen war außergewöhnlich: sie waren gelb wie die eines Wolfs. Sie war in kein Zuchtbuch eingetragen, und Dean behauptete, sie habe überhaupt keinen Stammbaum. Deshalb ließen Pop und ich die Stute bei der Buckskin Horse Association registrieren. Als wir ihre Papiere hatten, marschierte Pop stolz mit Sunny auf die Weide und rief zu Dean rüber, er solle kommen und sich ihre Papiere ansehen. Doch Sunny starrte den Cowboy an und stieß ein seltsames Wiehern aus. Dean winkte Pop zu, aber er kam nicht, um sich den Stammbaum der Stute anzusehen, denn er konnte ihn in ihren Augen erkennen. Ich glaube, das gefiel Pop, und Grandma, die das Geschehen von der Küchentür aus beobachtete, lachte laut auf.
Sunny liebte mich nicht. Sie schaute mich nicht einmal an, wenn ich sie morgens fütterte. Das Striegeln ließ sie gleichgültig über sich ergehen, was mich überraschte und als Kind auch tief verletzte. Denn das Striegeln drückt Fürsorge aus, und ich erwartete, von meinem Pferd geliebt zu werden. Ich konnte nicht begreifen, warum sie mich nicht liebte.
Nachdem wir beide ein paar Monate zusammen gearbeitet hatten, ritten wir aus. Und auf diesen Ausritten fanden wir endlich etwas, das wir beide liebten. Sunny lief gern und liebte es, ihre Kräfte mit anderen zu messen. Draußen, in den Hügeln, ritten wir dann mit den Kindern aus »unserer Bande« um die Wette. Und Sunny und ich gewannen jedes Rennen – gegen jedes Pferd und jedes Kind. In der Schule war ich ein Niemand, schüchtern stand ich abseits und hatte fast keinen Kontakt zu den anderen. Aber draußen war ich mit Sunny die *Größte*.

Etwa nach einem Jahr mit Sunny änderte sich etwas. Eines Tages mistete ich ihren Stall aus. Da sah mich die Stute an und wieherte. Verblüfft hielt ich mitten in der Bewegung inne, drehte mich um und schaute Sunny an. Eine Strähne dunklen Haars fiel mir über die Stirn, so wie Sunny eine silberne Locke zwischen die Augen fiel. Wir sahen uns an. In ihren seltsamen gelben Augen lag Liebe. Wieder wieherte sie, leise dieses Mal und dunkel, wie nur Stuten wiehern können – ganz anders klang es als das schrille Wiehern der Hengste. Noch dreißig Jahre später fühle ich die Kraft, die im Blick der Stute gelegen hat. Ich sehe die Staubkörnchen im hellen Licht der Sommersonne tanzen und die Stute inmitten dieser Helle stehen und höre sie nach mir rufen. In diesem Augenblick vergab mir Sunny, ein Mensch zu sein.

Mit Sunny erlebte ich dann, was der griechische Schriftsteller und Heerführer Xenophon in einer Lehrschrift über die Reitkunst »die göttliche Wahrnehmung« nennt, das Gefühl des Einsseins mit dem Pferd, wenn Mensch und Tier sich verstehen und in vollständiger Harmonie miteinander bewegen.

Nachdem Pop eines Tages mit Sunny gearbeitet hatte, krümmte die Stute den Rücken, versammelte die Hinterbeine bis weit unter ihrem Körper und nahm einen weicheren Gesichtsausdruck an. Nun war ich nicht mehr ein ungebärdiges kleines Mädchen, das eine widerspenstige Stute ritt, sondern ein nach einem siegreichen Feldzug von tausenden Menschen bewunderter Imperator. Ich war auch die griechische Jagdgöttin Artemis oder eine junge Osage-Indianerin, die durch ein Meer von Gras reitet. In jenem herrlichen Moment bewegte sich die Stute mit der Anmut fließenden Wassers und dem Vertrauen eines Welpen unter mir. Pop nannte diese Gangart »einen perfekten versammelten Trab«.

Nachdem wir beide zum ersten Mal dieses Gefühl »göttlicher Wahrnehmung« geteilt hatten, öffneten sich Schleusen der Liebe zwischen Sunny und mir. Jetzt begriff Sunny unsere Partnerschaft, und wir fingen an, wie ein einziger Körper zu funktionieren. Wenn wir ritten, sprachen wir miteinander. Und noch immer benutzten wir keinen Sattel, und ich hatte sie noch nie auf irgendeinem Turnier geritten.

Nur ein paar Menschen wussten von der Liebe zwischen Sunny und mir. Natürlich wusste die Familie davon, vor allem Pop. Aber außer ihnen hatte nur noch meine beste Freundin, Dee Dee, davon Kenntnis. Wir kannten uns schon seit dem Kindergarten und spielten oft Pferd, ein Spiel, in dem wir tapfere, edle Pferde darstellten, die ein aufregendes Leben führen.

Dee Dee bewunderte Sunny. Oft stand sie am Zaun, wenn ich mit meiner Stute im Ring arbeitete, und schaute uns zu. Sie hatte mir erzählt, dass sie unter einer seltenen Blutkrankheit leide, die sie schwäche und dünn mache. Deshalb dürfe sie nicht reiten. Diese Krankheit machte Dee Dee wütend; sie sprach so oft darüber, dass ich wegen meiner eigenen guten Gesundheit Schuldgefühle bekam. Dee Dee sagte mir auch, dass sie wütend sei, weil sie niemals Auto fahren, niemals nach Afrika reisen und niemals einen Job bekommen könne, der ihr gefiele, noch jemals ein schnelles, starkes Pferd reiten könne.

Dee Dees Leben und ihr früher Tod im Alter von erst zwölf Jahren erschütterten mich. Oft, vor allem, wenn ich am Leben leide oder enttäuscht bin, muss ich an Dee Dee danken, an all die Dinge, die sie nie erfahren durfte, und an die fürchterlichen – auch seelischen – Schmerzen, die sie bis zu ihrem Tode litt, und dann bin ich für mein so reiches Leben dankbar. In der Nacht nach dem Gedenkgottesdienst für Dee Dee erschien sie mir im Traum. Wir beiden standen in einer Reithalle und waren von Reitern auf ihren Pferden um-

geben. Da sagte sie: »Ich bin nicht mehr wütend, Teresa.« Und ich glaubte ihr.
Gerade zu dem Zeitpunkt, als mich die Pferde diese erregende und berauschende Seite des Lebens lehrten, wies Dee Dee mir den Weg in eine andere Welt: die des Todes. Durch sie erkannte ich, dass alles Leben nur von gewisser Dauer und der Tod eine Realität ist. Wir sind ständig in einem Prozess des Sterbens begriffen, wir alle. Vor dieser Erfahrung wusste ich von diesen Dingen nichts, doch jetzt hatte mich der Tod mit seinem kalten Finger gestreift und mir das kostbare Wissen vermittelt, dass Leben Wandel bedeutet.
Während meiner Jugend sah ich viele geliebte Menschen sterben, und ich frage mich, ob diese Erfahrungen mich nicht den Pferden näher brachten, so nah, dass ich sie eher als Menschen denn als Tiere ansehe. Vielleicht gelangte ich zu dieser Einstellung, weil diese Sterbenden keine Angst vor dem Tod hatten. Auch lernte ich von ihnen, wie kostbar das Leben ist und dass man den Mut haben muss, jede Sekunde zu leben. Die Pferde und der Tod verliehen mir den Mut, an Querfeldeinrennen teilzunehmen, junge Hengste zuzureiten und wirklich schwierige Dinge zu tun. Die Menschen neigen oft dazu, Sicherheit zu suchen. Aber es gibt keine Sicherheit, nur das Leben.
Ein paar Monate nach Dee Dees Tod besuchte uns der Tod wieder. Wir saßen beim Abendessen, als Pop einen Anruf entgegennahm. Ein paar Minuten später legte er auf, stand eine Weile in der Küche und starrte auf die großen Pfefferbäume hinaus. Als er zurückkam, neigte er den Kopf über seinen Teller und fing an zu schluchzen. Meine Mutter, mein Bruder und ich waren fassungslos. Grandma Connie war an einem Herzinfarkt gestorben.
Als ich Grandma Connie vor der Beerdigung noch einmal sah, betrachtete ich ihr sanftes Gesicht und musste an ihre

Geschichten aus jener Zeit denken, als es noch keine Autos gab. Einmal hatte sie einen Mann verprügelt, der sein müdes, altes Zugpferd schlug, weil es den Karren nicht mehr einen Hügel hochziehen konnte. Und Grandma Connie hatte den Kampf gewonnen. Sie hatte ihn mit einem Besen verprügelt.

Etwa ein Jahr nach dem Tod seiner Mutter wurde Pop unruhig, rastlos. Seinen ersten Herzanfall hatte er mit zweiundvierzig Jahren gehabt. An dem Tag, als es geschah, holte mich Mom von der Schule ab. Dann fuhren wir schweigend zum Krankenhaus. An ihrem Gesicht und ihrer Körpersprache konnte ich erkennen, dass Pop krank war. Als er wieder nach Hause kam, hatte er sich verändert – er war schwächer geworden und fürchtete sich vor etwas. Als er an einem Nachmittag wieder einen Anfall bekam, schickte mich Mom den Hügel hinunter, zu dem Schild, auf dem »A. Martino« stand. Als die Sanitäter Pop in die Ambulanz schoben, fuhren Mutter und ich mit. Pop streckte eine graue, zitternde Hand aus. Mutter sagte mit kleiner, hoffnungsloser Stimme: »Andy, was willst du?« Pop sah sich verwirrt um und antwortete dann: »Ich möchte, dass du meine Hand hältst.« Mom hielt seine Hand, und ich hielt seinen Arm. Wir hatten zu viel Angst und waren zu geschockt, um zu weinen. Aber sogar heute noch empfinde ich den Schmerz wie einen Stein in meinem Magen. Ich war dreizehn und wusste, dass ich meinen liebsten, besten Freund früh verlieren und ihn viele Jahre betrauern würde. Nichts ist von Dauer. Und ich habe Jahre gebraucht, um die Schönheit im Vergänglichen zu begreifen.

Nachdem sich Pop Monate später wieder erholt hatte, beschloss er, mit der Familie in ein kleines Tal an der Küste zu ziehen. Vor seinem Tod wollte er das tun, weswegen er und seine Brüder nach Kalifornien gekommen waren – eine Ranch kaufen. Also kaufte Pop dieses Land trotz der Bedenken meiner Mutter. Wir verließen das weiße Haus auf dem Hügel, in dem ich aufgewachsen war und in dessen Umgebung ich jeden Stein und Baum kannte – acht Fahrstunden weg von dem Schild, auf dem »A. Martino« stand.

Noch immer träume ich von diesem Haus – wie die Morgensonne durch die von Mutter genähten blaugrünen Vorhänge schien und wie kühl sich die Türknöpfe aus Messing anfühlten und von dem großen Pfefferbaum, der von den Winterstürmen gegen das Dach gepresst wurde. Sollten sich Orte an Menschen erinnern können, wird sich dieser Ort an mich erinnern. Die Zimmer erinnern sich an Granny und Grandma Connie zu Weihnachten. Sie erinnern sich an Dee Dees Lachen und die zärtlichen Umarmungen meiner Mutter. Und die Wände erinnern sich an meinen Vater und an seine Zukunftsträume im sonnigen Kalifornien.

Der Umzug dauerte lange und machte viel Arbeit. Wir mussten ein Haus und einen Stall bauen. Vorübergehend hatten wir für Babe und Sunny einen kleinen Schuppen errichtet und eine Koppel umzäunt. Für den Hausbau brauchten wir ungefähr ein halbes Jahr; im Herbst war es fertig. Granny und Grandpa, die Eltern meiner Mutter, kamen und halfen uns, es zu streichen.

Meine Großeltern stammten ursprünglich aus Arkansas und hatten Indianerblut vom Stamm der Osage – einem Unterstamm der Sioux – in sich. Grandpas Liebe gehörte den Maultieren, deshalb diskutierte er oft mit seinem Schwiegersohn über die unterschiedlichen Qualitäten von Pferden und Mulis. Grandpa hielt Maulesel für viel intelligenter als Pferde. Und Pop erklärte, Mulis hätten keine Ehre. Ich habe mich immer gefragt, was das ist, die Ehre eines Pferdes. Jetzt glaube ich zu wissen, was damit gemeint ist: Ein Pferd wird immer versuchen, das Unmögliche für dich zu erreichen, während Maulesel dich für dumm halten und jede Zusammenarbeit verweigern.

Granny gehörte zum Stamm der Ozark und war auf einer Farm aufgewachsen; sie redete gern über die verschiedenen Ackerpferde, mit denen sie in ihrer Jugend zu tun gehabt hatte, und wie sie mit ihren zehn Brüdern und Schwestern nach getaner Arbeit zum White River zum Schwimmen ritten. Mein Leben lang lebten Granny und Grandpa in unserer Nähe, und meine Mutter hatte zu Granny ein sehr inniges Verhältnis, wie das zu einer Schwester.

An einem Nachmittag liefen Granny und ich am Fluss in der Nähe unseres Hauses entlang. Unser Haar flatterte im Wind, und wir atmeten schnell. Plötzlich blieb Granny stehen. Ein Schmetterling hatte sich auf ihr niedergelassen. Mit kindlichem Erstaunen sagte sie zu mir: »Sieh nur, Teresa Ann!« Wie sie da stand, vor dem schnell dahinfließenden hellen Wasser, glänzte ihr rotes Haar im selben Farbton im Sonnenlicht wie die Flügel des Falters. Ganz still stand sie da, um das Symbol der Veränderung auf ihrer Brust nicht zu verscheuchen. Später sollte Mom mir erzählen, dass Granny Krebs hatte und zum Sterben verurteilt war.

In jenem Winter litt Sunny unter einem schlimmen Abszess. Der Abszess war heiß und geschwollen, und Pop konnte keinen Grund für die Entzündung entdecken, etwa einen Holzsplint, der ins Fleisch gedrungen war. Deshalb hieß mich Pop die Entzündung mit heißen, feuchten Tüchern behandeln, was ich dreimal am Tag geduldig tat. Doch Sunny verlor trotzdem immer mehr an Gewicht, und ihr Fell wurde struppig und glanzlos. Babe stand neben uns, ihre kleinen Nüstern reichten nicht höher als bis an Sunnys Bein. Stuten gehen sehr innige Freundschaften ein. Ich habe Stuten gekannt, die Monate wegen einer verlorenen Gefährtin getrauert haben. In einer Herde gibt es außer den Fohlen normalerweise nur einen Hengst. Babe und Sunny liebten sich. Waren sie getrennt, riefen sie einander, und wenn sie sich wieder sahen, begrüßten sie sich freudig. Die beiden verständigten sich unablässig durch ihre Laute und durch Berührungen; meist standen sie eng beieinander und genossen ihr Zusammensein. Stuten sind wie Frauen.

Schließlich brach der Abszess auf, und mit dem Austreten des Eiters ging es Sunny immer besser. Sehnsüchtig erwarteten wir den Frühling, um wieder zusammen ausreiten zu können. Für mich war das erste Zeichen des nahenden Frühlings immer der Gesang der Drossel, ein kompliziertes Lied, das ich erkennen und lieben lernte. Dann erfreuen uns die Drosseln den ganzen Sommer über mit ihrem süßen Gesang, und bis heute habe ich das Gefühl, dass ihre Stimmen die Zeit stehen lassen, mein Herz beruhigen und meine Rastlosigkeit dämpfen.

Als ich auf die High School kam, wünschte ich mir Unterricht in allem, was uns die Natur lehren kann. Während des Unterrichts zeichnete ich Pferde und wunderte mich, dass es Lehrer gab, die Fächer unterrichteten, die sie nicht liebten. Jeden Tag wartete ich ungeduldig auf das Schrillen der Glocke, wartete auf die Freiheit. Dann eilte ich nach Hause, um mit Sunny über die Felder zu reiten und von ihrem Rücken aus das Leben der wilden Tiere zu beobachten. Dadurch erfuhr ich bald, wie sich die Menschen diesen Geschöpfen gegenüber verhielten. Fast alle Rancher in unserer Umgebung hassten die Kojoten und Klapperschlangen. Aber ich liebte es, die Natur zu beobachten.

Ein Jahr nach der Fertigstellung unseres Hauses, des Stalls und aller Zäune riet der Arzt Pop, die Ranch zu verkaufen und sich zu schonen. Nur dann könne er ein weiteres Jahr leben, denn er leide an einer inoperablen Arterienverkalkung. Also gingen wir in unsere alte Heimat zurück, wo Mutter sich um Granny kümmern konnte, die langsam an Krebs starb. Doch in das Haus meiner Kindheit konnten wir nicht wieder einziehen noch genügend Weiden für unsere Pferde bekommen. Deshalb lebten wir monatelang in einem Motel und versuchten, ein Haus zu finden. Wir schenkten Babe einem Freund der Familie und baten einen Nachbarn, Sunny für uns zu verkaufen. Ich hatte nur eine Bitte: dass der neue Besitzer mir Bescheid gebe, sollte er sie wieder verkaufen. Unsere Familienfinanzen waren so bescheiden, dass die Zukunft ungewiss war. Wir mussten sogar unseren Hund und ein paar unserer Katzen weggeben.

Grandpas Bruder, Quincy, starb und bald darauf auch seine Frau, Tante Ottie. Wir beerdigten die beiden auf dem Friedhof unterhalb des Mt. Diablo, wo Granny und Pop wohl ebenfalls ihre letzte Ruhe finden würden. Granny wurde durch den Krebs und die Medikamente immer weniger. Dann besuchte sie ihr jüngster Bruder, Wayland. Noch nie hatte er die Berge in Arkansas verlassen, war noch nie in einen Bus gestiegen und hatte noch nie das Meer gesehen. Aber er hatte die lange Reise gemacht, weil er sich von seiner Schwester verabschieden wollte. Er und Granny redeten von alten Zeiten, und die beiden lächelten und lachten, geradeso als würden sie nur einen Ausflug in die Wüste machen und sich die Kakteen anschauen. Sie benahmen sich, als würden sie War Eagle wieder sehen und schwimmen gehen.

Onkel Wayland und ich verstanden uns auf Anhieb. In ihm sah ich Wildheit und Stärke. Er konnte Whiskey wie Wasser trinken und kaute Tabak, wobei er immer aufpasste, wohin er spuckte. Als die Wellen des Meeres zum ersten Mal seine nackten Füße berührten, lachte er wie ein Junge und stand mit bis übers Knie aufgerollten Hosenbeinen im Wasser. Als er wieder in Arkansas war, rief er mich aus dem kleinen Laden an, in dem es ein Telefon mit Gebührenzähler gab, und sagte: »Ich schicke dir entweder einen Maulesel oder einen barfüßigen Jungen.« Kurz nach Grannys Tod starb auch er. Die Ärzte hatten ihm gesagt, dass seine Leber vom Trinken zerstört sei. Er lachte, ging aus dem Krankenhaus, setzte

sich in seinen roten Pick-up, fuhr weg und starb bei einem Autounfall auf dem Heimweg.
Die nüchterne Betrachtung des Todes dieser beiden Menschen gab mir Kraft. Granny sagte Mom sogar, wie ihre Beerdigung vonstatten gehen solle, welches Kleid sie zu tragen wünsche, wer bei ihr Totenwache halten und wer sie als Tote sehen dürfe. Ich war Zeuge dieses Gesprächs. Granny schenkte mir ihre von einem Gebirgler in Arkansas aus Holz geschnitzten Maultiere und die Halskette, die sie am Hochzeitstag getragen hatte. Eines Nachts flüsterte sie mir zu, sie käme als Panther zurück. Als ich sehr viel später einmal Berglöwen begegnete, sah ich ihnen fest in die Augen, weil ich wissen wollte, ob einer von ihnen Granny war.
Nach dem Tod all dieser Menschen träumte ich von ihnen. Es waren lebhafte Träume, in denen sie mir erzählten, dass es ihnen gut gehe. Granny erschien mir in ihrem langen schwarzweißen Abendkleid, das sie am Tag ihrer Silberhochzeit getragen hatte. Ich legte den Kopf in ihren Schoß, und sie strich mir übers Haar und sagte: »Ich muss jetzt wieder gehen, aber alles wird gut.«
Noch jetzt, Jahre später, schrecke ich vor diesen Bildern zurück: Granny ist tot und Pop so krank. Pop zeigte mir, was ich tun musste, sollte er einen Herzanfall bekommen. Ich lernte die Technik der Wiederbelebung Herzerkrankter früh. Meine Mutter hatte so eine entsetzliche Angst! Unser Geld wurde durch die immer häufigeren Arztrechnungen immer weniger, und Pop konnte nicht mehr arbeiten. Er bekam eine Invalidenrente. Mom fand für mich einen Job bei einem Tierarzt, so konnte ich etwas Geld beisteuern.
Meine Eltern versuchten, ihre Armut und den Zorn über eine Lage, die sich nicht bessern würde, zu verstecken. Aber sie fielen in ein schwarzes, tiefes Loch. Es war hoffnungslos.
Jetzt hatte ich seltsame, hässliche Träume. Die längste Zeit meines Lebens hatte ich Pferde gefüttert. Aber in diesen

Träumen starben die Pferde, weil ich sie nicht gefüttert hatte. Dann wachte ich vor Schreck auf, und mir wurde wieder einmal bewusst, dass wir keine Pferde mehr hatten.

Auf der High School kam ich kaum mehr mit. Ich war viel zu sehr mit dem Leben beschäftigt, weil Sterben und Tod in meiner Familie die Hauptrolle spielten, als ich siebzehn war. Wie konnte ich im drohenden Schatten von Pops Krankheit und Grannys Krebs überleben? Wie sollte ich mich in dieser Zeit aufs Lernen konzentrieren, da es mir bedeutungslos erschien?

Mein Geist verdunkelte sich, nahm eine trübe Farbe an und versteckte sich unter dem Laub toter Blätter. Ich hasste die Krankenhäuser, wo Pop oft schlafen musste. Und ich küsste ihn jeden Abend, weil ich wusste, dass er eines Tages nicht mehr da sein würde. Pop war mein Beschützer gewesen. Ein Vater, der mich eines Tages hatte »weggeben« wollen, an meinem Hochzeitstag. Mein Herz war abwechselnd voller Mitleid und Zorn. Und mir wurde während dieser Zeit bewusst, wie tapfer Granny war.

Pop hatte bernsteinfarbene Augen und blauschwarzes Haar, so gelockt wie das Fell eines Lamms. Als Kind hatte ich im Kino einen Piratenfilm gesehen; danach fand ich, dass Pop wie ein Pirat aussah. Kurz vor seinem Tod fragte Pop mich einmal: »Ich frage mich, warum du so viel Zeit mit mir verbringst. Ich bin doch ein alter und kranker Mann.« Ich sah ihn an und sagte: »Pop, du siehst aus wie Errol Flynn in dem Film *Robin Hood*. Du bist mein Idol.« Pop schwieg. Dann griff er nach meiner Hand und hielt sie ganz fest. Wir gingen weiter, und er starrte geradeaus.

Während dieser ganzen Zeit ritt ich weiter täglich. Ich machte die Ställe sauber und bekam dafür Reitstunden. Bald schon trainierte ich Pferde für die Reitlehrer. Ein Jahr vor Pops Tod bekam ich von der British Horse Society ein Stipendium, um mich auf meine Prüfung als Reitlehrerin vorzubereiten. Pop und Mom unterstützten mich in meinen Plänen und halfen mir, wo sie nur konnten. Als wir vor dem Start meiner Maschine im Flughafen saßen, sagte Pop: »Ich könnte dich begleiten. Ich habe meinen Pass dabei.« Ich schüttelte lächelnd den Kopf. »Pop, das muss ich alleine machen. In vier Monaten bin ich wieder hier.« Ich glaube, dass Pop damals wusste, wie nahe er schon dem Tode war und dass er mich vielleicht nie wieder sehen würde. Aber vielleicht hatte er auch Angst, weil seine Tochter allein nach England reiste.

England war ein Abenteuer für mich und bot mir gleichzeitig Gelegenheit, dem Leid daheim zu entkommen. Pop und Mom schrieben mir oft lange Briefe. Niemand sonst an der Schule bekam so viele Briefe, und die anderen baten mich, sie vor dem Abendessen vorzulesen, weil Pop so ein humorvoller Briefeschreiber war. Das Briefpapier hatte alle möglichen Farben, in den Text streute er kleine, nette Zeichnungen und Gedichte ein. Er schrieb, er könne sich noch gut erinnern, wie es sei, wenn man in der Fremde lebte, und wie wichtig es sei, Post von zu Hause zu bekommen. Ich habe seine Briefe alle aufbewahrt.

Nachdem ich den Kurs mit Erfolg abgeschlossen hatte, bot man mir eine Stelle an. Ich hätte in England bleiben und arbeiten können. Doch an einem grauen Tag läutete das Telefon. Pop war dran. »Komm heim« war alles, was er ruhig sagte. Und ich stellte keine Fragen. Nachdem ich alle Prüfungen bestanden hatte, flog ich im September zurück. Pop sollte im Januar sterben.

Als ich wieder zu Hause war, wollte Pop zum Fliegenfischen gehen, aber dazu war er zu schwach. Also pumpten wir ein Schlauchboot auf, ließen es in einem Swimmingpool zu Wasser, und jetzt konnte Pop seine Angel auswerfen. Wenn sich die Schnur in einem der umstehenden Bäume verfing, ging ich an Land, kletterte auf den Baum und löste den Haken für

ihn. Dann ruderte er durch den Pool, auf dem Gesicht noch immer ein Leuchten, weil er sich an die Flüsse erinnerte.
Eines Tages fuhr ich die lange Strecke zu der von uns in dem nahe an der Küste im Norden gelegenen Gebirge gebauten Ranch. Ich wollte meine Erinnerungen auffrischen und Kraft für eine ungewisse Zukunft sammeln. Und noch immer wurde mir das Herz schwer, weil ich Babe verloren hatte und Sunny hatte verkaufen müssen. Auf einer mit Draht umzäunten Wiese entdeckte ich eine abgemagerte, struppige, braune Stute. Ich rief ihren Namen, aber sie reagierte nicht und starrte nur zu Boden. Ihr Kampf war vorbei, ihr Geist war jetzt in einem Sklavenkörper gefangen. Das Mädchen, das Sunny damals gekauft hatte, schien so nett gewesen zu sein. Was war geschehen? Warum hatte sie die Stute verkauft, ohne mich, wie versprochen, anzurufen? Oder war sie diejenige, die für Sunnys Zustand verantwortlich war?
Als ich meiner Familie davon erzählte, sah Pop mich mit demselben nach innen gerichteten Blick an, den ich bei Sunny bemerkt hatte. Er konnte mir nicht helfen, sie zu retten. Später fuhr ich noch einmal zu der Weide. Aber die Stute war nicht mehr da. Ich habe Sunny nie wieder gesehen.
Doch Babe lebte noch immer bei unseren Freunden und lehrte deren kleine Töchter, was sie mich gelehrt hatte. Sie blieb bis an ihr Ende bei dieser Familie. Und als sie – fast zwanzigjährig – starb, begruben sie Babe auf ihrer Farm an einer besonders schönen Stelle.
Zwei Wochen bevor Pop starb, taten wir noch zwei Dinge zusammen. Wir sahen uns die Junghengste an, die ich trainierte, und wir sahen uns eine kleine zum Verkauf stehende Farm an. Während ich den Hengst ritt, gab er mir Ratschläge, manchmal träumte er laut. Pop sagte, wir würden eine Farm kaufen, wo ich reiten und unterrichten könnte.

Und wir würden ein fantastisches Hengstfohlen kaufen, das jeden Preis gewänne. Vielleicht fühlte Pop in seinem tiefsten Inneren, dass er nie mehr in der Lage sein würde, mir leben und arbeiten zu helfen. Trotzdem lachte er an diesem Tag, aber er ging sehr langsam.
Dann war er nicht mehr. Er starb draußen, in der Sonne. Pop fiel lautlos um wie der *Kleine Prinz.* Apollons schmerzlose Pfeile hatten ihn getroffen, jene speziellen Pfeile, die nach der griechischen Mythologie nur guten Menschen vorbehalten sind. Er fiel und war nicht mehr. Und ich träumte nie von Pop. Stattdessen träumte ich von Pferden.

Vor langer, langer Zeit war ich reicher als Krösus. Mein lebendes Geld lief über die Prärie. Meine Bank war mein Geschick im Lassowerfen und die Kunst, ohne zu denken zu reiten.
Jetzt sind diese Erinnerungen wie Träume! Babe ist zu Staub, grünem Gras und Erde geworden. Aber sie ist noch immer in mir. Nachts, in dunklen Träumen sehe ich sie, fühle sie, höre ihre Hufe im Wasser des Flusses und das Klick-Klack auf fest gestampfter Erde. Büschel ihres rostgrauen Fells kleben immer noch an mir.
Die Toten meiner Familie sind irgendwo. Wayland schwimmt mit kräftigen Zügen im White River. Grandma Connie schreibt Liebesgedichte über Pferde und Kraft. Und Granny folgt als der graue Panther der Hügel den Fährten des Wilds.
Babe, Sunny und Pop brachten mich auf diesen Weg. Babe lehrte mich Sanftheit und Charakterstärke. Sunny lehrte mich, Hass mit Liebe zu besiegen. Und Pop schenkte mir Flügel. Sein Pferde-Blut galoppiert durch meine Adern, und mein Herz schlägt im Rhythmus der Hufschläge. Ich weiß,

dass in der geistigen Welt Pop Dolly reitet und nach mir Ausschau hält. Dieser Gedanke erhält mich am Leben.

Ich habe die Kerzen für meine Familie angezündet – sie alle sind Priester und Priesterinnen meines Pferde-Tempels. Und ich bete stumm: »Lass mich immer reiten!« Mit Pferden zu leben, mit ihnen zu laufen und zu springen bedeutet mehr als das Leben. Die Nomadin in mir ruft mich auf staubige Steppen, wo Pferde leise lockend wiehern. Draußen auf meinen Weiden wartet die Glückseligkeit auf mich.

Nun habe ich die Verpflichtung, diese Erkenntnisse anderen Menschen zu vermitteln; ich möchte mit ihnen das Gefühl teilen, wie herrlich es ist, mit dem Wind im Gesicht auf dem Rücken eines Pferdes dahinzugaloppieren. Zu leben, ohne Angst vor dem Tod zu haben!

Der starke Arm einer meiner Schülerinnen stützte mich, als ich vom Rücken des jungen Hengstes auf sie hinunterschaute und fragte: »Summer, möchtest du ihn als Erste reiten?«

Ihre Augen leuchteten. »Natürlich!«

Ich stieg ab und half ihr auf. Wir hatten die Plätze getauscht.

# 2

# Der Krieger

Als ich Stoat zum ersten Mal sah, stand er in einem düsteren, feuchten Stall. Er war ein magerer, dunkelgrauer Wallach, mit weißer Mähne und weißem Schweif, eine erstaunliche Kombination. Eine Schnittwunde an der Hinterhand, die Folge eines Unfalls mit einem Transporter, heilte nicht und war von wildem Fleisch überwuchert. Nie hatte Stoat draußen spielen dürfen, und man sah ihm seinen Zorn und seine Kränkung an. Er war innerlich zutiefst verletzt.

Anfangs nannte ich ihn zärtlich Gray Colt (Graues Hengstfohlen), doch später sollte er The Corinthian (der Korinther) heißen, sein offizieller Name, unter dem er bei Wettbewerben antrat. Pferde haben mindestens zwei Namen – ihren »Stallnamen«, der immer liebevoll auf ihre äußere Erscheinung eingeht, und dann den zweiten, ihren »Wettbewerbsnamen«. Doch diesem besonderen Pferd gab ich noch einen Spitznamen. Ich nannte ihn Stoat, Hermelin, nach den kleinen, klugen Mardern, zu deren Gattung das im Norden lebende Hermelin gehört.

Ich war achtzehn und gerade nach meiner bestandenen Prüfung aus England zurückgekommen. Die Besitzerin des Pferds, Pat, hatte mich gebeten, ihr junges Pferd zuzureiten. Als ich mit Gray Colt zu arbeiten anfing, absolvierte er alle Stadien der Ausbildung, als hätte er dieselben Pferdebücher wie ich als Kind gelesen.

Als ich ihn das erste Mal ritt, ließ er sich willig lenken, beobachtete seine Umgebung neugierig und bewegte sich voller Anmut. Gray Colt war harmonisch in seinen Bewegungen

und trabte mit Leichtigkeit. So schaute Pop uns zu; er stand am Zaun, die Arme unter dem Kinn gefaltet. Und der junge Hengst freute sich, weil Pop und ich so viel von ihm hielten.
Etwa zwei Wochen später und mitten in Gray Colts Ausbildung starb Pop. Die Tage danach verbrachtc ich mit den schrecklichen Erinnerungen an die Umstände seines Todes. Wieder und wieder hatte ich das Bild vor Augen, wie Mom seinen toten Körper in ihren Armen wiegte und meine Hand seine noch warme Wange berührte, in der kurz zuvor noch Leben gewesen war. Sein Mund war durch die Wiederbelebungsversuche dunkelrot gezeichnet, als hätte man ihn durch einen Kuss ins Leben zurückrufen wollen. Die Schwestern in der Notaufnahme sahen schockiert zu, wie wir trauerten, und der Arzt entschuldigte sich, weil Pop gestorben war. Und ich hielt seine Hand, bis sie langsam kälter und steif wurde. Ich konnte sein Gesicht nicht vergessen, wie es eiskalt wurde, wie gefroren.
Im Tode flieht wohl die Energie – oder der Geist –, das eine, das alle Körperzellen miteinander verbindet, wie eine Herde vor der Gewalt eines Waldbrandes flieht. Berührt man einen toten Körper, ist nichts mehr von dem einst Wundervollen dieses Wesens übrig.

Nach Pops Tod arbeitete ich sofort wieder mit den Pferden. Ich ritt Gray Colt und meine anderen Pferde. Ich ritt sie schnell und voller Wut, ohne mich um die Folgen zu kümmern. Das Risiko und die Geschwindigkeit verdrängten meinen Kummer und meine Schmerzen in diesen Momenten. So forderte ich den Tod, den ich als persönlichen Feind betrachtete, heraus.
Doch der Tod wollte mich nicht. Trotzdem näherte ich mich ihm. Ich wollte ihm ins Gesicht sehen und ihn wie ein Leopard anfauchen. Noch immer schenkte er mir keine Beach-

tung, so wie der Wolf dem starken Elch keine Beachtung schenkt. So war ich seltsamerweise in der Tiefe meines Schmerzes in Sicherheit.

Jeder übersprungene hohe Zaun war ein Punkt, den ich gegen den Tod gewonnen hatte. Ich wurde zu einer atavistischen Kriegerin, deren Ehre darin bestand, den Feind zu berühren – die einzige ehrenvolle Weise, Krieg zu führen.

Doch dieser Krieg war nichts als das verzweifelte Suchen nach einem Weg aus dieser Trauer und diesem Schmerz. Und Gray Colt – den ich jetzt Stoat nannte – half mir dabei. Er war mein Freund, mein Gefährte, mein Trost. Er verlieh mir die Flügel, die es mir erlaubten, diese Welt zu verlassen. Stoat und mein Hund Stubb wurden zu den Wesen, die meiner gequälten Seele halfen weiterzukämpfen.

Mutter entglitt das Leben, sie versank in einen Zustand, der dem Wahnsinn nahe war. Sie kämpfte mit ihrem Schmerz und ihrer Einsamkeit, nichts anderes zählte mehr. Ihre Furcht vor dem Verlassensein ließ mich daran zweifeln, ob es noch Hoffnung auf Liebe, auf Leben gebe. Ich glaubte nicht mehr an den Lebenszyklus – an das rhythmische Kommen und Gehen und den steten Wandel. Vor Pops Tod hatte ich an den Lebenszyklus geglaubt. Jetzt nicht mehr.

In der Stille des Waldes, unter dem grünen Blätterdach konnte ich denken. Aber ich wollte nicht mehr denken. In meinem Zorn hielt ich nach einem schwer zu fangenden Feind Ausschau. Vielleicht versteckte er sich unter totem Laub? Doch ich fand nur die schlaffen Körper von Jungvögeln, die mit gebrochenen Gliedern reglos dalagen.

Meine Großmutter Connie hatte mir bezüglich des Todes und Verlusts geliebter Menschen einen weisen Rat gegeben. Sie hatte vier Kinder begraben und zwei Söhne im Zweiten Weltkrieg verloren. »Du musst dich auf alles Lebendige konzentrieren«, hatte sie gesagt. Aber das war schwer, denn mein Geist schwamm in Trauer.

Es waren die Pferde, die mich wieder vertrauen ließen. Jeden Tag beobachtete ich sie und spürte ihre Knochen und ihr Fleisch unter mir tanzen. Knochen, die eines Tages entblößt daliegen würden. Stoat befreite mich nach und nach so weit von meinem Kummer, dass mein Herz weiterschlagen konnte. Und dieses Kaleidoskop aus Mustern voller Schmerz und Vision weckte ein Gefühl in mir, das einem biegsamen Zweig in einem Wasserstrudel glich.
Eines Tages kam Pat, Stoats Besitzerin, und sah mir beim Reiten ihres Pferdes zu. Sie war eine schlanke Frau mit gelocktem schwarzen Haar und einem schönen Gesicht. Aber es umgab sie eine Aura der Unnahbarkeit. Sie war eine blasse Lilie, die inmitten scharfkantiger Felsen wuchs.
Pat stand am Gatter und sah schweigend zu, wie ich Stoat ritt. Mein Körper spürte, dass sich mir etwas Altes und schwer Beladenes mit Verlust in den Händen näherte. Schließlich sagte Pat: »Ich muss ihn verkaufen, Teresa.« Dann wandte sie den Blick ab. Ich beobachtete sie finster; meine einzige Antwort war die Dunkelheit in meinen Augen. Mein Geist eilte in die Vergangenheit, als Stoat in einem dreckigen Stall gestanden hatte, ohne frisches Wasser und mit einer nicht verheilten Wunde an der Hinterhand. In diesem Moment wusste ich, dass er das einzige Pferd war, das ich stehlen würde, sollte er verkauft werden. Stoat musste mir gehören.
Als ich fragte: »Wie viel?«, brach meine Stimme. Pat drehte sich um und sah mich an. »Siebentausend Dollar. Hältst du den Preis für fair?« Ich nickte, ohne zu überlegen. Stoat war ein prachtvolles Pferd. Dann ging Pat und nahm ein paar Sachen mit, die sie zu Hause reinigen wollte.
Lange saß ich auf Stoats Rücken und überlegte. Siebentausend Dollar! Es war unmöglich, eine solche Summe zusammenzubringen. Mom war pleite und lebte von der Hand in den Mund. Und Stoat bedeutete mir alles, er verkörperte die

Schönheit der Welt und alle Hoffnung. Mein eigenes Leben bedeutete mir wenig.
Später an jenem Abend saßen Mom und ich an dem ramponierten gelben Küchentisch und versuchten, eine Lösung zu finden, wie wir Stoat kaufen könnten. Mom sah müde und erschöpft aus. Sie hatte tausend Dollar, die sie mir geben konnte. Das war ihre Art, Pops Maxime in Ehren zu halten, dass es in unserer Familie immer Pferde geben müsse. Ich konnte noch einmal tausend Dollar zusammenkratzen. Mehr hatten wir nicht, um mein Herz am Schlagen zu halten. Was Mutter betraf, so gab es nichts für ihr Herz!

Die Welt ist voller Überraschungen auf unserem Lebensweg, seltsamen und angenehmen. Wenn wir klagen, weil der Weg zu beschwerlich wird, etwa beim Aufstieg in ein Gebirge, sehen wir oft nicht, dass neben uns ein Bach schäumend zu Tal schießt, damit wir uns mit seinem Wasser erfrischen können. Oder wir würdigen die weite Sicht über Täler und Höhen bis in die grünen, geheimnisvollen Wälder nicht, wenn wir den Gipfel einmal erklommen haben.
Doch zu jenem Zeitpunkt meines Leben brannten meine Wälder. Ich konnte keine kühlen Quellen finden, um meinen Geist zu erfrischen – und die Suche nach ihnen wäre ohne Stoat unmöglich.
Als Pat an einem sonnigen Tag am Zaun stand und Stoat und mir bei der Arbeit zusah, ritt ich frech zu ihr. »Ich möchte ihn kaufen«, sagte ich unverblümt. »Es ist sehr wichtig für mich, aber ich habe nur zweitausend Dollar. Ich weiß, dass du sehr viel mehr für ihn bekommen kannst.« Meine Kehle war wie zugeschnürt. Ich konnte nicht weiterreden.
Stumm beobachtete ich die tschilpenden, umherspringenden Spatzen und sah, wie sie Muster im Staub hinterließen.

Dann schaute ich Pat an. Sie wirkte ernst und sah mir zu, wie ich mit meinen braunen, schwieligen Fingern nervös Stoats weiße Mähne zwirbelte, bis sie wie Meeresschaum aussah. Stoat und ich waren wie die Erde und das Meer.
Als ich auf meine rauen Hände starrte, hörte ich Pop sagen: »Eines Tages wirst du froh über die Schwielen sein.« Ich war froh.
Pat stand nachdenklich ganz ruhig da, dann sah sie zu mir hoch und blinzelte in die gleißende gelbe Sonne. Nach einem langen, tiefen Atemzug stimmte sie zu. »In Ordnung. Er gehört dir für zweitausend.«
Dann ging sie davon. Nach ein paar Schritten drehte sie sich langsam um und stocherte mit ihren weißen Tennisschuhen im feinen Staub. »Er hat dir immer gehört. Das wusste ich, als ich dich ihn reiten sah.« Sie machte schnell kehrt und eilte zu ihrem Auto. Ich wurde nicht vom Glück überwältigt. Ich stieß keinen Freudenschrei aus. Stoat gehörte mir, er würde mir immer gehören.

Nur wenige Pferde haben eine gewisse Macht über mich gehabt, sodass auch ich ihnen gehörte. Wenn man Pferde mit Respekt und Liebe behandelt, sanft mit ihnen umgeht, reagieren sie immer mit sehr viel Einfühlungsvermögen. Stoats dunkle Augen waren voller Neugier und Staunen, ein Ausdruck seiner Persönlichkeit. Hinter diesem sanften Blick verbarg sich ein Geist, eine Seele, die so weit in die Ferne sehen konnte wie ein scharfäugiger Adler. Stoat zeigte mir diese Seite seines Wesens. So wurde er zu einem Teil meines Körpers, nicht nur ein Glied. Er war meine Augen und meine Lungen, die tief die süße Luft einsogen. Wir waren ein Geist in zwei Körpern. Hätte ich Stoat gemalt, er wäre die Aureole um die Sonne gewesen.

Wenn Stoat an irgendeinem Wettbewerb teilnahm, rief er immer nach mir. War ich außer Sichtweite, rief er mich mit einem schrillen Wiehern. Er vertraute mir wider alle Vernunft. Wenn ich ihn gebeten hätte, über ein Kliff zu springen, mit dem gischtschäumenden Meer darunter, er wäre gesprungen. Bei diesem Sprung hätte Stoat gedacht, dass ich schon wisse, dass er auch auf dem Wasser sicher landen würde. Ich weiß heute noch nicht, ob Stoat mir seinen Mut übermittelte und ich ihn einsaugte oder ob wir uns in diesem Gefühl austauschten. Aber auf seinem Rücken war ich zu allem fähig, selbst um den Preis des Todes.

Stoat brauchte ich meinen Kummer nicht zu erklären; er konnte in mir lesen, erkannte meine Trauer allein an meiner Körperhaltung. Und er wusste, dass unsere Partnerschaft mich heilen würde.

Stoat liebte die Vielseitigkeitsprüfungen, und nur seinen schnellen Beinen und schwarzen Hufen verdanke ich meine Erfolge in dieser Disziplin. Seiner Tapferkeit und seinem Talent als Pferd verdanke ich, dass ich bald als Reitlehrerin Anerkennung fand und Schüler und Schülerinnen dazu. Wir erregten sogar die Aufmerksamkeit berühmter Reitlehrer und Trainer, darunter Teilnehmer der Olympischen Spiele. Ich trat mit Stoat gegen die Elite an, und die herausragenden Trainer bewunderten Stoats Mut und meinen verrückten Reitstil.

Von Anfang an fragte sich mein Trainer, ob Stoat gesund bleiben würde, ob seine Beine das ständige anstrengende Springen aushalten würden. Er hatte schlanke Beine und einen kräftigen Körper, deshalb konnte er Probleme bekommen. Also beobachtete ich ihn genau und pflegte seine Beine.

Die ersten Turniere, an denen ich mit Stoat teilnahm, waren nur wie ein wildes Durchgehen. Er zerrte am Zügel und hörte nicht auf mich, sondern lief mit derart ungestümer

Wildheit auf die Hindernisse zu, dass ich ihn gewähren lassen musste. Er riss mich einfach mit in seinem Ausbruch ungebremsten Temperaments.

Bei unserem zweiten Geländeritt waren auch Mom und mein Bruder als Zuschauer dabei. Die beiden warteten in einer Menschenmenge unter einer uralten Eiche, die in der Nähe eines Hindernisses stand, auf mein Kommen. Wir beide kamen mit etwa fünfzig Stundenkilometer angaloppiert – viel zu schnell. Stoats Blut kochte wie das einer Antilopen jagenden Löwin. Um keinen Preis würde er langsamer werden.

Das Hindernis bestand aus einem flachen Wassergraben und einem dahinter liegenden kleinen Baumstamm. Wassergräben geht man immer langsam an und beschleunigt erst kurz vor dem Absprung. Wir machten genau das Gegenteil.

Ich wollte Stoat wenden, um Strafpunkte zu vermeiden. Doch er lief mit hoch erhobenem Kopf und geblähten Nüstern und schnaubte bei jedem Sprung. Ich kämpfte, und schließlich gelang es mir auch, ihn zu wenden. Doch als ich aufschaute, sah ich, dass wir uns inmitten dieser kleinen Menge befanden. Mein Bruder sah besorgt aus, aber Mom lächelte voll Vertrauen. Sie glaubte an mich wie Stoat. Wenn ihre Tochter mit ihrem Ross durch die Zuschauer pflügte, musste das richtig sein!

Eine andere Zuschauerin sah die Sache ganz anders und schrie auf. Im Kreis reitend, gelang es mir, Stoat zu bändigen, ohne jemanden niederzutrampeln. Dann ritten wir noch einmal in wesentlich gemäßigterem Tempo auf den Graben zu. Stoat war so glücklich, dass er nie in Betracht zog, welche Gefahren es mit sich bringt, mit hoher Geschwindigkeit zu springen. Ich gewann diese Prüfung, aber man zog mich noch Monate deswegen auf.

Während jenes ersten Jahrs des Trainings für Geländeritte

und als die Hindernisse immer schwieriger und höher wurden, lernte Stoat seine Sprünge besser abzuwägen. Immer wieder erstaunte er mich durch seine Fähigkeit, Zäune oder Baumstämme auf unebenem Grund einzuschätzen.

Auf Stoats Rücken fand ich heraus, welche innige Beziehung zwischen einem Soldaten und seinem Pferd bestanden haben musste. Durch ihn begriff ich, warum alte Kriegspferde nie verkauft werden. Warum diese Männer sie stehlen, ja sogar für sie töten würden. Diese Pferde geben sich ihren Menschen auf eine Weise hin, die jede menschliche Loyalität dagegen kleinlich und erbärmlich wirken lässt.

Zwei meiner alten Reitlehrer hatten noch im Ersten Weltkrieg auf Pferden gekämpft. Einer von ihnen nannte mich »das Löwenjunge«, wenn ich seinen Geschichten lauschte. Pferde! Wie gerne hörte ich von Mut und Tapferkeit; doch diese Erzählungen machten mich später traurig, und ich fing an, die menschliche Brutalität, die nur den Tod brachte, zu hassen. Und den Kriegspferden möchte ich sagen: »Vergebt uns, weil wir euch in unseren Kriegen missbraucht haben!«

Wie alle herausragenden Pferde, die von ihren Reitern und allen, die sie umsorgen, geliebt und bewundert werden, entwickelte Stoat ein Verhalten, das mehr einem herrischen Fürsten als einem gutmütigen Untertan glich. Doch zu mir konnte Stoat sanft und fügsam sein. Er machte mein Herz leicht und ließ mir Dummheiten durchgehen. Ich durfte ihm Hüte aufsetzen, und er alberte dann mit uns allen herum.

Inmitten meiner Trauer lehrte Stoat mich wieder das Lachen. Manchmal spielten wir ein kleines Spiel: Ich zwickte ihn zärtlich in seine weiche graue Nase, dann tätschelte ich sie – das war ein Fohlenspiel. Dann wurden seine Augen weich, Belustigung blitzte darin auf, und er stieß mit den Nüstern nach meiner Hand und küsste sie, und stupste und knuffte sie richtig. Das ging so hin und her, was die anderen im Reitstall köstlich amüsierte.

Als ich fünfundzwanzig war, hatte ich die Leitung einer großen Reitschule mit vierzig Pferden. Stoat war der Herrscher dieser Reitschule. Karen, die oberste Pferdepflegerin, benutzte Stoat auf teuflische Weise, um die armen Werkstudenten zu testen, die bei uns arbeiten wollten. Sie alle träumten von Ruhm und Ehre im Pferdegeschäft. Also sagte Karen ihnen, sie sollten Stoat aus seiner Box zum Striegeln holen. Doch wenn sie ihn holen wollten, standen sie vor einem Pferd mit gebleckten Zähnen und angelegten Ohren. Dann führte sich Stoat wie ein wütender Tiger in seinem Käfig auf. Diese Methode benutzte Karen, um die Spreu vom Weizen zu trennen – so erkannte sie, wer von den jungen Probanden geeignet war und wer nicht.

Sean war einer unserer jungen Reitschüler, ein immer gut gelaunter Ire mit lustigen grauen Augen, der stets in seinem irisch gefärbten Englisch Späße machte. Sean mochte Stoat sehr gern. Leider betrank er sich nach einem Geländetritt immer und hatte am nächsten Tag einen schrecklichen Kater, wenn das Springreiten stattfand. Da ich Seans Reitlehrerin war, machte ich mir oft Sorgen, wenn ich Sean in diesem Zustand reiten sah. Manchmal hielt er sich dann den Kopf, wenn er gerade ein hohes Hindernis übersprungen hatte. Doch Sean hatte so viel Charme, dass ihm verziehen wurde; er war der Liebling des Reitstalls.

Eines Morgens marschierte ich mit meinen drei geretteten Wölfen im Schlepptau zu den Stallungen. Ihr Ritual in der Frühe bestand darin, die aufgehende Sonne mit Geheul zu begrüßen und mir dann vom Haus zum Tattersall zu folgen. Wir vier gaben ein merkwürdiges Bild ab. Im Stall gingen die Wölfe den Hauptgang entlang, dann über einen Seitengang wieder nach draußen, wo sie lässig auf das Dach eines Hauses sprangen, in dem meine Assistentin, Beth, wohnte

und das unterhalb der Stallungen stand. Dort saßen die drei dann wie Geier auf ihrem Ausguckposten.
Im Stall sah ich Sean mit Stoat spielen, fast so, wie ich es zu tun pflegte, doch Stoats Augen waren glasig, und er hatte die Ohren angelegt. »Er hat's auf dich abgesehen, Sean«, warnte ich ihn.
»Ach, nein. Er mag mich«, antwortete Sean und spielte weiter mit Stoat.
»Das ist deine Beerdigung, Sean. Ich trage keine Verantwortung dafür. Du kennst den alten Stoat. Er wartet nur darauf, dass du einen Fehler machst. Dann packt er dich.«
Sean lachte und ignorierte meinen Rat zur Vorsicht. »Du machst dir zu viele Sorgen, Mutter Teresa. Geh schon reiten.«
Ich stapfte davon. Diesen Ausdruck in Stoats Augen kannte ich nur zu gut. Er liebte dieses Spiel, das war seine Art, Überlegenheit zu demonstrieren. Minuten später ging ein gewaltiger Lärm los, ein Schreien und Poltern, als würde jemand stranguliert und gleichzeitig über glühende Kohlen gehalten.
Eine Menge Leute liefen herbei und sahen Sean vor Stoats Stall. Der Wallach hatte den kleinen Kerl gepackt und schüttelte ihn. Dann stieg er und versuchte, den Jungen über die Stalltür in seine Box zu zerren. Seans Augen waren weit aufgerissen, sein Gesicht war vor Anstrengung, sich zu befreien, puterrot.
Als ich das sah, ergriff mich zuerst Entsetzen. Denn Stoats Ohren lagen dicht am Kopf, er verdrehte die Augen und wieherte grollend. Schon lag Sean halb über der Tür.
Da griffen Hände nach ihm und zerrten an seinen Armen und Beinen in dem Versuch, ihn aus Stoats Kiefern zu befreien. Und Sean schrie von Panik ergriffen: »Er soll aufhören! Der Himmel weiß, was er mit mir macht, wenn ich erst mal in seiner Box bin!«

Trotz der großen Gefahr war die Situation komisch. Wir fingen an zu lachen, und es dauerte nicht lange, bis uns vor Lachen die Tränen aus den Augen liefen. Schließlich gelang es mir, eine Hand in Stoats Maul zu schieben, was gar nicht so einfach war, weil er Sean noch immer festhielt und schüttelte. Als ich Stoats Zunge packte, ließ er Sean plötzlich los und zog sich in den hinteren Teil seiner Box zurück.
Sean lag, nach Atem ringend, am Boden. »Mein Gott!«, stammelte er. »Fast hätte er mich gekriegt!« Noch zitternd, rappelte sich Sean wieder hoch, und Stoat schaute aus seiner Box heraus und sah Sean – jetzt mit hochgestellten Ohren – unschuldig an. »Du Teufel!«, flüsterte Sean. »Du verdammter Teufel.« Sean sah Stoat in die schwarzen glitzernden Augen, in denen Pferdegedanken wie Haie schwammen. Sean wurde blass und wich zurück. Er rührte Stoat nie wieder an.

Während der ersten fünf Jahre, in denen Stoat und ich Wettkämpfe bestritten, siegten wir in unseren ersten beiden Prüfungen und steigerten dann unser Niveau schnell. Wir gewannen viele Preise, die ich in meinem Büro aufbewahrte. Die nächsten beiden Jahre steigerten wir uns fast zur Perfektion. Stoats Geländeritte wurden zu Kunstwerken. Er sprang mit derselben Intuition, mit der ein Maler Farbe auf seiner Leinwand verteilt; seine Bewegungen führte er mit derselben Präzision aus, mit der ein Bildhauer den Meißel an seine Skulptur setzt.
Beim Reiten wurden wir Partner, unsere Leben verschmolzen miteinander. Ich vertraute ihm. Waren wir kurz vor einem Hindernis und Stoat hatte eine andere Meinung darüber, wie er es überspringen wollte, ließ ich ihn gewähren. Noch rechtzeitig ließ ich ihm die Freiheit, wie er die letzten fünf Sprünge davor angehen wollte. Denn wie alle Genies

war Stoat exzentrisch und er verfügte über eine hervorragende Intelligenz.

Manchmal ist das Leben großzügig, und man wird reich beschenkt, doch dann wendet sich das Glück. Der Weg wird dornig und ist ganz anders als erwartet. Belohnungen sind wie Wolken. Man kann kaum fassen, wie groß sie von der Erde aus aussehen.

Während meiner Trauer hatte ich den Tod herausgefordert, doch er hatte mich nicht beachtet. Und als ich es am wenigsten erwartete, packte er mich und hätte mich fast dahingerafft. Ich überlebte, aber ich brach mir den Rücken.

Stoat und ich nahmen an einem Lehrgang teil, um unsere Leistungen so zu verbessern, dass wir eventuell in die Olympiamannschaft aufgenommen würden. Wir mussten eine Sarg-Kombination springen, die ihren Namen zu Recht trägt. Sie setzte sich zusammen aus einem Hindernis am Rand einer Senke, dann einem Graben an der tiefsten Stelle dieser Senke und einem zweiten Hindernis am gegenüberliegenden Rand. Man muss solche Hindernisse in schwierigem Gelände auch mit gut gerittenen Pferden aus dem versammelten Galopp angehen. Doch dieses Mal sprangen Stoat und ich zu schnell in das Hindernis hinein. Das war ein großer Fehler.

Ich flog von Stoats Rücken, schlug gegen das Hindernis und prallte zu Boden. Stoat segelte durch die Luft, quer zum Zaun und stürzte. Schockiert kam er wieder auf die Beine, trottete zu mir, und ich sprang, ohne viel nachzudenken, auf die Füße. Dann musterte ich ihn prüfend. Er war unverletzt. Als ich mich wieder in den Sattel geschwungen hatte, saß ich zitternd da. Irgendetwas stimmte nicht. Im Rücken und an einer Seite hatte ich dumpf-stechende Schmerzen, und ich konnte kaum atmen.

Drosk, die Assistentin des Trainers und eine enge Freundin, kam angelaufen. Ihr blondes Haar flatterte im Wind. »Bist du in Ordnung?« Ich sah sie benommen an. »Ich weiß es nicht.« Susan, die das Training begleitende Ärztin, musterte mich forschend. »Bist du okay?«, fragte sie ungeduldig. Sie gehörte schon lange zum Team und war topfit. Der Sturz war hart gewesen. Ich war wie betäubt, und mir war schlecht, trotzdem sprangen Stoat und ich die Kombination noch einmal und beendeten die Strecke.

Als wir nach Hause fuhren, wurden meine Schmerzen größer. Etwas in mir stimmte nicht. Ich hatte Schmerzen und war benommen. Damals hatte ich eine ausgesprochene Abneigung gegen alle Ärzte, zum Teil wohl, weil ich eine zu große Erfahrung mit dem Tod in Krankenhäusern gemacht hatte. Deshalb vermied ich es, medizinische Hilfe in Anspruch zu nehmen. Stattdessen machte ich zwei Tage beim Gehen einen Buckel und konnte nichts essen. Heimlich fing ich an Blut zu husten.

Doch meine Freunde hatten Angst um mein Leben und fuhren mich in ein Krankenhaus. Dort stritt ich mit den Ärzten und humpelte schließlich aus der Notaufnahme, die Ärzte und meine Freunde im Schlepptau. Meine Freunde aber beharrten darauf, mich in ein anderes Krankenhaus zu bringen, von dem sie glaubten, dass es mir besser gefallen würde.

Im zweiten Krankenhaus lenkte mich ein junger Assistenzarzt geschickt von meinen Schmerzen und meiner Aversion gegen Mediziner ab, indem er mich um Rat für seine Hunde bat. Nach der Untersuchung stellte sich heraus, dass ich mir einen Rückenwirbel angebrochen und fünf Rippen gebrochen hatte. Auf dem Rücken hatte ich eine Beule, dort war eine Rippe in die Lunge gedrungen. Der Arzt sagte mir, ich habe großes Glück gehabt, noch am Leben zu sein. Ich starrte ihn grimmig an.

Wieder einmal hatte ich den Tod durch meinen Leichtsinn herausgefordert. Allein Stoats Mut hatte mich veranlasst, ihn zu berühren. Doch dabei hatte ich auch herausgefunden, dass der Tod nicht das hässliche, verschrumpelte Monster war, wie immer dargestellt, sondern dass er eher einer schönen und gefährlichen Raubkatze glich. Und diese flüchtige Begegnung mit dem Tod hatte mich noch etwas gelehrt: dass das Leben ein kostbares, einmaliges Gut ist.

Im Laufe der Zeit heilten alle meine Wunden, die des Körpers und die der Seele. Der Schmerz sagte mir, dass ich lebte. Und dieses Leben war das einzige, das ich hatte. Jetzt war ich entschlossen, es nicht zu vergeuden.

Und was Stoat betrifft, so sah er von nun an alle Hindernisse mit einem neuen Respekt an. Sie stellten ja die Herausforderung dar, die er in seinem Leben brauchte. Also machte er diesen Fehler nie wieder.

# 3

# Der Sturz

Der junge Hengst scheute, als ich abstieg, ein dummes, scheues Tier. Aber ich war schon halb aus dem Sattel, und seine wirbelnde Drehung warf mich von seinem Rücken, direkt auf einen Zaunpfahl.

Der Aufprall presste die Luft aus meinen Lungen, und ich stürzte zusammengekrümmt und nach Atem ringend zu Boden. Langsam kam ich wieder auf die Beine, aber meine linke Seite tat so weh, als würden Glasscherben tief in mein Fleisch schneiden. Ich stapfte aus dem Ring und setzte mich ins Gras. Dee, die Besitzerin des Pferdes, machte sich Sorgen und rief mir zu: »Bist du in Ordnung?«

»Ja, schon … aber es hat mir vollständig den Atem geraubt, das ist alles.« Aber irgendetwas stimmte nicht, mein Körper fühlte sich komisch an. Nur kurz lag ich ausgestreckt in der kühlen Brise, als ich das Bewusstsein verlor. Ich lag im hohen Gras und träumte.

Während meiner Bewusstlosigkeit erfuhr ich eine andere Realität: Ich sah eine vertraute Gestalt – Harry, meinen kleinen englischen Reitlehrer. Er stand vor mir in seinen glänzenden schwarzen Stiefeln und seinem Tweedjackett. Dann kniete er sich ins herbstliche Gras und schimpfte mich aus: »Mein Gott, Martino! Was für ein blöder Sturz! Weißt du nicht mehr, was ich dir ständig wiederholt habe? ›Lass ihn nie aus den Augen!‹«

»Doch, ja, Sir«, antwortete ich. »Verzeihung, Sir.«

Ich kehrte ins Bewusstsein zurück und wachte auf. Vor meiner Nase sah ich hohe Grashalme und kleine Spinnen daran hängen. Harry war verschwunden. Ich hatte keine Schmerzen, nur ein leichtes Gefühl im Kopf. Wo war ich? Was war passiert? Ich konnte mich nicht erinnern. Als ich aufblickte, sah ich Dee über mir stehen. Ach ja! Der junge Hengst! Ich war gefallen. »Es passiert nicht wieder. Entschuldige, Harry!«, sagte ich laut zu meinem Lehrer, der mir im Traum erschienen war. Ich musste lächeln und dachte: Immer, wenn ich vom Pferd falle, denke ich an Harry.

Nach kurzer Zeit hörte ich Sirenengeheul und sah Leute von der freiwilligen Feuerwehr. Sogar ein müder Sheriff war gekommen. Als ich auf eine Trage geschnallt wurde, wusste ich, dass Rippen gebrochen waren. Diesen scharfen, stechenden Schmerz kannte ich nur zu gut. Wahrscheinlich hatte ich auch innere Blutungen. Vom Krankenwagen aus konnte ich die Sonne sehen, wie sie blutrot im Puget Sound unterging und die schneebedeckten Olympic Mountains rosarot wie Lachsfleisch färbte. Das Rumpeln der Ambulanz auf dem Feldweg marterte meinen geschundenen Körper.

Innerlich über mich lächelnd fragte ich Stan, den Sanitäter: »Würden Sie gern sterben, wenn Sie etwas tun, das Sie gerne tun?«

Stan antwortete nicht, weil er gerade meinen Blutdruck maß. »Au weh«, murmelte er, als er sah, wie mein Blutdruck fiel.

»Au weh?«, versuchte ich kläglich zu scherzen. »Stan, das gehört sich nicht, wenn man neben einer Patientin sitzt.«

Im Krankenhaus stellten die Ärzte fest, dass eine Anzahl Rippen gebrochen waren. Wie viele, wussten sie nicht, da ich mir früher schon so viele gebrochen hatte. Drei Freunde saßen neben meinem Bett, als der Chirurg mich aufklärte. Ich habe einen Milzriss, erklärte er mir, und dadurch innere Blutungen. Falls sie nicht aufhörten, müsse er die Milz entfernen.

»Versuchen Sie, mir dieses Organ zu erhalten«, murmelte ich schwach.
Der Arzt starrte mich ernst an. »Wenn Sie sich bewegen, können Sie sterben.«
Vier Tage lag ich auf der Intensivstation, mein Körper war ein einziger Schmerz. Ich machte mir um die Wölfe und die Pferde Sorgen. Meine Welt war voller Leiden, und ich konnte sie nur von einem Moment zum nächsten wahrnehmen. Oft war ich versucht, eine Überdosis Schmerzmittel zu nehmen, um einfach ohne diese Qualen einzuschlafen. Doch ich nahm die Medikamente nur, wenn ich die Schmerzen nicht mehr ertragen konnte.
Reiter werden immer verletzt. Wie viele Freunde habe ich gehabt, die hinkten oder sogar gelähmt waren? Fünf? Zehn? Zwei Freunde brachen sich das Genick, und einer blieb an allen vier Gliedmaßen gelähmt. Ein Unfall geschah direkt vor mir während eines Geländeritts. Andere Freunde brachen sich die Rückenwirbel. Zwei Freunde – beide Berufsreiter – starben bei einem Jagdrennen. Wie oft schon hatte ich mich gefragt: Warum gehen wir ein solches Risiko ein? Pferde und Verletzungen sind wie Schatten des Krieges. Die verschiedenen Disziplinen der Reitkunst sind Sportarten, die sich aus den Traditionen der Kavallerie entwickelt haben. Das Militaryreiten zum Beispiel ist etwas ganz anderes als das Dressurreiten und leitet sich vom ehemaligen Meldereiter während eines Krieges ab, der oft unter Lebensgefahr Befehle oder Botschaften an seinen Kommandeur überliefern musste.
Für mich bedeutete dieses riskante Reiten eine Rückkehr zur Wildnis und Natur, wo die Antilope vor dem Wolfsrudel flieht. Wollte ich zur ursprünglichen Natur zurückkehren? fragte ich mich. Denn es gibt auch andere gefährliche Sportarten, aber wenn ich querfeldein reite, habe ich das elektrisierende Gefühl eines davonlaufenden Elchs.

Am vierten Tag entließen mich die Ärzte aus dem Krankenhaus mit der ernsten Warnung, dass sofort wieder innere Blutungen eintreten könnten, sollte ich nur den geringsten Stoß erleiden oder mich abrupt bewegen. Das nächste Vierteljahr lag ich also in meinem staubigen Wohnwagen, um meine Verletzungen ausheilen zu lassen. Meine Freunde kamen und sorgten für mich, sie brachten mir zu essen, vertrieben mir die Zeit und halfen mir, meine drei Wölfe zu versorgen. Und während ich dalag und die Wölfe kommen und gehen sah, dachte ich über vieles nach. Und ich dachte an Harry und was er von Reitern gehalten hatte, die stürzten.

Harold Fitzwalter war Geschäftsführender Reitlehrer am The Vale Equestrian Center in England. Er war ein kleiner Mann mit rotem Haar und ernsten grauen Augen. Seine Haltung glich der eines ehemaligen, in den Kolonien gedienten britischen Colonels, obwohl er erst vierundzwanzig war. Harry ging nicht, er marschierte.

Als ich ihn zum ersten Mal sah, schritt er mit seinen glänzenden schwarzen Stiefeln, deren Absätze auf dem Kopfsteinpflaster klackten, über den Innenhof. Er ergriff meine verschwitzte Hand und drückte sie fest. »Guten Tag. Ihre Unterkunft ist da drüben – bei den Unterkünften der Pferdepflegerinnen über den Hauptstallungen.« Dann fügte er hinzu: »Wie sehen Sie denn aus! Machen Sie sich frisch, und kommen Sie dann zum Tee.« Seine Stimme klang schroff, wirkte aber durch den englischen Akzent ziemlich charmant. Einen Menschen wie Harry hatte ich noch nie kennen gelernt: Er war zäh, cool und sehr britisch.

Ich war neunzehn und gerade in England angekommen, um mich auf mein Reitlehrerdiplom vorzubereiten. Den Lehrgang besuchten zehn Schüler, drei aus den Vereinigten Staaten, zwei aus Italien, einer aus Schweden, einer aus Irland und drei aus England. Wir waren in der härtesten Reitschule Englands angenommen worden. Jeder von uns war sorgfältig ausgesucht worden, denn Schüler, die The Vale absolviert hatten, bestanden mit hundertprozentiger Erfolgsquote die Prüfungen der British Horse Society. Konnte ein Schüler den Lehrgang innerhalb von vier Monaten nicht erfolgreich abschließen, musste er von The Vale abgehen. Eine meiner Lehrerinnen hatte in Vale trainiert und mir ein Empfehlungsschreiben mitgegeben.

In Vale wurden wir mit jedem Aspekt der Arbeit mit Pferden vertraut gemacht: außer dem Reiten in der Bahn und im Gelände natürlich dem Springen, der Pflege und tierärztlichen Versorgung der Pferde sowie dem Leiten eines Reitstalls. Wir sollten absolute Profis werden, und die Ausbildung war entsprechend hart. Oft arbeiteten wir fünfzehn Stunden am Tag; einen Tag pro Woche hatten wir frei, damit wir uns um unsere Wäsche und Kleidung kümmern konnten. Durch dieses strenge Regiment wurden wir zehn bald Freunde.

Insbesondere freundete ich mich mit Ian, dem Iren, an. Er war von Natur aus fröhlich und hatte viel Mutterwitz. Er hatte hellbraunes Haar, war schlank und sah gut aus, wie ein Elfenkönig aus einem Roman von Tolkien. Wir waren ein Team und mussten uns gemeinsam um vier Pferde kümmern.

Nach der Arbeit stellten wir allerhand an, stahlen Plätzchen aus der Küche für einen späten Imbiss. Wir waren so übermütig wie die jungen Pferde, die wir ritten. Einmal lockten wir einen unfähigen Reitlehrer in eine Falle und warfen ihn in den Wassergraben. Wegen dieses Streichs bürdete uns Harry eine Extraarbeit auf.

Schon nach kurzer Zeit wurde Harry zur Crux meines Lebens. Und ich wiederum bedeutete für ihn das absolute

Chaos – ein drohender dunkler Schatten. Er sagte mir, ich sei »undiszipliniert und ungeschickt wie ein Trampeltier« und hätte »Hände wie ein Hufschmied«. Kurz und gut, wir hatten einander den Krieg erklärt.

The Vale konnte auf eine langjährige Tradition zurückblicken und gründete seinen Ruf auf die Einhaltung einer strikten Disziplin. Sattel- und Zaumzeug glänzten und die Pferde ebenfalls. Das Kopfsteinpflaster im Hof wurde gefegt, da durfte nicht einmal ein Strohhalm herumliegen. Die Ställe waren so sauber wie die Räume in einem Krankenhaus.

Harry war unser emsiger Befehlshaber. Jeden Morgen mussten wir die Mähnen der Pferde zu Zöpfen flechten, und Harry inspizierte dann das Resultat unserer Bemühungen mit gerunzelter Stirn. Meine Zöpfe lösten sich häufig auf. Deshalb kam ich immer zu spät zum Frühstück, ständig musste ich die Zöpfe neu flechten. Und ich war überzeugt, dass Harry mich hasste. Wenn wir theoretischen Unterricht hatten, stellte er mir Fragen wie: »Martino, wie hoch ist der Proteingehalt des Hafers?«

Einige dieser Fragen konnte ich nicht beantworten. Ich musste einfach eingestehen: »Das weiß ich nicht, Sir.« Dann pflegte Harry möglichst streng dreinzublicken und bombardierte mich mit schroffen Worten. »Das wissen Sie nicht? Können Sie denn nicht lesen? Lest ihr Gossenkinder in Kalifornien überhaupt?«

Wenn ich Ärger kriegte, lachte Ian immer. Doch damit hatte er sich selbst in Schwierigkeiten gebracht. »Ian, wenn Sie weiter lachen, dürfen Sie heute Abend bis halb neun das Zaumzeug putzen«, brummte Harry dann.

Während des viermonatigen Lehrgangs stürzte normalerweise jeder wenigstens einmal vom Pferd. Das passierte meistens beim Springen. Fiel einer der Reitschüler, musste er eine Pfundnote in den »Teamtopf« stecken. Das Geld

wurde für das britische Olympiateam gesammelt und gespendet.
Nach etwa zwei Monaten waren alle anderen vom Pferd gefallen, außer mir. Zwar war ich ein paar Mal nahe daran gewesen, doch da Pop mich Reiten ohne Sattel gelehrt hatte und Sunny ein temperamentvolles Pferd gewesen war, saß ich bereits jetzt wie ein Profi im Sattel.
Natürlich war Harry nicht entgangen, dass ich noch nicht gestürzt war. Das ärgerte ihn. Eines Morgens kam er nach dem Frühstück anmarschiert, musterte mich wie ein König seinen Untertan von Kopf bis Fuß, ob auch mein Aussehen in Ordnung sei. Glücklicherweise hatte ich an jenem Morgen besondere Sorgfalt walten lassen und glänzte geradezu.
»Martino, ich will, dass Sie heute Bushman querfeldein reiten«, befahl er.
Erstaunt hob ich die Brauen. Bushman war das ungebärdigste Pferd im Tattersall. Ein großer Brauner mit langen Beinen und elegantem schlankem Hals, ein vierjähriger Teufel. Ian nannte dieses Pferd »einen bockenden verdammten Narren«.
»Wie? Bushman?«, fragte ich ungläubig. »Er ist zwei Tage nicht bewegt worden. Ist es nicht besser, wenn er heute nur ruhig im Gelände geht?«
Harry grinste unter seinem Schnurrbart. »Haben Sie Angst, Martino? Glauben Sie, dass Sie ihn nicht aussitzen können? Ihr seid doch alle selbstgefällig, ihr Amerikaner! Holen Sie ihn!« Damit drehte er sich auf den Hacken seiner untadeligen Stiefel um und marschierte davon.
Ian kam zu mir. »O weh! Viel Glück! Bushman … Ich bete für dich einen Rosenkranz, Teresa.« Er legte mir tröstend die Hand auf die Schulter.
»Danke, Ire«, murmelte ich und schlich davon, um Bushman für den Tag des Jüngsten Gerichts zu satteln.
Harry grinste gemein, als er seine aufgereihten Schüler

musterte. Er überprüfte unsere Sättel und unser Zaumzeug, die geflochtenen Mähnen der Tiere und den Glanz unserer Stiefel. Einen Schüler schickte er zurück, die Mähne seines Pferdes neu zu flechten. Die anderen schickte er zum Aufwärmen für das anschließende Querfeldeinreiten. Als ich an Harry vorbeiritt, gab er Bushman einen Klaps auf die Kruppe und sagte höhnisch: »Jetzt wollen wir mal sehen, wie gut Sie sind, California.« Bushman scheute und bockte, doch ich hatte ihn im Griff und saß fest im Sattel.

Bushman war an jenem Morgen völlig überdreht. Und ich fragte mich: Du meine Güte! Hat Harry das mit Absicht gemacht?

Zuerst ritt ich ihn sehr vorsichtig und versuchte ihn dazu zu bringen, sich zu entspannen, aber als er im Gelände von einem anderen Pferd überholt wurde, stieg und bockte er.

Doch eins wurde während des Ritts klar: Bushman würde es nicht gelingen, mich abzuwerfen. Und Harrys Miene verfinsterte sich. Nach dem Aufwärmen stellten wir uns in einer Reihe auf und mussten den Hügel hinunter durchs Gelände mit den natürlich vorgegebenen Hindernissen reiten. Dieser Geländeritt stellte normalerweise keine großen Anforderungen an Pferd und Reiter, war aber für einen Anfänger wie Bushman schwer genug. Harry befahl mir, als Letzte loszureiten. Während ich wartete, kam mir in den Sinn, dass Harry uns warten ließ, weil er wollte, dass die anderen Pferde Bushman noch nervöser machen sollten. Als wir an der Reihe waren, krampfte sich mein Magen zusammen, aber ich war entschlossen, im Sattel zu bleiben.

Als wir losritten, drängte Bushman gegen den Zügel. Ich gab ihm mehr Zügel und redete beruhigend auf ihn ein. Wir sprangen über den großen Wall, machten eine Wendung um neunzig Grad, und es ging den Hügel hinunter zur Großen Senke. Im letzten Augenblick gelang es mir, Bushmans Kopf zu heben, damit er sehen konnte, worüber wir sprangen. Nach der Senke kam eine Kombination von Zäunen, mit einem breiten Wassergraben unter dem zweiten Zaun, dann ging es einen Hügel hoch zu einem Hindernis aus übereinander gestapelten Baumstämmen. In dem Moment versuchte ich verzweifelt, Bushmans Tempo zu zügeln. Wir setzten auf, platschten durchs Wasser und setzten zum nächsten Sprung an, vorbei an der Gruppe, die uns zusah.

Harry lächelte wie der Teufel. »Ah, das war sehr gut, Martino«, sagte er verschlagen, als ich mit Bushman zu ihm ritt. »Sehr eindrucksvoll. Und jetzt springen Sie bitte die Sarg-Kombination ohne Hände. Verknoten Sie Ihre Zügel.«

»Ohne Hände?«, fragte ich, wie betäubt über seine Forderung. »Bushman wird durchgehen.«

»Haben Sie Angst?«, fragte Harry böse lächelnd.

»Nein«, antwortete ich, fest entschlossen, ihn diesen Kampf nicht gewinnen zu lassen.

Nun wurde ich ernst. Ich starrte Harry so böse wie ein Raubvogel seine Beute an. Darauf verkündete er: »Sie dürfen die Zügel nach Überwindung des Sprungs wieder aufnehmen.«

Meine Mitschüler hielten den Atem an. Ich warf Ian einen Blick zu. Er schüttelte den Kopf und flüsterte: »Tu's nicht, Teresa. Der Bastard bringt dich um! Dieser Scheißkerl! Das kann er nicht von dir verlangen.«

Harry stellte sich zwischen uns und sah mir in die Augen. Er zischte mir zu: »Ach, Daddy meint doch sicher, dass Sie das fertig bringen. Martino, Sie leben im Walt-Disney-Land. Mal sehen, aus welchem Holz Sie geschnitzt sind, mein Mädchen.«

Dann wandte er sich an Ian. »Mr. Murphy, Sie reiten jetzt den ganzen Parcours ohne Steigbügel im versammelten Trab. Los!«

Ian starrte seinen Lehrer böse an, dann legte er die Steigbügel sorgfältig über Kreuz vor den Sattel und ritt davon.
Ich streichelte Bushmans Hals. Pop wartete zu Hause in Kalifornien. Er hatte immer an mich und meine Reitkünste geglaubt. Nicht wie Harry, der es anscheinend darauf anlegte, dass ich mir den Hals brach.
Pop hatte mir in einem seiner Briefe geschrieben: »Ich weiß, dass Du ziemlich aufgeregt vor Deinen Prüfungen sein wirst. Du musst an Dich glauben, Teresa. Du musst Dir jeden Tag sagen: ›Als Reiterin werde ich von Tag zu Tag besser.‹ Ich jedenfalls glaube an Dich!«
Harry hatte die ermutigenden Briefe meines Vaters immer lächerlich gemacht und sie als »Walt-Disney-Land« bezeichnet. Genauso hatte er meine Unfähigkeit kritisiert, »meine Familie loszulassen und erwachsen zu werden«. Ich begriff nicht, warum Harry die Liebe, die mich mit meinem Vater verband, so wütend machte.
Ich starrte in den wolkenlosen Himmel Somersets – ein seltenes Ereignis – und stählte mich.
Wieder lächelte Harry, doch dann sagte er leise und böse: »Dieses Mal landen Sie auf dem Boden.«
Doch ich wusste, dass ich eine Chance hatte. Wenn Bushman die Zaunkombination schnell sprang, senkte er vielleicht nicht den Kopf. Harry hatte nicht befohlen, dass ich die ganze Strecke ohne Zügel springen sollte.
Ich ritt Bushman an, und wir galoppierten davon. Im ersten Teil der Strecke ging es vor allem darum, dass er trotz seines Bockens den Kopf hochhielt. Dann kam die Große Senke mit der Sarg-Kombination. Ich machte mich so leicht wie möglich im Sattel, damit Bushman nur noch an sich dachte und vergaß, mit mir zu kämpfen. In jenem Moment lernte ich etwas Unschätzbares, das sowohl für das Reiten als auch für das Leben galt: *Manchmal ist es besser loszulassen.*

Dann waren wir vor dem Hindernis. Ich fühlte, wie ein Schuss Selbstvertrauen durch meine Adern raste, und anstatt mich an die Mähne zu klammern, breitete ich die Arme aus, als würde ich einen Flieger imitieren, und flog über die Zäune hinweg. Bushman war ziemlich wild, aber er war auch ehrlich. Er sprang einfach. Doch nach dem letzten Hindernis senkte er den Kopf, und ich beugte mich heftig nach den Zügeln vor und verfehlte sie. Er keilte nur einmal mit gesenktem Kopf aus und katapultierte mich hoch an seinem Hals. Vage hörte ich Harry lachen.
Dann tat Bushman etwas Erstaunliches. Der heißblütige Braune blieb stehen. Ich klammerte mich mit Armen und Beinen an ihn und hing seitwärts an seinem Hals. Hätte er geniest, ich wäre runtergefallen. Aber der große Wallach stand einfach da. Vielleicht war er so überrascht, dass ich an ihm hing.
Meine Kameraden blieben stumm, nur Harry lachte so laut, dass er fast hingefallen wäre. Mein Gesicht war heiß vom Blut und vor Scham, die mir in den Kopf gestiegen waren. Warum quälte mich dieser Mann? Ich fragte mich, was ich tun sollte.
Hinter der Gruppe hörte ich plötzlich Ian schwach rufen: »Gib nicht auf, California! Steig wieder in den Sattel! Lass den Scheißkerl nicht gewinnen! Noch bist du oben!« Ian war mit seiner Strafrunde, ohne Steigbügel zu reiten, noch nicht fertig. Ich konnte ihn über Bushmans Hals sehen. Er winkte. Mehr brauchte ich nicht. Um Gleichgewicht ringend, fing ich an, in den Sattel zu klettern. Harry hörte abrupt zu lachen auf.
Ich ächzte und stöhnte und schob und drückte, und das heißeste Pferd in der ganzen Reitschule stand geduldig wartend da. Schließlich wuchtete ich mich mit einer letzten Anstrengung in den Sattel zurück. Ich nahm die Zügel und ritt in langsamem Galopp zu Harry. Er stand völlig perplex da.

Über sein Gesicht huschte ein Ausdruck, eine Mischung aus Mitgefühl und Bewunderung.
Dann streichelte er Bushmans Hals und sagte traurig und sehr sanft: »Sie geben wohl nie auf? Wie, California? Wie kommt es, dass Sie so gut geworden sind?«
Ich antwortete ihm nicht.
Danach war Harry netter zu mir. Nicht besonders nett, aber erträglich. Während meines Lehrgangs in The Vale bin ich nie vom Pferd gefallen. Ich war eine der wenigen, denen das nie passierte.
Als ich nach bestandener Prüfung mit meiner Urkunde in der Hand im Hof stand, weil die Stunde des Abschieds gekommen war, ging Harry zögernd auf mich zu. Dieses Mal ohne knallende Stiefelabsätze. Seltsamerweise hatte er Tränen in den Augen. Zu meiner großen Überraschung umarmte er mich fest, und seine Stimme zitterte. »Auf Wiedersehen, Martino. Sie sind ein sehr glückliches Mädchen. Und Sie sind eine gute Reiterin. Denken Sie an mich. Fallen Sie nicht vom Pferd und verletzen Sie sich nicht!« Dann ließ er mich los und ging, marschierte in seinen glänzenden Stiefeln einfach davon.
Kurz darauf kam Ian. Er war Zeuge von Harrys unerwartet warmherzigem Abschied geworden. »Wow! Was soll ich denn davon halten?«, fragte ich ihn.
Mein lieber Freund seufzte. »California, ihr habt keinen Adel in Amerika, aber in England gibt's diese Leute immer noch. Harry ist der Erbe eines bedeutenden Titels, wenn sein Vater einmal stirbt. Und seine Familie will nicht, dass er diesen Beruf ausübt. Sie will, dass er Rechtsanwalt oder so was wird. Sie findet, dass Reitlehrer ein dummer Beruf ist.«
Ich sah Harry nach, als er davonging. Wie traurig, dass er im Leben nicht das tun konnte, was er liebte. Er war ein Genie im Umgang mit Pferden, sanft und einfühlsam. Er behandelte Pferde mit Liebe. Jetzt erst verstand ich Harrys Zorn

und Bitterkeit, die ich die ganze Zeit über in ihm gespürt hatte. Er war eifersüchtig auf ein Mädchen gewesen, dessen Vater seinen Lebenstraum unterstützt hatte.

Ich flog nach Kalifornien und zu den würzigen Düften des Spätsommers auf dem Land zurück. Flog heim zu Pop und Mom, die mich aufgeregt am Flughafen erwarteten. Pop war stolz auf meine Leistung, stolz, dass ich meine Fähigkeiten in diesem Beruf bewiesen hatte. Er umarmte mich fest.
Zwei Wochen später bekam ich einen hellblauen Luftpostbrief von meinen Freunden in England. Es ging um Harry. Vergangenen Montag hatte Harry seinen Revolver genommen und sich mit seinem Lieblingshund als einzigem Zeugen eine Kugel in den Kopf geschossen. Er hatte sich im Schloss seiner Vorfahren, im Schlafzimmer seiner Eltern, sofort das Leben genommen. Ich weinte um diesen Mann, der nie seinen Traum ausleben durfte.
Zwanzig Jahre später lag ich in meinem Wohnwagen, weil ich durch den Aufprall auf einen Pfosten innere Blutungen erlitten hatte. Freunde waren an jenem heiteren Herbsttag an meiner Seite, und sie sahen etwas verwirrt aus, als ich murmelte: »Ja, ich denke an dich, Harry.«

# 4

# *Auf Camelot gab es Pferde*

Angelo war ein Ritter, jedenfalls dachte ich das anfangs. Das entnahm ich seiner Körpersprache, seiner romantischen Vorstellung von Liebe und seinem Schwur, dass er sein Leben für mich geben würde.

Angelo war über ein Meter achtzig groß, hatte einen muskulösen Körper und goldenes Haar – außerdem einen Schnauzbart wie ein Kavallerist. Er sah aus, als stamme er aus einer anderen Epoche. Seine Augen waren gletscherblau, von jenem Blau, das es nur im hohen Norden gibt. Im Sonnenlicht konnte ich ihm fast nicht in diese unglaublich blauen Augen schauen; ich musste zweimal hinsehen, um mich zu vergewissern, dass das Blau auch echt war.

Angelo saß gelassen auf meinem Pferd Stoat und beobachtete mich. Der Wind wehte in seinem Haar, er sah jung und gleichzeitig alt aus – zeitlos wie der Frühling. Er folgte meinen Bewegungen mit diesem alarmierenden Blick und hielt die Zügel leicht wie Federn in einer Hand. Die andere Hand – sie glich einer Skulptur mit goldenem Flaum – ruhte auf seinem Schenkel. Mit nacktem Oberkörper und nur mit blauen Jeans bekleidet, sah Angelo wie Apollon aus, der Zwillingsbruder der Jagdgöttin Artemis und Gott des Lichts.

Ich hatte Angelo vor einem halben Jahr bei einem Reitturnier kennen gelernt. Auf dem staubigen Gelände, auf dem wir die Pferde vor dem Hindernis bewegten, damit sie warm wurden, sah mir Angelo beim Reiten zu. Aufmerksam verfolgte er jede meiner Bewegungen. Als ich ihn bemerkte,

schaute ich nicht weg, sondern lächelte ihn an. Danach wurden wir unzertrennlich. Es war, als würden wir uns schon lange kennen. Ich nannte ihn Angel – Engel.
An jenem Nachmittag, auf einer der Weiden im Gebirge, stand ich dem schwarzen Stier gegenüber. Er scharrte mit ebenholzschwarzen Hufen im Boden. Ich drehte mich schnell und mit wehendem Haar um und lächelte Angel zu. Er winkte, und ich lief direkt auf den überraschten Stier zu.
Jetzt war ich eine junge Wölfin, eine Antilope – eine junge Frau, Anfang zwanzig, schlank und schnell –, von einer seltsamen Wildheit und Kühnheit ergriffen. Sie rannen durch mein Blut wie Lachse, die den reißenden Fluss zum Laichen hochsteigen. Voll wilder Freude rannte ich furchtlos den gewundenen Pfad entlang, dem schwarzen Stier entgegen und berührte sein warmes, feuchtes Maul. Den Stier erboste diese Ungehörigkeit, er schüttelte den mächtigen Schädel und griff an. Ich duckte mich hinter seiner Schulter, und Angel – mein Ritter – raste auf Stoat an uns vorbei, um den Stier abzulenken.
Nach ein paar Schritten fixierte mich der Riese wieder mit einer Mischung aus Wut und Sanftheit im Blick. Er war aus seinem Pferch ausgebrochen und in die Berge gekommen, um mit uns zu spielen. Er genoss seine ungebundene Freiheit und fand wieder zu ursprünglicher Wildheit zurück. Jetzt waren wir die ihn bedrohenden Wölfe, ein Teil seiner Geschichte, an die er sich dunkel erinnerte.
Seine Augen lächelten, als er mit den Vorderhufen dürre Grasbüschel ausriss, und er träumte wohl davon, diese Frau über den Haufen zu rennen, die *glaubte* eine Wölfin zu sein.
Angel strich sich eine helle Haarsträhne aus dem Gesicht. Er lächelte unsicher und beobachtete mein Spiel mit dem Stier aufmerksam. Ich konnte an seinem Gesichtsausdruck ablesen, dass er gern mitgespielt hätte, aber dies war mein Spiel.

Wieder schüttelte der Koloss den Kopf und schnaubte. Dann kam er mit trommelnden Hufen auf mich zugerast. Noch während ich ihn beobachtete, gab es einen flüchtigen Augenblick, in dem ich mit dem Stier zu einem Wesen verschmolz – er in seiner Freude am Kampf und ich im Vertrauen auf die Reaktion meines Körpers.
Sein Schnauben war laut, und sein staubiges schwarzes Fell roch wie die See. Seine Hufe wirbelten Staubwolken auf. Da war er schon über mir, doch ich machte einen Schritt zur Seite. So nah war ich ihm, dass ich mit der Fingerspitze das lockige Haar zwischen seinen Hörnern berühren konnte. Ich umrundete ihn, wobei ich zärtlich seinen Kopf streichelte. Dann war der Stier im Staub und in der Hitze verschwunden. Sorglos pendelte sein Kopf hin und her. Noch einmal drehte er sich um und sah mich an. Danach kehrte er auf seine Weide zurück.
Angel kam angaloppiert und fragte: »Bist du fertig?«
Ich bejahte seine Frage, doch tief in meinem Herzen und den glänzenden schwarzen Augen des Stiers wusste ich, dass ich damit niemals fertig sein würde. Der Stier ruhte sich jetzt aus, aber mein Blut raste, so wie das Meer während der Sturmfluten im Frühjahr an die Küste peitscht.
Angel betrachtete den Stier und sagte: »Was für ein schönes Tier! Spielst du deshalb mit ihm? Weil er schön ist?«
»Ich weiß nicht, warum ich es tue«, antwortete ich, aber ich dachte: Der Stier lebt. Wenn ich mit ihm spiele, lebe auch ich. Er und ich, wir teilen ein uraltes Geheimnis. Außerdem wusste ich noch etwas, das ich in jenem Moment nicht aussprach: Wenn ich etwas riskiere, gewinne ich Vertrauen.
Dann holte ich Apfelstücke aus meiner Tasche und warf sie eins nach dem andern dem Stier hin. Er nahm sie sofort und kaute, während der Saft ihm aus dem Maul lief.
Die letzten beiden Stücke hob ich für Stoat auf. Er umschloss sie sanft mit seinen weichen dunklen Lippen auf mei-

ner Hand. Angel streckte einen Arm aus, und ich schwang mich hinter ihm auf den Pferderücken. Dann gingen wir drei den Berg hinunter, in Frieden mit uns und dem Tag.

Das Meer schickte unablässig seine schäumenden Wellen an Felsen und Strand. Ich stand auf einem mit Muscheln übersäten Felsen; meine nackten Füße prickelten im kalten Wasser. Angel stand hinter mir und versuchte, um ein paar dunkle Felsen herum zu spähen, die sich wie mächtige Bären über uns erhoben und die Sicht blockierten. »Was wohl hinter diesem großen Kliff ist?«, fragte er sich laut. Lag dahinter eine ruhige Bucht? Oder noch mehr Felsen, an denen sich die Brandung schäumend brach?

Angel umschlang meinen Körper. Salzwasser lief über seine Haut und tröpfelte von meinem Bauch. Ich drehte mich um, und wir küssten uns. Wir pressten unsere Lippen aufeinander, bis sie von der Sonne und dem Salz brannten. Das Meerwasser floss in Strudeln um unsere Beine und zerrte an ihnen. Das Meer rief mich, seine Weite und das Unbekannte hinter den Felsen zu erkunden. Angels Hände auf meinem Rücken waren wie ein Band. Ich konnte nicht länger dem Unbekannten widerstehen und sprang plötzlich ins Meer. In der kalten Brandung breitete sich mein Haar wogend zwischen dem Tang aus.

Innerhalb einer Sekunde waren wir getrennt. Als Angel merkte, dass ich auch ohne ihn ins tiefe Wasser gehen würde, ergriff ihn Panik, und er folgte mir wie ein Phantom. Aber weiter ging er nicht mit.

Ich arbeitete mich strampelnd und schlagend durch die Brandung und umrundete das Riff. Dahinter lag eine ruhige Bucht mit klarem Wasser. Ein dunkelhäutiger Mann stand am Strand und fischte. Obwohl ihn mein plötzliches Auftauchen überraschte, winkte er mir zu und fragte: *»Eres tu una pescadera?« – »No, Señor, yo soy una loba de la mer.«* Der Mann sah mich ernst an und nickte dann, als würde er mir glauben. (Vielleicht sah ich wirklich eher wie ein Seehund als wie eine Fischerin aus.)

Als ich zurückschwamm, stand Angel bis zur Brust im Wasser und suchte das Meer mit unruhigen Blicken ab. »Ich dachte, du seist ertrunken«, sagte er ruhig, sein Gesicht so blass wie der Sand. Als ich seine Hände nahm, fühlten sie sich wie Seetang an.

»Du bist einfach verschwunden«, klagte er.

Ich starrte ihn nur an und sagte dann, noch immer aufgeregt: »Warum bist du nicht mitgekommen? Wusstest du, dass König Artus sein Schwert in einem See fand?«

Ich hatte Angel erzählt, dass ich, allegorisch gesehen, immer auf Camelot gelebt hatte. Für mich ist Camelot ein Ort, an dem man Geist und Mut erproben muss.

Angel hielt meine Hand ganz fest und weinte. Seine Tränen mischten sich mit der Gischt. Ich zog ihn zu mir herunter und flüsterte ihm ins Ohr. »Vertrauen ist das Schlüsselwort. Ich vertraue meinem Körper und dem Meer. Ich wollte wissen, was dahinter liegt.«

Seine Augen waren sehr hell und glänzten vor Angst, als er antwortete: »Darling, du gehst viele Risiken ein.«

Auch meine Augen glänzten, aber vor Entdeckerfreude und dem damit verbundenen Risiko. Ich antwortete: »Ja, darum lebten die Ritter ja damals auf Camelot.«

Als Kind liebte ich die Geschichten um König Artus , doch ich konnte nicht glauben, dass alle Ritter nur Männer gewesen sein sollten. Vielleicht war ich durch meine Erziehung oder meine Lebenserfahrung zu dem Schluss gekommen, dass wenigstens *ein paar* der Ritter Frauen gewesen sein mussten.

Deshalb fragte ich Pop: »Wie kann es sein, dass nur Männer die großen Pferde ritten und kämpften, um das Land von den Bösewichten zu befreien?«

Pop antwortete: »Ich bin mir sicher, dass es unter den Rittern auch edle Damen gegeben hat. Sie verbargen ihr langes Haar unter einer Kappe und hatten leichtere Schwerter. Aber sie waren schnell im Kampf.«

»Oh, danke, Pop!«

Als Kind träumte mir, dass ich mich in einem seltsamen, am Meer gelegenen Land befand, mitten in der Nacht. Ich stand vor einem steinernen Grab, einem Sarkophag, der sich langsam öffnete. Ein kalter Hauch wehte mir aus der Grabstätte entgegen, und in dem Sarkophag lag das Skelett eines großen Mannes, der in ein Totenhemd aus golddurchwirktem Stoff gekleidet war. Auf dem Kopf trug es eine Krone, und seine Hände hielten einen kostbaren Becher, während über seinem Schoß ein juwelenbesetztes Schwert lag.

Das Skelett richtete sich in eine sitzende Position auf, und ich starrte in seine leeren Augenhöhlen. Erst hielt es mir den Becher hin, dann das Schwert. Mit einer Stimme, die fließendem Wasser an einem finsteren Ort glich, sagte es zu mir: »Diese Dinge sind für dich.«

Furchtsam zitternd nahm ich beides entgegen, ohne die knöchernen Finger des Toten zu berühren.

Ich erwachte vom Gesang einer Spottdrossel, die den sonnigen Morgen begrüßte.

Als ich Pop später meinen Traum erzählte, sagte er: »Du bist eine Kämpferin, mein kleines Mädchen. Eine Kriegerin! Eine Ritterin! Vergiss niemals deine Träume.« Dann lachte er. Es klang wie helles Glockengeläut.

Pop lehrte mich alles, was er über Pferde wusste, aber er lehrte mich auch alles, was er über die Liebe wusste. Als Kind wurde ich Zeuge, wie er meine Mutter, seine Frau, liebte. Mom roch süß nach frisch gebackenen Brötchen, und Pop roch nach Salzwasser. Wenn Pop Mom berührte, schienen ihre Körper miteinander zu verschmelzen. Ich hatte nun ein Problem: Da ich eine solche Liebe kennen gelernt hatte, wollte ich eine ähnliche Beziehung haben. Und als Zwanzigjährige hatte ich noch keine ähnliche Liebe gefunden und fragte mich, ob irgendetwas nicht stimmte.
Angels Herz verwirrte mich. Was wollte er besitzen? Was für ein Mensch wollte Angel werden? Was wollte er von mir? Noch hatte Angel nicht erkannt, dass ich eine Frau war, die dem Ritterstand angehörte. Er sah etwas oder jemanden in mir, die ich nicht war. Ich wollte eine Gefährtin der Wölfe sein, ein Mitglied des Rudels. Ich wollte mit den Pferden laufen. Pferde glauben an Freundschaft. Sie respektieren die Kraft und auch Macht des anderen. Pferd leben in einer Herde als Partner zusammen.
Vielleicht sah Angel etwas in mir, eine Eigenschaft, die er gern selbst besessen hätte, aber seiner Frau nicht zugestand. Nach einem Jahr des Zusammenseins sagte Angel zu mir: »Ich will nicht Mr. Martino sein.«
Ich suchte in seinen blauen Augen nach Verstehen und fragte ihn ruhig: »Was glaubst du denn, wie ich fühle?«
»Du willst meinen Familiennamen nicht tragen. Das Gefühl habe ich jedenfalls«, sagte Angel herausfordernd.
Lächelnd entgegnete ich: »Du hast kein Recht, mir einen Namen zu geben.« Wie konnte sich Angel anmaßen, mir einen anderen Namen zu geben? Er war dumm, wenn er glaubte, das tun zu können. Trotzdem wusste ich immer noch nicht, welche Bedeutung unsere Beziehung für ihn hatte.
»Meine Familie würde das niemals verstehen«, sagte Angel sanft.

»Dafür kann ich nichts«, entgegnete ich.
Für mich war alles sehr einfach: Wir sind zusammen, und basta!
Nicht lange nach unserer Diskussion über eine Heirat ritt ich Stoat im Ring draußen, während Angel zusah. Wir absolvierten eins der klassischen Programme: Trabtravers nach rechts. Stoat führte die Übung in vorbildlicher Haltung und mit kraftvollen Tritten aus.
Angel lehnte am Zaun und seufzte. »Du siehst aus wie einer der Helden aus den alten Sagen.« Als eine Windbö durch sein Haar fuhr, fügte er hinzu: »Du siehst wie ein wildes Tier aus.«
Ich starrte ihn an und wusste nicht, was ich antworten sollte. Was sieht er eigentlich? fragte ich mich. Sieht er eine starke und heißblütige Frau? Begreift er, dass es solche Frauen geben kann?
Eines Tages tobte er zu meiner Verwunderung zu lauter Musik ausgelassen durch mein Haus. Er warf mich in die Luft, und dann fielen wir lachend auf die Couch. In diesem Moment hätte ich ihn fast lieben können.
Abends lagen wir dann in dem stacheligen Gras und schauten in den mit Sternen übersäten Himmel. Ich deutete mit dem Zeigefinger auf einen Stern und sagte: »Der rote Stern da drüben, das ist der Stern der Familie Martino. Jedenfalls hat Pop das immer behauptet.«
Angel kniff die Augen zusammen. »Das ist doch Mars. Und Mars ist der Gott des Krieges, nicht wahr?«
Ich versteifte mich. »Nein. Er ist der Schutzgott von Feld und Vieh und für das Wachstum verantwortlich. Ursprünglich jedenfalls. Nach ihm wurde der Monat März benannt, wenn die Frühjahrsstürme wehen. Es heißt, Juno gebar ihn mit Hilfe der Lilienblüte, einer verzauberten Blume.«
Angel umfasste mein Gesicht mit einer Hand und flüsterte: »Eine verzauberte Blume.«

»Ich bin keine Blume, Angelo.«
»Was bist du denn?«
»Das weiß ich nicht.«
»Brenn mit mir durch! Lass uns einfach von hier fortgehen und alle anderen vergessen!«
»Das könnte ich meiner Mutter oder Stoat niemals antun.«
»Deiner Mutter? Sie hat doch ihr eigenes Leben!« Seine Stimme verriet, was er von meiner Familie hielt. Es klang verächtlich.
Damit ich ihm ins Gesicht sehen konnte, drehte ich mich so schnell zu Angel, dass er zurückwich. »Lass meine Mutter aus dem Spiel. Sie trauert!«, sagte ich und starrte ihn an.
Schließlich fragte er langsam und leise: »Wenn du zwischen mir und Stoat wählen müsstest, wen würdest du wählen?«
»Das darfst du mich nicht fragen, Angelo.«
»Warum nicht?«
»Weil meine Antwort dir nicht gefallen würde.«
Er packte meinen Arm, und plötzlich lag ich unter ihm. »Ich könnte dich vergewaltigen«, sagte er sanft. »Es ist seltsam. Aber da dein Vater tot ist, habe ich Hemmungen. Als wärst du verwundbar, weil keine Männer um dich herum sind«, schloss er und blickte mit seinen blauen Augen in meine braunen.
Doch ich hatte mich mit dem Stier angelegt und vor Angel keine Angst. Ich lachte nur, und da wusste er, was passieren würde, sollte er sich nicht zurückziehen. Wir hatten beide gesehen, wie Stuten nach Hengsten keilen. Vorsichtig rollte er sich von mir herunter. Die Frauen und Männer in meiner Familie hatten mich nicht gelehrt, schwach zu sein. Als mich ein Mann einmal packte, hatte ich ihm einen Kinnhaken verpasst, und er war vor mir wie eine Flickenpuppe zu Boden gegangen. Ich hatte mit Tieren gespielt, die viel stärker als ich waren. Und Angel wusste tief im Innern, dass ich ihm wehtun konnte.

»Was hast du nur an dir?«, fragte er und starrte zum Himmel empor, wo Mars leuchtete. Dann flüsterte er mir leise ins Ohr, als wäre ich eine Raubkatze. »Was würdest du tun, wenn du mich mit einer anderen Frau erwischen würdest?«, fragte er mit rauer Stimme. Sein Atem war heiß wie der Wüstenwind, als er unsere Liebe infrage stellte.

Ich zögerte keine Sekunde und sagte: »Mach, was du willst. Aber versuche nie, mir meine Kraft zu neiden oder sie gar zu beschneiden.«

Es war zwei Monate später, der Sommer neigte sich seinem Ende zu, und morgens war es kühler. Ein Wechsel lag in der Luft. Angel rief mich an. »Es gibt ein Problem in der Familie. Du musst schnell kommen.«

Ich machte mir Sorgen, als ich mit meinem alten gelben Pick-up, den Großvater vor ein paar Jahren für mich ausfindig gemacht hatte, lärmend über die Straße fuhr. Was war das für ein Notfall? War jemand gestorben?

Als ich zu Angels Haus kam, wartete er mit seinen Eltern auf mich. Meine Familie – meine Mutter und mein Bruder – war nicht zu diesem Familientreffen eingeladen worden. Ich kannte seine Familie, aber nicht gut, obwohl wir uns gegenseitig Besuche abgestattet hatten, als unsere Beziehung enger wurde.

Als ich mir einen Stuhl heranzog, um mich an ihren Küchentisch zu setzen, kratzte er quietschend über den Holzfußboden. Mitten auf dem Tisch lag eine Bibel. Angels Mutter und Vater saßen am Tisch; er stand hinter ihnen, die Hände zu Fäusten geballt. Ich fühlte mich allein.

In dem Raum herrschte eine Atmosphäre, als würde man ersticken. Die Stille war voller unterdrückter Wut. Warum? fragte ich mich. Um mir Erleichterung zu verschaffen, schaute ich aus dem Fenster. Ein Monarch flatterte taumelnd durch die heiße Brise. Für die Ureinwohner ist dieser Schmetterling ein Symbol der Veränderung.

»Angelo will dich heiraten«, fing Angels Vater an.

Ich starrte ihn mit glänzenden Augen an.

Sein Vater fuhr fort: »Wir wissen, dass du mit ihm geschlafen hast.« Er war peinlich berührt und hustete. »Das ist gegen die Regeln unseres Glaubens. Wir wissen auch, dass du nicht nach unseren Regeln erzogen wurdest. Unser Glaube verlangt, dass ein Sohn seinem Vater gehorcht.«

Meine Gedanken wanderten zu Pop zurück, als ich sechzehn war. Er schwang mich durch die Küche, während Mom versuchte, Eier zu schlagen. »Das wird ein großer Tag, wenn ich dich zum Altar führe!«, sagte er lachend, und schiere Freude leuchtete aus seinen bernsteinfarbenen Augen. »Der Mann kann sich glücklich schätzen, der dieses Mädchen einmal bekommt! Denn keine Frau sollte alleine schlafen!« Ich lachte, als er mich durch die Küche wirbelte. Jahre später saß ich in einer fremden Küche. Pop war Staub. Er würde mich nie zum Altar führen.

Angels Mutter saß schweigend da, die Hände wie zahme, gefangene weiße Vögel gefaltet. Angel sah mich nicht an, er sprach auch nicht. Sein Blick war gesenkt. Vielleicht sah er die Hölle zwischen seinen Händen, die einst Stoats Zügel und meine schwieligen Hände so anmutig gehalten hatten.

»Wir wollen nicht, dass er dich heiratet!«, erklärte sein Vater. »Wir wollen dich nicht in unserer Familie. Du passt nicht hinein. Du bist eine schwierige Frau. Das ist nicht deine Schuld. Aber du wurdest nicht richtig erzogen.«

Als dieser Mann zu mir sprach, sah ich ihm direkt in die Augen. Und in seinen kleinen, schwarzen, glänzenden Pupillen sah ich das Spiegelbild einer starken, langhaarigen Frau. Dann schaute ich zum geöffneten Fenster hin, wo Staubflocken in der Sonne tanzten. Der Schmetterling war fort. Angels Eltern warteten auf meine Antwort.

»Ich gehe«, sagte ich schließlich.
Als ich durch die offen stehende Haustür nach draußen marschierte, musste ich an Maria Magdalena denken, die von selbstgerechten Menschen verurteilt und verstoßen wurde.
Angel folgte mir, er schleifte die Füße hinter sich her, als läge er in Ketten.
An meinem Auto blieben wir stehen und sahen uns an, zwei Ritter mit gezückten Schwertern. »Was soll ich denn nur tun? Was?« Angel schrie fast. Seine Stimme klang schneidend. Sie war voller noch pubertärer Verwirrung und Zorn.
Ich antwortete mit den Worten meiner Großmutter: »Du musst dich entscheiden, ob du mein Mann oder der Sohn deines Vaters sein willst.« Dann stieg ich in meinen Pick-up und schloss die Tür mit einem lauten Knall.
Angels Gesicht drückte totale Verwirrung aus. Du bist kein richtiger Ritter, dachte ich, als ich in seine von Schmerz gezeichneten blauen Augen sah. Er machte den Mund auf, brachte aber keinen Laut zustande. Er drehte sich um und ging in sein Vaterhaus zurück. Keine Rüstung, kein Schwert. Angel hatte seine Wahl getroffen. Und er war nie mein Geliebter gewesen, auf diese Weise hatte ich nie mit ihm geschlafen.

In jener Nacht ritt ich mit Stoat im Mondlicht in die Berge. Wir hörten im Dunkeln, wie der große Stier Gras rupfte. Aber jetzt war der Stier wieder im Korral, weit weg von der Bergwiese, auf der wir gespielt hatten.
Pferde lieben in völliger Freiheit, sie sind pragmatisch. Sie besitzen ihre Kinder, Frauen oder Männer nicht. Sie leben. Und sie sind gleichberechtigt.
Angel wird dieses Buch nie lesen, denn es gefällt seinem Gott und seinem Vater nicht. Doch der Frau, dem Stier, dem

Pferd fehlen noch immer die tiefblauen Flüsse, aber nicht deren Kälte.
Und ich wurde zum Ritter und reite auf dem Korinther querfeldein. Und ich lebe noch immer auf Camelot.

# 5

# Der Korinther

Kurz vor dem Start zum zweiten Durchgang beim One-Day Event sah ich die junge Frau auf dem nervösen Vollblüter, wie sie rastlos die Startbox umkreiste. Der Himmel war schwarz von Wolken; Regen drohte. Der setzte auch bald ein und machte den schweren Boden noch sumpfiger. In der Nähe saßen die Starter und Zeitnehmer unter ihren dunklen Regenschirmen und scherzten. Den vor dem Start wartenden Reitern riefen sie Warnungen zu.

»Noch fünf Minuten für Nummer siebenundzwanzig!« Als ich unsere Startnummer hörte, nahm ich das Tempo des Korinthers zurück. Wir waren gerade zum Aufwärmen im tiefen Schlamm über einen Oxer gesprungen.

Die junge Frau, die auf ihren Start wartete, warf mir einen verschreckten Blick zu. Sie hatte sichtlich Lampenfieber, lächelte unsicher und fragte mich nervös: »Was halten Sie von der Strecke? Ist sie okay?« Ihre Stimme zitterte.

»Sie ist in Ordnung«, antwortete ich zuversichtlich, weil ich ihr Mut machen wollte. Ihre Angst war unübersehbar.

»Wie ich gehört habe, soll es an Hindernis sieben ein Loch geben, man muss es links anreiten und dann sofort den Hügel hoch aufs Tempo drücken. Das sei die beste Methode.«

Es regnete in Strömen, und ihr hellblondes Haar klebte an ihrem Kopf. Nummer neunundzwanzig sah in ihrem dunkelblauen Jerseydress blass aus. Ihre weißen Reithosen waren mit Schlammspritzern verschmiert.

Plötzlich hörte der Regen auf. Nur ein feiner Dunst hing noch in der Luft. »Reiten Sie heute das erste Mal auf einem

schweren Turnier?«, fragte ich sie, als wir vor der Startbox warteten. Sie schluckte und nickte dann heftig.
»Sie müssen immer tief durchatmen«, riet ich ihr. »Wir sind alle nervös.« Die junge Frau streichelte den Hals ihres Pferdes und sah mich an. »Sie sind die Nächste«, sagte ich. »Viel Glück.« Ein paar Minuten später war sie auf und davon. Sie ritt ihrem Schicksal entgegen.
Dies war die erste Saison, in der ich mit dem Korinther an Turnieren auf diesem hohen Niveau teilnahm. Der Korinther war der graue Wallach, mit dem Pop und ich gearbeitet hatten, bis Pop starb. Der Korinther war jetzt fast zehn Jahre alt und ich Ende zwanzig. Wir waren langjährige Partner und kannten uns gut. Unsere gemeinsame Arbeit hatte uns im Vielseitigkeitsreiten auf die Stufe gebracht, die direkt unter der Qualifikation für die Olympischen Spiele liegt.
Stoat, mein liebevoller Spitzname für den Korinther, ging Geländeritte wie der Tornado, von dem meine Großmutter zu erzählen pflegte. Dieser Tornado hatte ihren Schornstein vom Dach gefegt und das Nachbarhaus zerstört. Und wenn Stoat lief, wirbelte er wie ein Sturmross die Erde mit seinen Hufen auf. Er gehörte dem Geschlecht der großen Streitrösser an, wie das sagenumwobene Pferd Alexanders des Großen, Bukephalos, das seine Stärke genoss und den Feinden ins Gesicht lachte.
Der Starter informierte mich, dass es in zwei Minuten losgehen würde. Ich versenkte mich tief in Stoats Körper und Geist; die Welt mit ihren Sorgen, Erwartungen, Triumphen und Niederlagen existierte für uns nicht mehr. Nichts als Dunst, Schlamm, die Hindernisse und das große graue Pferd blieben übrig. Das war die Meditation der Jagd, die schweigende Imagination der Pirsch, der Lauf und Sprung der Raubkatze.
Die Strecke dehnte sich über etwas mehr als drei Kilometer über Hügel und durch Wasser aus, wobei achtundzwanzig

Hindernisse zu überwinden waren. Sollten wir ein zu hohes Tempo vorlegen, konnten wir stürzen, vor allem bei diesem tiefen Boden. Der Sieger dieses Rittes musste schlau und tapfer sein – und Glück haben. Querfeldeinritte sind wie das Leben selbst.

»Noch eine Minute«, verkündete der Starter ernst. Ich zog den Sattelgurt nach, überprüfte den Rest, und meine Pferdepflegerin Karen und die beiden Trainerassistentinnen, Beth und Drosk, standen schweigend am Start, lässig und gleichzeitig ernst. Sorgfältig nahm ich die Zügel auf, stellte die Füße fest in die Steigbügel und ritt im Kreis um die Box.

»Noch dreißig Sekunden.« Stoats Schritt war leicht, trotzdem blieb er immer ein Krieger. Er verschwendete keine Energie.

»Noch fünfzehn Sekunden.« Stoat und ich ritten in die Box. Geschmeidig drehte er sich. Die Strecke lag vor uns, eine vom grauen Regen verhüllte Landschaft.

Der Starter rückte seine Brille zurecht. Die Zeitnehmer verharrten unbeweglich. Zehn … neun … acht … Die Zeit schien sich zu verlangsamen und wie Nebel über den zertrampelten Dreck in der Startbox zu senken. Mein Sattel quietschte leise. Eine weiße Stille hüllte uns ein; ich konnte den Regen fallen hören.

Unter dem Schild meines Reithelms blickte ich auf das erste Hindernis, einen großen, einladenden Oxer. Stoat spürte, wie ich starrte, und verschmolz seinen Streitrossradar mit meinem. Fünf … vier … drei … zwei … eins … LOS!

Als ich auf Stoat geschmeidig aus der Box galoppierte, drückte ich auf die Stoppuhr an meinem Handgelenk. Dieser herrliche Augenblick belebte uns und war der Beweis, dass immer nur ein Jetzt existiert. In der Startbox ließen wir alle Probleme dieser Welt hinter uns.

Stoat und ich sprangen voller Hoffnung und mit ungebändigter Kraft in diesen Augenblick, diese Kraft, die ich jetzt unter mir spürte und die mein Herz entflammte und wie eine Art Elektrizität meinen Körper von Kopf bis Fuß durchströmte.

Pferd und Reiterin liebten das Rennen, und diese Liebe durchlief wie ein Feuer unser beider Körper und einte sie. Das dumpfe Trommeln von Stoats Hufen im Matsch hatte denselben Rhythmus wie sein Atmen und mein Herzschlag. Im Gelände eines Querfeldeinritts gibt es einen Rhythmus, der dem eines natürlichen Flusslaufs gleicht, dessen Wasser manchmal ruhig dahinströmen und dann wieder Gischt sprühend über Untiefen reißend fließen und sich an Felsen brechen.

Zu einem Wesen verschmolzen, rannten Stoat und ich auf den ersten Oxer zu: Galopp ... Galopp ... Galopp ... Sprung ... dann der Schock der Landung, die ich von den Füßen ausgehend bis in den Kopf spürte, der zurückgeworfen wurde, als wir weitergaloppierten.

Bei schweren Prüfungen muss sich der Reiter vor allem auf seinen Instinkt verlassen, weil die Geschwindigkeit so hoch ist. Zum Nachdenken bleibt keine Zeit. Und dieser Instinkt, das intuitive Erfassen des Geländes samt den Hindernissen, ist vor allem das Resultat eines jahrelangen Trainings. Dieses Wissen kann man weder forcieren noch kaufen. Es glich einer stummen Zwiesprache unserer beider Körper, von der ich manchmal nicht einmal wusste, wie sie funktionierte.

Diesen Ritt absolvierten wir aus dem Instinkt heraus und mit dem Wissen, das ich mir vorher angeeignet hatte. Dreimal war ich vor dem Start die Strecke abgegangen und hatte mir jede Stelle gut eingeprägt, damit ich Stoat – der die Strecke nicht kannte – durch meine Hilfen warnen konnte.

Rechts und links von jedem Hindernis standen Zuschauer, durch gelbe Flatterbänder von der Strecke getrennt. Sie waren uns so nah unter ihren Regenschirmen, dass ich mir im

Vorbeireiten einen Schirm mit ausgestreckter Hand hätte schnappen können.
Stoat war ein Pferd, das sicher im tiefen Gelände ging, und außerdem ritt ich ihn auf dem matschigen Gelände mit Stollen, damit er nicht so leicht ausrutschen konnte. Er hob den Kopf, als wir den Hügel hinunterdonnerten, auf einen großen Doppeloxer zu, der etwa ein Meter zwanzig hoch und zwei Meter tief war. Zwanzig Schritte davor verlangsamte ich Stoat um den Bruchteil einer Sekunde. Damit teilte ich ihm mit, dass das vor uns liegende Hindernis sehr groß war und er hoch und weit springen musste.
Ich ließ Stoat die Zügel lang und verstärkte den Schenkeldruck; er flog mit gespitzten Ohren auf das Hindernis zu, und ich packte im Moment des Absprungs seine wilde Mähne. Verschwommen nahm ich die Zuschauer wahr und ein Aufstöhnen, als wir vorbeirasten.
Bei dem heutigen Wettbewerb hatte es bereits Stürze gegeben. Pferde, die nie ihr Gleichgewicht gefunden hatten, waren zu schnell geritten worden. Mit den Vorderbeinen hatten sie das Hindernis berührt und waren beim Landen durch falsches Ausbalancieren hingefallen. Durch die vielen vorhergegangenen Ritte war der Boden jetzt noch schwerer geworden, doch ich war glücklich in all dem Matsch und Schweiß und hatte volles Vertrauen, dass Stoat die Gefahr kannte.
Mit hoch erhobenem Kopf galoppierte er dahin, mit schnaubenden Nüstern und donnernden Hufen. Dann verlagerte er sein Gewicht auf die Hinterbeine, bereit zum Sprung. Sieben Sprünge noch waren wir vom Hindernis entfernt und donnerten wie eine riesige Meereswelle darauf zu.
Außer Stoats trommelnden Hufen und unser beider schwerem Atem herrschte Stille. Noch immer regnete es. Ich hob den Blick und schaute über das Hindernis zum Horizont, um die Balance zu halten und Stoat beim Sprung nicht zu behindern. Ich sah die Stelle, wo er abspringen würde.

Die Distanz wurde kürzer ... drei, zwei, ein Galoppsprung ... Dann kam der Absprung, und wir hingen in der Luft. Ich duckte mich über Stoats Hals – die Erdanziehungskraft existierte nicht mehr für uns. Einem Falken gleich, flogen wir hoch oben im Himmel, von der Thermik getragen. Dann – ein Jahrhundert schien vergangen zu sein – landeten wir auf nur einem Vorderhuf. Der Schock warf mich im Sattel zurück, als hätte ich einen Schlag bekommen, und Stoat schwankte kurz im zähen Matsch. Doch schnell gewann er sein Gleichgewicht wieder und galoppierte weiter. Die Menge johlte.

Dann übersprang er eine Kombination im Wald und lief den Pfad hinunter, auf eine gefährliche Biegung zu mit einem weiteren Oxer und einem Wassergraben davor. Wir überwanden die Hindernisse wie im Flug. Der Ritt war sehr zufriedenstellend. Wir waren stark, schnell und voller Selbstvertrauen, trotz des Morasts und Regens. Ich warf einen Blick auf meine Stoppuhr. Fast die Hälfte der Strecke hatten wir bereits geschafft und waren der vorgegebenen Zeit um zehn Sekunden voraus.

Die Biegung kam in Sicht: tiefer Morast unter Eichen. Wir verlangsamten unser Tempo, die Biegung musste mit sechs Galoppsprüngen überwunden werden, und dann mussten wir unser Tempo beträchtlich beschleunigen, um den breiten Oxer sicher überspringen zu können. Nahmen wir die Biegung zu schnell, konnten wir stürzen. Dasselbe konnte passieren, wenn wir das Hindernis zu langsam angingen.

Die Umgebung verschwamm vor meinen Augen, als wir auf den Oxer zugaloppierten und die Kurve nahmen. Dreckklumpen flogen durch die Luft; Schlamm klebte an Stoats Hufen, und sein Schwung hatte eine Eigendynamik entwickelt, die noch unterhalb der Gefahrengrenze lag. Ich jubelte innerlich und trieb ihn weiter an.

Wir hatten die Kurve durchritten, die Entfernung zum Hindernis aber falsch eingeschätzt. Das konnte sich verhängnisvoll auswirken. Beide erkannten wir sofort die Gefahr: Jetzt hieß es springen oder stürzen. Für einen weiteren Galoppsprung war kein Platz mehr. Mit ungeheurer Kraft sprang der Graue und überwand den Oxer. Es war wie ein Wunder. Ich verlor während des Sprungs jedoch das Gleichgewicht sowie einen Steigbügel und krallte mich im Flug an seine Mähne. Graben und Baumstämme flogen unter uns vorbei, als ich mich innerlich und fast unbeteiligt fragte, ob er nicht mit einem Hinterbein an dem Hindernis hängen bleiben und schwer stürzen würde. Wir kamen hart auf, und Stoat strauchelte kurz, ehe er sein Gleichgewicht wieder fand und mit weit ausholenden Sprüngen kraftvoll weitergaloppierte.

Ich spürte seinen warmen, pulsierenden Körper unter mir, die reine Freude über diesen letzten Sprung. Ein Hochgefühl hatte uns beide ergriffen: »Wir leben! Da ist etwas, das uns jagt, aber es kann uns nicht fassen!«

Lachend warf ich einen Blick über die Schulter auf dieses Hindernis, das uns fast zum Verhängnis geworden wäre. Tod, wir haben dir ein Schnippchen geschlagen, dachte ich. Und der Tod antwortete gelassen: Ja, dieses Mal schon.

Der Richter am Hindernis starrte mich an, weil ich mich umgedreht hatte. Adrenalin schoss durch meinen Körper und setzte ihn wie eine Fackel in Brand. Ich hatte gesehen, wie das Reh dem Berglöwen entkommen war und hinterher voller Freude Bocksprünge gemacht hatte. Jetzt erst verstand ich das Glücksgefühl, das eine solche riskante Flucht auslöst. Während ich mit dem Tod spielte, hatte ich die Kostbarkeit des Lebens ausgekostet.

Stoat galoppierte weiter. Wir übersprangen eine Kombination und liefen dann einen steilen Abhang hinunter – Stoat hatte den Kopf zurückgeworfen. Auf der gegenüberliegenden Anhöhe überwand er spielend ein paar Baumstämme und lief dann weiter auf eine Kombination mit breitem Wassergraben zu. Wir mussten zwei Hindernisse überspringen und landeten dann im Wasser. Zwei weitere Sprünge über einen dicken Baumstamm, und wir hatten wieder festen Boden unter den Füßen.

Aus den Augenwinkeln sah ich jemanden angerannt kommen. Den Kopf drehte ich nicht in seine Richtung, das hätte Stoat irritiert. Der Mann blieb stehen. Wir sprangen, Wasser spritzte auf. Dann noch ein Sprung über das letzte Hindernis.

Da rannte der Mann zu uns und baute sich vor uns auf. Er schrie: »Teresa Martino! Nummer siebenundzwanzig, bleiben Sie stehen! Bitte, bleiben Sie stehen!«

Jetzt erkannte ich Peter, er war für den Ablauf des Ritts und die Einhaltung der Regeln verantwortlich. Wir verlangsamten unser Tempo und gingen dann im Kreis. Ich war außer Atem und presste meine rechte Hand gegen meine Rippen, die von einer früheren Verletzung schmerzten.

»Teresa, es hat einen Unfall gegeben. Sie müssen warten, ehe Sie den Ritt fortsetzen können. Ihre Zeit wurde genommen. Nummer neunundzwanzig ist über den großen Oxer gestürzt und hat sich verletzt.«

Peters braune Augen waren voller Mitgefühl. Nummer neunundzwanzig war die junge Frau, die vor dem Start so nervös gewesen war. Ich bewegte Stoat, damit er nicht kalt wurde. Kurz darauf kam Beth über den Hügel gelaufen.

»Hast du den Sturz denn nicht gesehen?«, fragte sie erschrocken. »Das Pferd von Nummer neunundzwanzig strauchelte und fiel auf die Reiterin. Sie haben einen Rettungshubschrauber angefordert.«

Ich war betroffen und sagte Beth: »Vielleicht musst du mir mit Stoat helfen.« Sie nickte.

Zwei junge Mädchen kamen und baten mich um ein Autogramm. Ich hatte ein seltsames Gefühl, schrieb aber *The*

*Corinthian* auf ihr Papier und malte einen Berglöwen hinter den Namen.

Mike, mein Tierarzt, kam und fragte: »Ist Stoat okay?«

»Ja.«

Mike lächelte, als er uns ruhig und gelassen im Kreis gehen sah. »Stoat sieht topfit aus, wie ein Raubtier, wie eine große Katze.«

Aus der Ferne sah ich die verunglückte junge Frau daliegen, das Gesicht im Schlamm. Ich erkannte sie an den Farben ihres Trikots. Ihr Pferd war nicht mehr da, wahrscheinlich hatte man es schon in den Stall gebracht. Ein eisiger Schauder überlief mich. Hatte sie aus Angst falsch reagiert und gezögert, wo sie Tempo hätte vorlegen müssen? Vor meinem geistigen Auge sah ich den Tod wie einen im Morast lauernden Löwen, bereit zum Sprung auf die Beute. Während ich voller Freude mit Stoat jedes Hindernis überwand, war jemand gestürzt und lag verletzt am Boden.

Das dumpfe rhythmische Geräusch der Rotoren wurde lauter, als der Helikopter näher kam. Stoat warf den Kopf in den Nacken und starrte das seltsame Gebilde an. Als die Maschine am Boden aufsetzte, bäumte er sich auf. Ich streichelte ihn, doch er starrte das unbekannte laute Wesen noch immer böse an.

Die junge Reiterin wurde vorsichtig an Bord gebracht. Es sah aus, als wäre sie bewusstlos. Ich betete, dass sie und ihr Pferd unverletzt sein mögen. Der Hubschrauber flog wieder weg, und Peter rief: »Nummer siebenundzwanzig, noch fünf Minuten bis zum Start.«

Nach diesen Worten fing ich wieder mit dem Warm-up an. Eine Unterbrechung während eines Ritts ist immer von Nachteil. Es würde schwer werden, zu unserer alten Form zurückzufinden.

»Noch eine Minute!«, rief Peter. Wir fielen in Galopp, dann zählte Peter bis zum Start, und wir waren wieder auf der

Piste. Dieser Teil der Strecke war der schwierigste, und der Trainer der Olympiamannschaft stand neben der Kombination, um Ausschau nach eventuellen Pferden und Reitern für sein Team zu halten.

Das nächste Hindernis war etwa ein Meter zwanzig hoch und stand auf einem kleinen Hügel. Wir überwanden es problemlos und durchmaßen danach im Galopp eine nasse Wiese mit weit ausgreifenden Sprüngen, wobei das Wasser hoch aufspritzte. Es regnete nicht mehr, und die Sicht war gut.

Dann musste eine Art großer Tisch übersprungen werden. Dieses Hindernis sah wie ein im Gras sitzender Dinosaurier aus. Stoat nahm es mit Bravour, und wir rasten auf einem schmalen Pfad auf dunkle Bäume zu, wo einfache Kombinationen überwunden werden mussten. Danach galoppierten wir hinaus ins Freie, wo sich ein großer Hügel in einem Meer aus Gras vor uns erhob.

Dieser Abschnitt der Strecke war auf dem Hügel angelegt und bestand aus mehreren Hindernissen, die nur übersprungen werden konnten, wenn man mehrere scharfe Wendungen ritt. Besonders gefährlich wurde er durch die Steigung bzw. das Gefälle, wo man jedes Mal die Gangart wechseln musste oder ein Verweigern, einen Sturz oder ein Durchgehen des Pferdes riskiert hätte. Oben auf dem Hügel saß der Trainer der Olympiamannschaft.

Noch während wir auf den Hügel zuritten, verlangsamten wir die Geschwindigkeit. Und wieder sah ich vor mir eine kleine laufende Gestalt, die etwas rief. Vor einem Hindernis lag eine Reiterin benommen im Gras, während ihr Pferd sich wieder auf die Beine kämpfte. Sie drehte sich um und sah mir direkt in die Augen. Ich erkannte Lisa, eine sehr gute Reiterin.

Trotz der schreienden und gestikulierenden Gestalt, die mir bedeutete, dass ich stehen bleiben solle, taten wir nichts dergleichen. Wir wurden nur langsamer. Ebenso gut hätte dieser am Hindernis stehende Richter befehlen können, dass es nicht mehr regnen solle. Ich soll stehen bleiben? dachte ich. Unmöglich. Wie kann ich dem Blut verbieten, durch meine Adern zu fließen?

Stoat und ich würden nicht noch einmal stehen bleiben.

»Verdammt, Lisa! Steh auf! Geh aus dem Weg! Bist du verletzt, oder was ist los?«

Ich zwang Stoat in einen Trab, und wir nahmen das erste Hindernis in Angriff. Stoat begriff die Situation instinktiv, er stellte die Ohren auf und schätzte die Entfernung ab. Lisas Pferd galoppierte davon. Lisa kämpfte sich aus dem Schlamm und versuchte, auf die Beine zu kommen, wobei sie mir direkt in die Augen sah.

Der am Hindernis stehende Richter schrie hysterisch: »Nummer siebenundzwanzig! Um Gottes willen, bleiben Sie stehen!«

Nein! dachte ich. Wir waren bereits einmal gezwungen worden, in unserer Entwicklung stehen zu bleiben, als Granny starb! Und noch einmal, als Pop starb! Dieses Mal gehen wir weiter, direkt ins Leben hinein.

»Lisa, mach den Weg frei!«, rief ich. Lisa sprang auf und lief unverletzt direkt in die Menge der Zuschauer.

Stoat beschleunigte in einen kurzen leichten Galopp und übersprang kraftvoll das erste Hindernis, dann das zweite und das dritte. Geschafft.

Dann donnerten wir den steilen Hügel hinunter, hinter uns hörte ich die Zuschauer jubeln. Von diesem Moment an glich mein Herz einem wilden Tier.

Hinter den dunklen Wolken explodierte die Sonne wie ein Vulkan, und plötzlich hatte ich die intuitive Gewissheit, dass dies der beste Ritt war, den Stoat und ich jemals bestritten hatten und den wir jemals zusammen absolvieren würden. Und dass der Gewinn dieser Prüfung nicht in einem Preis

oder Geld bestand, sondern in den Dingen, die Stoat mich über das Leben gelehrt hatte.
Genieße diesen Augenblick, sagte eine innere Stimme zu mir. Die donnernden Hufe, das Strahlen der Sonne, die bunte Menge, die erwartungsvolle Stille, den jubelnden Applaus – und dann das Lächeln und die Begeisterung meiner Mannschaft. Denn sie gehört zum Kern derer, die ihr Leben den Pferden verschrieben haben.
Als ich mich umschaute, konnte ich weit hinter mir die anderen Pferde und Reiter sehen, die mir folgten. Immer würden uns andere folgen und in die Zukunft galoppieren.
Jetzt, zweiundzwanzig Jahre später, galoppieren Stoat und ich noch immer. Wir galoppieren in hunderten anderen Pferden und Reitern, unseren Schülern und Schülerinnen, in jenen, die ich unterrichtet hatte, und in jenen, die Stoat unterrichtet hatte. Wenn Stoat und ich galoppierten, waren wir furchtlos und lachten – denn wie heißt es in den alten europäischen Sagen: Der Tod ist beritten, aber den Korinther fängt er nicht.

# 6

## Die Stute der Nacht

Dichter Frühnebel kroch über die grünen Hügel und tauchte die Landschaft in silbrigen Dunst – der Anbruch eines Tages, der voller Versprechen war. Denn heute würde ich zum ersten Mal vom Trainer der Olympiamannschaft der Vereinigten Staaten unterrichtet werden. Anfang der achtziger Jahre war ein solches Training an der Westküste sehr selten. Man musste dazu persönlich eingeladen werden oder mehrere Qualifikationswettbewerbe im Vielseitigkeitsreiten gewonnen haben oder gut platziert worden sein.

Da der Trainer der Olympiamannschaft mich bei einer der schweren Prüfungen hatte reiten sehen, wollte er mich im Trainingslager dabeihaben. Auf diese Auszeichnung war ich sehr stolz und gebärdete mich an jenem Tag etwas großspuriger als gewöhnlich.

Leider hatte sich zwei Tage vor dem Beginn meines Trainings mein Turnierpferd, Gauguin, einen spitzen Stein in den Huf getreten und böse verletzt. Als ich die Verantwortlichen von meinem Dilemma in Kenntnis setzte, sagten sie: »Warum reiten Sie nicht Ihren jungen Hengst Alex? Das ist sicher eine gute Lösung.«

Die Vorbesitzerin von Alex war eine junge Pferdenärrin, Barbara, gewesen. Sie hatte den Hengst aufgezogen und gehofft, ein Vielseitigkeitspferd aus ihm zu machen. Doch Alex hatte Barbaras Hoffnungen übertroffen, und als er drei Jahre alt war, passierte etwas Tragisches: Barbara und der Trainerassistent wurden von einem Farmarbeiter ermordet. Ihr Mann trauerte derart um seine Frau, dass er seine Farm

vernachlässigte und den Hengst ein Jahr lang auf seinem achtzig Hektar großen Grundstück im trockenen Hügelland Kaliforniens frei laufen ließ.
Als ich den Hengst zum ersten Mal sah, war seine rabenschwarze Mähne dreißig Zentimeter lang und verfilzt. Doch Alex hatte ein sanftes Temperament und bewegte sich anmutig, deshalb kaufte ihn auf meinen Rat hin der Sponsor des Reitstalls, für den ich arbeitete.
Dem Vorschlag der Organisatoren, mit Alex das Trainingsprogramm zu absolvieren, begegnete ich mit Vorbehalten: Zwar wurde Alex jetzt seit einem Jahr im Reitstall trainiert, aber er hatte mir Schwierigkeiten gemacht. Manchmal ging er bei Turnieren durch. Und oft drehte er beim Anblick der vielen Pferde vor Freude schier durch. Das kann bei Hengsten zum Problem werden, da sie dann nur an ihre Stuten denken. Und wenn das so ist, sind sie mit ihren Gedanken nicht bei der Arbeit. Aber solche Reaktionen gehören einfach zum Beruf, der in seinem innersten Kern aus Verrücktheit besteht.
Trotzdem entschied ich mich, das Trainingsprogramm mit Alex zu absolvieren. Der erste Tag war der Dressur gewidmet, und er lief prima. Alex gefiel dem Coach, und er machte mir Komplimente über meine Reitkünste. Einmal spielte Alex verrückt und bäumte sich zu seiner vollen Größe von ein Meter siebzig Stockmaß auf. Ich schaute nach unten und bemerkte zwei auf der Zuschauertribüne stehende Frauen, die mich beunruhigt anstarrten. Ich war gerührt, denn ich glaubte, dass sie sich um meine Sicherheit Sorgen machten. Doch dann rief eine der Frauen: »Seien Sie vorsichtig! Passen Sie auf, dass er sich nicht verletzt!«
Am nächsten Tag standen wir um fünf Uhr auf, frühstückten in meiner liebsten Fernfahrerkneipe und fuhren in Richtung Trainingscenter. Karen, die oberste Pferdepflegerin, saß neben mir in dem schwarzen Cowboy-Cadillac, der passender-

weise *Hot Black Desperado* – Heißer Schwarzer Bandit – hieß. Karen war fröhlich und voller Enthusiasmus, aber ich war stumm und in mich gekehrt, voller Anspannung und Konzentration.

Wir fuhren über eine kurvenreiche Straße, die so voller Schlaglöcher war, dass meine Zähne aufeinander klapperten und Karens blonde Locken auf- und ab wippten. Am Ende der Straße stand ein Schild mit der Aufschrift: *Befahren der Straße mit Pferdeanhängern verboten*. Ein seltsames Schild, da sich am anderen Ende die großen Reitställe befanden. Außerdem war der Nebel so dicht, dass wir für die zehn Kilometer fast eine Stunde brauchten. Wir konnten nichts anderes sehen als die am Straßenrand stehenden Salbeibüsche und von Zeit zu Zeit eine vorbeifliegende Elster. Die Straße wurde häufig von Holztransportern benutzt, deshalb fuhren wir besondes vorsichtig, um einen Zusammenstoß mit einem Sattelschlepper zu vermeiden.

Als wir um die letzte staubige Kurve bogen, tauchte vor mir im Dunst die lange Reihe der Stallungen auf. Karen atmete geräuschvoll ein, und kurz darauf sah ich, was sie irritiert hatte. Die schwere Holztür von Alex' Stall lag am Boden, als wäre sie niedergetrampelt worden.

Plötzlich wurde mir übel, und Panik ergriff mich. Der Hengst war ausgebrochen! »Oh, mein Gott!«, sagte Karen schließlich. »Wir müssen uns erkundigen, ob irgendjemand etwas gesehen hat. Glaubst du, dass er gestohlen wurde?«

Wie betäubt beobachtete ich, wie das Wasser von den Stallwänden tropfte, und versuchte mir einzureden, dass das nicht wahr sei. Ich kniete mich neben die beschädigte Tür, auf der sich deutlich die halbmondförmigen Hufspuren abzeichneten. »Er hat die Tür einfach niedergetrampelt.«

Auf dem Boden vor dem Stall gab es Abdrücke von Hufen verschiedener Größe. Es sah aus, als hätte sich dort in der Nacht eine ganze Pferdeherde zum Tanz im Nebel getroffen.

Und ich sollte in weniger als zwei Stunden zur ersten Prüfung antreten. Mein Gott! Konnten wir in so kurzer Zeit Alexander finden und ihn in Form bringen? Gestern war einer der Teilnehmer zur Dressurarbeit zu spät erschienen, und der jähzornige Coach hatte den zu spät Gekommenen in aller Öffentlichkeit auf Französisch abgekanzelt. Beim Gedanken an das zornrote Gesicht des Franzosen wurde mir noch schlechter. Ich arbeitete zum ersten Mal unter ihm und verpatzte meine Chance!

Karen stupste mich in die Rippen. »Bist du in Ordnung?«

»Nein!« Ich zuckte zurück. »Karen! Das ist alles, wofür ich bisher im Leben gearbeitet habe, und ich verderbe es mir, weil mein Pferd weggelaufen ist. Mein Gott, wo, zum Teufel, steckt dieser Mistkerl? Was soll ich nur tun, wenn er … wenn er … Unheil anrichtet?«

Karen schluckte. »Wie zum Beispiel seine Qualitäten als Deckhengst unter Beweis stellt?«

Ich nickte.

»Junge, Junge, dann hast du aber eine ganze Menge zu erklären.« Karen legte beruhigend ihre Hand auf meinen Arm und sagte: »Komm, T., darüber wollen wir jetzt gar nicht nachdenken.«

Dann fragten wir jeden, den wir zu dieser frühen Stunde auf dem Gelände antrafen, ob er nicht einen ein Meter siebzig großen kastanienbraunen Vollbluthengst gesehen habe.

Schließlich hämmerten wir an das Hüttenfenster des Hausmeisters. Er kam verschlafen und barfuß in einem abgetragenen Bademantel zur Tür, und wir erklärten ihm die Situation.

»O ja. Ich habe den Hengst gestern Nacht lärmen gehört«, sagte er langsam. »Dann bin ich rausgegangen und habe die Lage gecheckt.« Der Mann schwieg.

»Und dann?«, schrie ich. »Was ist dann passiert, um Himmels willen?«
Der Hausmeister straffte seine Schultern und sah mich an. »Miss, hier in den Hügeln leben Wildpferde. Sie kamen ins Tal, und die Stuten versammelten sich vor der Stalltür Ihres Hengstes, worauf er die Tür niedertrampelte. Ich habe versucht, die Stuten zu verscheuchen, aber Ihr Pferd kam wie der Blitz aus seinem Stall geschossen. Ich konnte die Pferde nicht aufhalten. Ihr Hengst trieb die Stuten zusammen, und dann verschwanden sie in den Hügeln. Gott weiß, wo sie sind.«
Die Vorstellung, dass dieser kleine, rundliche Mann die Stuten hätte »verscheuchen« können, war so lächerlich, dass ich fast hysterisch gelacht hätte.
»Und in welche Richtung sind sie verschwunden, Chef?«, fragte Karen sachlich. »Könnte uns vielleicht jemand helfen?«, fügte sie mit einem Seitenblick auf mich hinzu, denn sie merkte, dass ich kurz davor stand durchzudrehen.
Doch der Mann trat verlegen von einem Fuß auf den anderen. »Na ja. Ich kann Ihnen nicht helfen. Ich habe gesehen, wie der Hengst ausgebrochen ist, und möchte nichts mehr mit ihm zu tun haben. Tut mir Leid. Ich bin eben nicht John Wayne.«
Karen warf ihm einen vernichtenden Blick zu, und wir gingen zu den Stallungen zurück. Doch auf dem Weg dorthin trafen wir John Wayne. Jedenfalls ähnelte der Mann ihm, und sein Vorname war John. Auch war er groß, trug enge Bluejeans und verschlissene Cowboystiefel. Er hatte einen herunterhängenden Schnurrbart und blondes Haar, einen Cowboyhut aus Stroh auf dem Kopf und eine Rodeo-Gürtelschnalle aus poliertem Silber, so groß wie ein Kuchenteller.
Verwundert blieben wir vor ihm stehen, als er uns freundlich in dem typischen schleppenden Westerndialekt anbot: »Ich helfe Ihnen, Ma'am.«

Kurz darauf stieß noch ein Mann zu unserer kleinen Gruppe. Er trug hellbraune lederne Reithosen und Reitstiefel, war Engländer und Trainer für Jagdreiter. Mit hoher Stimme fügte er hinzu: »Ach, Sie Arme! Ich habe gesehen, wie Ihr Hengst mit all den bösen Stuten den Hügel hochgelaufen ist. Ich helfe Ihnen auch. Mein Pick-up steht da drüben.«

Der Engländer stellte sich als Pip vor, worauf John ihn verwundert anstarrte. Und als wir zu den Ställen gingen, fragte er: »Und Sie lassen es wirklich zu, dass die Leute Pip zu Ihnen sagen?«

Wir waren ein komischer Haufen, als wir Seile, Halfter und einen Zaum holten und das Zeug in den Pick-up packten. Dann fuhren wir auf der Suche nach Alexander davon. Und während der Fahrt fragte ich mich wieder einmal: Warum tust du dir das an? Warum lebst du so?

Die Straße, die in Richtung des Militarygeländes führte, war nichts als ein Feldweg. Karen und ich saßen hinten und wurden kräftig durchgeschüttelt. Wir fluchten und starrten wütend durch den Nebel in die schmalen, tiefen Täler rechts und links von uns. John folgte der Spur mit Blicken wie ein Fährtenleser und gab von Zeit zu Zeit Anweisungen: »Da entlang!«, während Pip ständig vor sich hin murmelte: »Ach, du meine Güte!«, und sich angestrengt über das Lenkrad beugte und versuchte, etwas durch den Nebel zu erkennen. Karen hing über eine Seite des Pick-ups und lachte glücklich. »Juppie! Was für eine Fahrt, T.!«

Und ich kauerte auf der Ladefläche, umklammerte meine Knie und fragte mich, wie ich meiner Sponsorin, Jane, den Verlust eines 35.000 Dollar teuren Pferdes erklären sollte. Einmal hatte Jane mir einen Scheck über 12.000 Dollar anvertraut, den ich zur Bank bringen sollte. Ich hatte ihn verloren, und sie war verständlicherweise verärgert gewesen. Aber diese Geschichte? Ein verloren gegangenes

Pferd? Jane würde nie begreifen, dass es in Alex' Natur lag, eine Herde Stuten zusammenzutreiben und sie zu besteigen.
Nach etwa einer Stunde waren wir auf einer ziemlich hohen Hügelkuppe angekommen. Und dort stand mitten in der Wiese Alexander mit zwanzig Pferden. Der Truck kam schlitternd zum Stehen, und wir sprangen, mit unserer Ausrüstung bewaffnet, aus dem Wagen und blieben fassungslos stehen.
Alexander hatte sich gerade mit einer braunen Stute gepaart, und die beiden rieben danach kurz ihre Nüstern aneinander. Dann umrundete Alexander im Galopp seinen Harem, um die Ausreißerinnen mit kleinen zwickenden Bissen wieder zur Ordnung zu rufen. Die Stuten hatten sich inzwischen an ihn gewöhnt und begannen in der Gruppe zu grasen. Daraufhin marschierte Alexander zu einer kleinen Erhöhung und nahm dort die Pose eines Wildhengstes ein. Er sah aus, als käme er geradewegs aus einem John-Wayne-Film.
»Jippie! Ist das ein großes Pferd!«, rief John beeindruckt. »Das ist das größte Pferd, das ich je gesehen habe.«
Pip starrte John verächtlich an und entgegnete: »Ach, dann sind Sie wohl nur die kleinen Kuhpferde gewöhnt?«
Daraufhin sagte John nichts mehr, er beschränkte sich auf staunendes Starren. Ich schnappte mir das Zaumzeug und ging auf Alexander zu, Karen hinterher. Dann kam Pip und schließlich, zögernd, John.
Alexander warf den Kopf herum und schnaubte durch geblähte Nüstern. Als er Karen und mich erkannte, entspannte er sich. Wir gingen direkt zu ihm und tätschelten ihn liebevoll.
Sein Körper war voller Kratzer und Striemen, vor allem an der Brust, wo unwillige Stuten ihn getreten hatten, um ihr Desinteresse zu bekunden. Später fand ich heraus, dass so-

gar Wallache ihn mit Tritten abwehrten, wenn er amouröse Annäherungsversuche machte.
Während wir sanft seinen Hals streichelten, schimpfte Karen ihn liebevoll aus. »Alex, du Teufel! Was ist nur in dich gefahren?« Alexander neigte gnädig sein großes Haupt, und ich streifte ihm das Zaumzeug über.
Da schlenderten John und Pip herbei und boten ihre Hilfe an.
»Hilf mir auf, sei so gut«, bat ich Karen. Ich wollte mich gerade auf seinen Rücken schwingen, als eine offensichtlich rossige Stute angetrabt kam.
Karen warnte mich. »Oh, oh, wenn das nur gut geht.«
Alexander drehte abrupt den Kopf herum, warf einen kurzen Blick auf seine willige Geliebte und rannte hinter ihr her. Ich plumpste wie eine verunglückte Skiläuferin an Alexanders Flanke hinunter ins Gras und rollte den Hügel hinunter. Karen wurde in einen Salbeistrauch geschleudert. Ich lag auf dem Rücken und versuchte, mit ausgestrecktem Arm den Zügel festzuhalten. Pip rannte im Kreis um mich herum und versuchte vergeblich, einen Zügel zu packen.
Ich schrie John zu: »Halten Sie ihn am Zaum fest!«
Doch John duckte sich nur, während die Zügel über ihn wie eine Sense schwangen. Dann richtete er sich jedoch auf und setzte in wahrer Cowboymanier zum Sprung an. Er erwischte den Zügel nur knapp. Aber Alexander machte – ohne seinen Lauf zu unterbrechen – eine knappe Bewegung mit dem Kopf, und der Cowboy flog wie ein Hochseilartist durch die Luft und landete am Rand einer tiefen Schlucht. Den Bruchteil einer Sekunde sah ich Johns Augen – das Weiße in einer staubbedeckten Maske. Dann verschwand John in der Rinne und rief die ganze Zeit: »Auf … mich … können … Sie … nicht … mehr … zählen!« Seine Stimme wurde leiser in dem Maße, wie sich die Entfernung zwischen uns vergrößerte.

Pip war dem stürzenden John aus dem Weg gegangen. Jetzt spähte er in die Schlucht. Ich ließ den Zügel los. Sofort lief Alexander zu der Stute, und die beiden gaben sich ihrer Leidenschaft hin.
Pip schrie: »John! Sind Sie okay?«
Ich hörte ihn schwach etwas Unverständliches antworten. Doch Pip bedeutete mir, dass es John gut gehe.
Wir waren alle voller Kratzer und Abschürfungen und über und über mit rotem Staub bedeckt. Meine weißen Reithosen waren zerrissen, und Pip hatte eine geschwollene Lippe. Karen klaubte Dornen aus ihrem Jogginganzug. Als Alexander und die braune Stute genug der Liebe gefrönt hatten, humpelte ich zu dem Hengst. Dieses Mal ließ er sich ohne Widerstand heimführen. Der König war erschöpft.
Als wir wieder im Tattersall waren, holte ich den Tierarzt. Zum Glück waren Alexanders Verletzungen nur unbedeutend. Zu meiner zweiten Unterrichtsstunde mit dem Coach war ich über eine Stunde zu spät gekommen. Und Martha, die Besitzerin des Tattersalls, hielt es für nötig, mir mit ihrer schrillen Stimme eine zehnminütige Gardinenpredigt zu halten.
Inmitten ihrer Tirade erschien der Coach in seinem auf Hochglanz polierten stahlgrauen und von einem Chauffeur gelenkten Wagen. Wie immer sah der Franzose in Reithosen und Stiefeln elegant aus und röhrte mit seinem starken französischen Akzent: »Ha! Ha! Ha! Sagen Sie mal, T., wie viel haben Sie eigentlich heute mit Deckgebühren verdient? Martha! Sie müssen T. eine Ruhepause auf Kosten des Tattersalls gewähren! Ha! Ha! Ha! Ich liebe dieses Land! Es ist wirklich amüsant!«
Er gab mir einen Klaps auf den Rücken, stieg in seinen Wagen und fuhr davon, um seinen Unterricht fortzusetzen. Martha sah mich mit einem Ausdruck äußersten Widerwillens an und verschwand beleidigt.

Karen kam, um mich zu trösten. »Mach dir keine Sorgen, T., das war nicht deine letzte Chance.«

Ich starrte sie an. Ich sah unordentlich aus und war schmutzig. Eine beklemmende Angst stieg in mir auf. Ich hatte dieses Leben mit Pferden gewählt, aber es war ein völlig verrücktes Leben! Pop hatte einmal zu mir gesagt: »T., solltest du wirklich dein Leben den Pferden widmen …« Er hatte geschwiegen und angestrengt nachgedacht, weil er die richtigen Worte hatte finden wollen. »… dann wirst du dich mit Sicherheit niemals langweilen!«, hatte er grinsend den Satz vollendet.

Ich drehte mich nach dem großen braunen Hengst mit dem schönen Kopf um. Er stand da und hatte den Blick auf die Hügelkette gerichtet und wieherte leise.

Und da stand die braune Stute. Sie war ihrem Liebhaber gefolgt und blickte mit sanften Augen auf ihn hinunter, als wisse sie, dass hier das Training stattfand. Und während ich sie beobachtete, wusste ich, dass Alexander und ich zurückkommen würden und dann die braune Stute warten würde!

# 7

# Belle

Die graue Stute bäumte sich mit hoch erhobenen Vorderbeinen über mir auf. Ich lag auf dem staubigen Boden in der Reithalle der Cormac Farm, wo ich sie eben noch geritten hatte. Doch Belle hatte plötzlich gebockt. Ich versuchte noch immer, wieder auf die Füße zu kommen, als sie stieg. Eine Sekunde stand Belle über mir. In ihren Augen las ich etwas wie Hoffnungslosigkeit und Gefährlichkeit. Mit schlagenden Hufen und gebleckten Zähnen schien sie über mir zu verharren, während ich kurz ihren schönen Körper mit dem glänzenden Fell bewunderte, ehe ich mich durch Wegrollen vor ihren tödlichen Hufen in Sicherheit zu bringen trachtete.

Der Aufprall ihrer Hufe donnerte in meinen Ohren. Doch seltsamerweise blieb ich völlig ruhig und handelte ohne nachzudenken, rein instinktiv. Staub flog in weitem Bogen auf und leuchtete in der Nachmittagssonne. Ein außerhalb meiner selbst stehendes Wesen schien meine Bewegungen zu dirigieren und flüsterte schneller, als mein Herz schlug: »Versuch, aufzuspringen und ihren Kopf zu packen, oder renn zur Bande.«

Doch Belle war von derselben Kraft beseelt und trachtete mir nach dem Leben. Ich war unfähig aufzustehen.

In diesem Augenblick kam ein kleines silbergraues Bündel angerannt und warf sich, wütend bellend und schnappend, zwischen uns. Überrascht sprang die Stute zurück. Meine Hündin Beanie war über die Bande gesprungen und mir zu Hilfe geeilt. Beanies mutiges Dazwischengehen hatte Belle überrascht und mir die entscheidenden Sekunden zum Aufstehen verschafft.

Nachdem Belle Beanie einen letzten Tritt verpasst hatte, galoppierte sie zum hintersten Ende der Reitbahn, während Beanie und ich flüchteten. Stolz hechelnd stand Beanie da. Am Kopf hatte sie einen gut zehn Zentimeter langen Riss, glücklicherweise nur oberflächlich. Ich war völlig verdreckt, sonst war mir nichts geschehen. Belle stand hinten auf der Reitbahn und schnaubte laut. Eine Warnung. Sie war auf dem Kriegspfad.

Das Leben bringt mir Geschöpfe, denen übel mitgespielt wurde: Wölfe, die in einem Keller angekettet wurden. Ein eingesperrtes, dem Verhungern nahes Pferd. Ausgesetzte Pferde und Wölfe. Ich hatte hunderte Pferde in allen möglichen Stadien ihrer Ausbildung und mit den unterschiedlichsten Charakteren geritten. Als ich Belle kennen lernte, übte ich seit etwa fünfzehn Jahren meinen Beruf aus.

Eines Tages kam eine schlanke, ältere Dame namens Elanor in die Reitschule. Sie fuhr einen Pick-up mit einem Pferdeanhänger, in dem sich eine Stute befand. Sie war Engländerin, und ihre weiche Stimme und Aussprache erinnerten mich an die Zeit, als ich in ihrer Heimat meine Ausbildung erhalten hatte.

Elanor gab mir die Hand und sagte betrübt: »Ich habe da ein Pferd, eine Stute, die vollkommen ruiniert wurde.«

Als ich fragend die Brauen hob, fuhr sie fort: »Ihr Besitzer hat sie geschlagen, isoliert gehalten und fast verhungern lassen. Ich habe sie aus Mitleid gekauft, aber …« Elanor sah mir direkt in die Augen. »Mir wurde gesagt, dass dieses Pferd nicht mehr zu reiten ist. Ihren letzten Trainer hat sie mehrmals abgeworfen, und zum Schluss hat er sich die Hüfte gebrochen. Dieser Mann empfahl mir, sie einschläfern zu lassen. Das sollen Sie wissen. Aber ich möchte diese Stute retten. Denn Menschen haben sie misshandelt, deshalb reagiert sie so. Und wir sollten ihr helfen, wieder normal zu werden, Vertrauen zu gewinnen. Ich habe gehört, dass Sie manchmal solche Wunder vollbringen.«

Der letzte Satz war sowohl Frage als auch Feststellung. Elanor sah mich ernst an. Sie wich meinem Blick nicht aus.

Nach kurzem Nachdenken sagte ich: »Manche Pferde kann man retten. Bei anderen ist das sehr schwer. Sie wissen sicher, dass diese Stute durch die Misshandlungen verrückt geworden sein könnte. Wenn sie den Kampf gegen ihren letzten Trainer gewonnen hat, könnte sich das für immer in ihrem Kopf festgesetzt haben. Und dann könnte es zu spät sein.«

Die Stute wieherte klagend in dem Transporter.

Elanor lächelte traurig. »Entweder Sie probieren es oder ich lasse sie einschläfern. Sie sind meine letzte Hoffnung.« Mit diesen Worten legte sie ihre Hand auf meinen Arm. Diese flehende, aufrichtige Geste erschreckte mich.

Entweder ich kümmerte mich um die Stute oder sie musste sterben. Die widersprüchlichsten Gedanken gingen mir durch den Kopf: Das ist zu gefährlich, lass die Finger davon. Außerdem musst du dich um zwei schöne, neue Junghengste kümmern. Und wenn dich dieses Pferd zum Krüppel macht, wirst du nie wieder reiten.

Beth und Drosk, zwei meiner Assistentinnen, hatten unsere Unterhaltung gehört. Als sie jetzt dastanden und mich ansahen, spürte ich das Vertrauen, das sie in mich setzten. Ich konnte nicht widerstehen und ging zu dem Anhänger und schaute hinein.

Die Stute stampfte mit den Hufen und schwitzte. »Wie heißt sie?«, fragte ich.

»Belle.«

Ihr Fell war dunkelgrau, und ihre Mähne und ihr Schweif

waren schneeweiß. Sie sah mich mit großen, weiß umringten Augen an, in denen Angst und Hass standen. Es war offensichtlich, dass dieses Pferd Menschen verabscheute. Aber vielleicht hatte sie noch nie einen richtigen Pferde-Menschen kennen gelernt? Einen Menschen, der sie mit Liebe, Geduld und Einfühlungsvermögen behandelte, dessen Händen sie vertrauen konnte?

Ich akzeptierte. Elanor gab mir einen Blankoscheck für meine Ausgaben. Überrascht starrte ich den Scheck einen Moment an, sagte aber nichts. Elanor fuhr den Transporter rückwärts an eine leer stehende Koppel. Belle war in ihrem Gefährt nicht angebunden, deshalb konnte sie direkt in ihr neues Zuhause springen, als wir es öffneten. Dann stand sie da und sah uns ernst an.

Elanor schaute die Stute traurig an, drehte sich um und schenkte mir ein sanftes, geheimnisvolles Lächeln. Sie stieg in ihren Pick-up und fuhr davon.

Ich betrachtete die Stute näher. Sie hatte ein Stockmaß von nur wenig mehr als ein Meter fünfzig, aber stammte wohl hauptsächlich von Vollblütern ab. Ihr Gesicht war schmal und kurz, doch ihre Augen unter dem schneeweißen Stirnschopf waren groß und dunkel. Ihr Rücken war kurz, aber die Kruppe ausladend. Wenn Belle sich umdrehte, sah sie wie ein Stierkämpfer aus, schnell und wachsam.

Anfangs fütterten wir sie nur. Ich nahm mir extra Zeit für sie und blieb am Zaun stehen und beobachtete sie. Nie kam sie näher, sondern ging wie eine Raubkatze immer hin und her. Dann drehte sie sich um und starrte in meine Richtung.

In ihren Augen konnte ich die Gefahr erkennen, die sie für die Menschen darstellte. Ich wusste, dass gewalttätige Pferde sehr selten sind und dass in neunundneunzig Prozent aller Fälle Menschen für dieses Verhalten verantwortlich sind. Und ich wusste, dass man misshandelte Tiere nur mit

sehr viel Liebe, einer festen Hand und ohne Angst heilen kann.
Gelten diese Erkenntnisse auch für Menschen? Ich stand mit einem Gefängnisinsassen in Briefkontakt. Er verbüßte eine Einzelhaft und versuchte, die Verzweiflung über seine Lage in seinen Briefen nicht durchklingen zu lassen. Aber er war äußerst einsam, und die Menschen draußen hatten Angst vor ihm. Als dieser Mann seine Gefängnisstrafe antrat, hatte er bereits Probleme, und ich fragte mich, was diese zehnjährige Einzelhaft seiner geistigen Verfassung angetan hatte. Werden Menschen als Kriminelle geboren? Oder sind sie wie misshandelte Tiere, die nach Jahren der Misshandlung konditioniert werden?
Einen Monat später fraß Belle mir aus der Hand. Und nach drei weiteren Wochen, in denen ich geduldig an ihrer Koppel gewartet hatte, durfte ich sie berühren. Was war das für eine Freude an jenem Tag! Sie kam zu mir und berührte mich zart mit ihrem weichen Maul. Doch nachdem sie die süßen Körner verspeist hatte, drehte sie sich um und lief weg.
Zwei Monate später gewann ich die Überzeugung, dass wir Belles Kummer würden heilen können. Ich durfte sie striegeln, aufzäumen und satteln, obwohl ich dabei vorsichtig sein musste. War ich es nicht, biss sie oder schlug aus. Mir schien, dass Belle mich auf die Probe stellte. Sie wollte wissen, ob ich sie für ihr schlechtes Benehmen bestrafte. Aber ich schimpfte sie nur aus, und dann benahm sie sich wieder anständig, doch sie betrachtete mich aufmerksam.
Dann kam der Tag, an dem ich mich schließlich auf ihren Rücken schwang. Nur einen Moment blieb sie stehen und bockte dann wie der Teufel. Sie bockte so sehr, dass meine Zähne klappernd aufeinander schlugen. Sie sprang mit allen vieren hoch in die Luft, wie ein Rodeostier. Ich blieb im Sattel und versuchte, ihren Kopf hochzubekommen, damit ihr

die Lust am Bocken verging. Doch Belle war wie der Gefangene: Über das Kämpfen wusste sie eine Menge.
Im Gegensatz zu einem vom Menschen misshandelten, kampfbereiten Pferd ist ein wildes, noch nicht zugerittenes Pferd leicht zu trainieren. Diese geschädigten Tiere haben jahrelang Tricks gelernt, um sich gegen ihre brutalen Besitzer zu behaupten. Und Belle kannte viele Tricks. Doch es gelang mir, im Sattel zu bleiben, bis sie erschöpft war und mit Bocken aufhörte.
Am nächsten Tag sagte ich dem Tierarzt, er solle sich Belle ansehen, um sicherzugehen, dass ihr nichts fehle. Manchmal bocken Pferde, weil sie Probleme mit dem Rücken haben. Oder sie halten die Luft an, wenn man beim Satteln den Gurt anzieht. Oder sie haben ein Loch im Zwerchfell, was ihnen Schmerzen bereitet. Doch Belle war in einer guten körperlichen Verfassung.
Belle bockte. Jeden Tag. Und jedes Mal waren wir beide völlig erschöpft und schweißüberströmt. Mein Nacken fühlte sich an, als hätte mich jemand mit einer Peitsche geschlagen. Wenn Belle bockte, wurde sie noch wütender. Doch ich blieb im Sattel, und das machte sie rasend vor Wut. Denn sie hatte eine andere Art Krieg kennen gelernt. Den Krieg, den Feinde miteinander führen. Den Krieg zwischen Herr und Sklave. Während ich mit den Waffen einer Leitstute mit ihr kämpfte. Ein Kampf unter Gleichen, ohne Grausamkeit.
Ich hoffte, dass Belle mich respektieren würde, weil sie mich nicht abwerfen konnte. Und dass sie merken würde, dass ich sie ebenfalls respektierte, weil ich sie für ihr Bocken nicht bestrafte.
Die Schüler und Schülerinnen in meinem Reitstall nannten sie *The Hell Bitch*, denn die Stute erinnerte sie an das bockende graue Pferd in der Fernsehshow *Lonesome Dove*.
Normalerweise wird das Bocken von einem Pferd erst erlernt. Ein korrekt zugerittenes Pferd bockt nicht, wenn es

das Gewicht eines Reiters auf seinem Rücken spürt, ebenso wenig wie ein großer Hund, wenn sein Spielgefährte – ein Kind – auf seinen Rücken steigt. Die schwierige Arbeit besteht nicht darin, zum ersten Mal ein Pferd zu reiten, sondern im Laufe von Jahren zwischen Pferd und Reiter eine Harmonie zu erreichen, die einem tänzerischen Balanceakt gleichkommt.

Heutzutage gibt es Vertreter der Theorie, die damit prahlen, ein junges Pferd an einem Tag zureiten zu können, als läge in der Schnelligkeit der Schlüssel des Geheimnisses. Aber alte Pferdekenner wissen, dass man Jahre braucht, um diese Kunst zu vervollkommnen. Einen Künstler kann man nicht zur Eile drängen. Also arbeitete ich langsam mit Belle.

Früher war es die Aufgabe des Schülers, unter Anleitung des Lehrers ein junges Pferd zum ersten Mal zu reiten. Dies geschah deshalb, weil es einfach ist, ein Pferd zu lehren, das Gewicht des Reiters auf seinem Rücken zu tolerieren. Die schwierigere Ausbildung des Pferdes, wie das richtige Reagieren auf die Hilfen, lag in den Händen des Lehrers.

Da Belle bereits viele Reiter abgeworfen hatte, wusste sie fast alles, was das Bocken betraf. Wie konnte ich sie dazu bringen, mit dem Bocken aufzuhören? Wie konnte ich ihr beibringen, dass es eine Partnerschaft zwischen Pferd und Reiter geben konnte?

Etwa zu der Zeit, als ich mir darüber den Kopf zerbrach, wie ich zu Belle durchdringen konnte, hatten wir im Reitstall noch mit anderen Schwierigkeiten zu kämpfen. Eine Woche lang hatten alle Mitarbeiter außer meiner Assistentin Melissa und mir die Grippe. Da wir uns um fünfundvierzig Pferde kümmern mussten, konnten wir nachts nur vier Stunden schlafen.

Ich schlief in einer der Boxen bei einer Stute, die sich von einer Verletzung erholte und sich während ihrer Genesung nicht hinlegen durfte. Melissa und ich wechselten uns bei dieser Aufgabe ab, um sicherzugehen, dass sie stehen blieb. Durch diesen Stress waren wir äußerst erschöpft, und als ich glaubte, mit meinen Kräften am Ende zu sein, hatte ich einen ungewöhnlichen Traum.

Ich sah Pop – in meinem Traum war er jung und hatte pechschwarzes, gelocktes Haar – über den Mittelgang des Stalls näher kommen und vor unserer Tür stehen bleiben. Dann beugte er sich über die Tür und sagte: »Schau mal, Kleines. Warum fixierst du die Stute nicht mit Gurten an die Deckenbalken? Sonst wirst du noch verrückt.« Dann marschierte er davon.

Am nächsten Morgen erzählte ich Melissa von meinem Vorhaben, nachdem ich ihr meinen Traum geschildert hatte. Woraufhin sie ihre Hände in die Hüften stemmte und mich ironisch fragte: »Jetzt kommt also dein Pop und gibt dir Ratschläge? Und warum hat er das nicht früher getan?« Daraufhin ging sie, warf mir aber über die Schulter noch einen spöttischen Blick zu.

Also beschloss ich, niemandem mehr von diesem Traum zu erzählen.

Etwa eine Woche später rief ich eines Abends im Reitstall an, weil ich jemanden bitten wollte, meine beiden Turnierpferde mit Mais zu füttern, da ich sie nicht reiten konnte. Aber niemand ging ans Telefon.

Am nächsten Tag sah ich meine Sponsorin, Jane. Sie war eine sehr kluge Frau und stammte aus England. Verheiratet war sie mit einem Wissenschaftler, der in der Forschung arbeitete. An jenem Tag sah Jane blass aus, und sie war merkwürdig wortkarg. Sie sah mich auf eine seltsame Weise an, als ich mit den Pferden arbeitete. Das ging vier Tage so weiter. Doch währenddessen schien Jane immer blasser und stiller zu werden. Sogar an Gewicht verlor sie.

Schließlich kam Jane in mein Haus, weil wir schriftliche Dinge zu erledigen hatten. Zwar sprachen wir übers Geschäft, doch mit ihren Gedanken schien sie woanders zu sein, bis plötzlich ihr Blick auf ein paar Familienfotos fiel, die auf meinem Schreibtisch lagen. Vor allem eins erregte ihre Aufmerksamkeit: ein ziemlich missglückter Schnappschuss, der meinen Vater auf einem Pferd sitzend vor unserem alten Haus in Woodmere auf Long Island zeigte.

Als Jane das Bild sah, atmete sie hörbar ein, schlug dann die Hände vor den Mund und wollte gehen.

»Was ist denn los?«, fragte ich.

Doch Jane schüttelte nur den Kopf.

»Da stimmt doch was nicht«, sagte ich. »Worum geht es?«

»Mein Gott, das kann ich Ihnen nicht sagen«, antwortete sie, setzte sich und fing an zu weinen.

Und Jane gehörte zu den Menschen, die ich mir weinend nicht einmal vorstellen konnte.

Schließlich gewann sie ihre Fassung wieder und stand auf. »Sie würden mir ja doch nicht glauben«, sagte sie.

»Natürlich werde ich Ihnen glauben«, entgegnete ich leichthin, weil ich mir meine Betroffenheit über ihr seltsames Verhalten nicht anmerken lassen wollte. »Also, worum geht es?«

»Sehen Sie, T., ich bin eine gebildete Frau und zudem noch mit einem Wissenschaftler verheiratet. Oh, mein Gott! Es wäre mir entsetzlich peinlich, wenn er das herausfinden würde.« Jane griff nach meiner Hand. »Sie müssen mir versprechen, dass Sie nie über das, was ich Ihnen jetzt sage, reden werden.«

»Wie?«, sagte ich lahm und fragte mich, worüber sie eigentlich sprach.

Jane ging zum Schreibtisch und deutete auf Pops Foto. »Wer ist das, T.?«

Ich nahm das Bild. »Das ist mein Vater.«

Jane ließ sich schwer auf einen Stuhl fallen. »Mein Gott, ich ahnte, dass Sie das sagen würden. Ist Ihr Vater nicht gestorben?«

»Ja. Er ist schon seit Jahren tot.«

Sie hob ihr Gesicht und sah mich mit Tränen in den Augen an. »T., ich habe ihn im Stall gesehen. Ich habe mit ihm gesprochen. Ich glaube, er ...« Sie schwieg. »... er spukt dort herum und verfolgt mich.«

Ich hatte schon viele Probleme mit dem Reitstall gehabt, aber ein solches noch nie. Einmal hatten wir eine junge Frau eingestellt, die nebenbei auf den Strich ging. Ein anderes Mal gab es eine Prügelei auf dem Parkplatz. Ein junger Mann hatte Carlos und unglücklicherweise seine vier älteren Brüder beleidigt. Ich musste dazwischengehen. Und einmal hatte die Bürgerwehr auf unseren Weidegründen Kriegsspiele veranstaltet. Die Jungs waren zutiefst enttäuscht, als ich ihnen verbot, sich auf unserem Grund und Boden gegenseitig zu erschießen. Und ein Dealer-Pärchen – richtige Verbrecher – hatte einen Mann auf unserer Einfahrt erschossen. Auch hatte Janes Mann uns einmal als Gast einen israelischen Panzerkommandeur mitgebracht. Doch mit all diesen Ereignissen war ich auf meine Weise fertig geworden. Aber das war nun wirklich seltsam. Und die Geschichte stammte ausgerechnet von Jane, die überhaupt nicht zu den Menschen gehörte, die Gespenster sahen.

Nach einer Weile fragte ich: »Was hat Pop gesagt?«

Jane antwortete: »Er sagte, Sie würden am Freitag zu spät kommen, um Stoat und Pepper ihren Mais zu füttern, weil Sie keine Zeit mehr haben würden, die Pferde zu reiten. Deshalb fütterte ich sie, ohne zu fragen. Er folgte mir in die Stallungen. Er sagte, dass Stoat nicht gesund bliebe und dass Pepper bei den schwierigen Prüfungen versagen würde. Dann ging er in die Futterkammer und machte die Tür hinter sich zu. Als ich die Tür wieder öffnete, war er nicht mehr da, obwohl es keinen anderen Ausgang gibt, wie Sie ja wissen. Ich dachte, der Mann sei einer Ihrer Freunde. Bis ich das Foto sah. Das ist er! Oh, mein Gott ... Ich verliere den Verstand!«

Jane sackte auf dem Stuhl zusammen. Dann fügte sie mit leiser Stimme hinzu: »Wenn Sie das meinem Mann erzählen, wird er mich in eine Irrenanstalt einweisen lassen.« Sie sah mich flehend an und wartete auf eine Antwort. Doch ich war nur neugierig. Schließlich war Pop seit neun Jahren tot. »Wie sah er aus?«

Jane warf mir einen bösen Blick zu. »T., glauben Sie etwa, ich erzähle Ihnen das, damit Sie ein etwas absonderliches Familientreffen veranstalten können?«, fragte sie mit vor Empörung schriller Stimme. »Er ist tot! Ich habe mit einem Toten gesprochen!«

Dann stand sie auf und lief zur Haustür. Sie drehte sich um und deutete mit dem Zeigefinger auf mich. »Es ist besser, wenn Sie ihn dazu bringen, mit derlei Unsinn aufzuhören.« Mit diesen Worten lief sie die Treppe hinunter und zu den Ställen.

Eigentlich wollte ich Pop nicht sehen, aber vielleicht doch. Wir hatten uns sehr nahe gestanden. Lange saß ich da und rätselte, was Jane zugestoßen war. Hatte sie ihn wirklich gesehen?

Ich erzählte niemandem von unserer Unterredung. Doch eine Woche später ging ich morgens ins Büro des Reitstalls und fand dort Jane vor. Sie saß zusammengesunken auf ihrem Stuhl, sah mich mit blutunterlaufenen Augen an und sagte ruhig: »Sie haben ihn nur knapp verpasst.«

Aus den Ställen kamen die üblichen leisen morgendlichen Geräusche der Pferde: das Kauen von Heu, dann und wann ein Stampfen oder helles Wiehern zur Begrüßung, wenn jemand einen Leckerbissen brachte, das Gleiten der Rollen, wenn ein Tor geschlossen wurde. Dann Stille. Trieb sich

Pops Geist wie der Geist Marleys in Dickens' Weihnachtsgeschichte in unserem Reitstall herum?
»Er war hier?«, flüsterte ich.
»Ja«, antwortete Jane feierlich. »Er war hier.« Sie sah entsetzlich aus.
»Was ist geschehen?«, stammelte ich.
Mit monotoner Stimme und ohne mich anzusehen sagte Jane: »Der Knauf an der Bürotür drehte sich langsam, und die Tür öffnete sich. Eine Sekunde später betrat er den Raum. Er stützte sich auf den Schreibtisch, sah mir in die Augen und sagte: ›Ich vertraue Ihnen nicht! Weil Sie keine Italienerin sind!‹«
Jane sackte über den Papieren auf ihrem Schreibtisch zusammen und zerknüllte sie. »T., ich kann das nicht mehr aushalten.« Sie sah mir in die Augen und schrie: »Sie müssen etwas dagegen tun!«
»Was kann ich denn tun?«, schrie ich zurück. »Ich kann doch nicht meinen toten Vater kontrollieren! Wer bin ich denn? Vielleicht Hamlet?«
Jane beugte sich vor und packte verzweifelt meinen Hemdsärmel. »Reden Sie mit ihm. Sagen Sie ihm, dass ich kein schlechter Mensch bin. Die Engländer lieben die Italiener.«
»Ja, ja. Ganz recht«, sagte ich ironisch, da mir mein Ausbildungsaufenthalt in England einfiel, wo ich diese »Liebe« so gar nicht zu spüren bekommen hatte.
»Wissen Sie was, Jane? Sie brauchen einen Psychiater!«, schrie ich und ging, dabei knallte ich die Tür hinter mir zu.
Janes Visionen verwirrten mich. Verlor sie den Verstand? Oder sah sie Pop wirklich? Konnte Pop zurückkommen? Doch eins war sicher: Jane brachte den ganzen Reitstall durcheinander. Wenn die Sponsorin verrückt wurde, ging nichts mehr. Schon jetzt redeten die Leute über ihre Gespenstergeschichten, und über mich machten sie sich lustig.

Ich traf den Vormann des Reiterhofs, Carlos, in den Ställen. Als er mich sah, sagte er mit einem Glitzern in den Augen, aber in völlig normalem Ton zu mir: »Terecita, dein Papa repariert den Traktor. Er hasst es, wenn die Dinge liegen bleiben.«

Als ich ihn so reden hörte, verdrehte ich die Augen. »Tu mir einen Gefallen, Carlos. Bitte, halt den Mund.«

Carlos zuckte nur mit den Schultern und ging weg.

An jenem Abend rief ich meine Mutter an. Es war heikel, ihr davon zu erzählen, dass es jemanden auf dem Reiterhof gebe, dem ihr verstorbener Mann als Geist erschienen sei. Ich fragte mich, ob ich dieses Thema überhaupt anschneiden solle. Arme Mom, sie hatte seit Pops Tod viel durchgemacht. Zuerst redeten wir über Belanglosigkeiten, dann erzählte ich ihr Janes Geschichte. Und Moms Reaktion überraschte mich. Denn sie weinte nicht, sondern sagte nur ruhig: »Teresa, könnte er zurückkommen, gäbe es nur einen Ort, wohin er gehen würde. Deine Farm. Das weiß ich.« Mehr sagte sie nicht, und wir legten auf. Ich wunderte mich über dieses Gespräch.

Am nächsten Morgen sattelte ich Stoat und ritt den Hügel hinauf. Wir kamen an dem kaputten Traktor vorbei. Daneben lag Werkzeug. Hatte Carlos es dorthin gelegt oder mein toter Vater?

Wenn ich einen Ort zum Nachdenken brauchte, ging ich oft zu der Hügelkuppe, von wo aus man im Sommer einen herrlichen Blick über die Landschaft mit ihren Krüppeleichen, den Antilopenbüschen und dem gelben Gras hatte. Stoat und ich beobachteten, wie die Sonne über dem Meer aufging. Ich sprach zu der leichten Brise und hoffte, dass Pop mich hörte.

»Sieh mal, Pop, ich weiß nicht einmal, ob du das bist. Aber wenn du es bist, glaube ich zu wissen, warum du das tust. Mir geht's gut, Pop. Sicher war es sehr frustrierend für dich, so jung sterben zu müssen und mir jetzt nicht helfen zu können. Wir haben nie unsere eigene Farm gehabt. Aber so ist das nun mal im Leben. Das weißt du doch. Ich bin jetzt erwachsen, Pop. Ich kann auf mich selbst aufpassen. Aber wenn du die Leute auf dem Reiterhof erschreckst, gehen sie vielleicht alle weg, und ich weiß nicht, wohin. Für dich mag das ja okay sein, was du tust, aber den Leuten jagst du Angst ein, Pop.«

Die Brise hörte auf zu wehen. Stoat stand ganz ruhig da und spitzte die Ohren.

»Wenn du mir wirklich helfen willst, sag mir, wie ich es fertig bringe, dass die graue Stute nicht mehr bockt. Mehr will ich nicht. Sollte ich dich brauchen, rufe ich dich. Wir sehen uns später.«

Als die Brise wieder einsetzte, brachte sie einen einsamen Falken mit, der in großen Kreisen über der Landschaft schwebte. Meine Tränen fielen auf Stoats Mähne. Nach einer Weile kehrten wir zum Reiterhof zurück.

Am nächsten Tag wollte ich Belle wieder reiten, und sie bäumte sich sofort auf. Doch dieses Mal hatten ihre Bewegungen eine neue und erschreckende Qualität. Sie stieg sehr hoch und drohte und kam dann bockend wieder auf die Füße. Wenn Belle stieg, schien es, als ob sie versuchte, das Gleichgewicht zu verlieren und zu stürzen. Ich war am Verzweifeln und glaubte nicht mehr daran, einen Weg zu ihrem Herzen zu finden. Elanor, Belles Besitzerin, besuchte uns nicht und rief auch nicht an. Wahrscheinlich fürchtete sie, dass ich Belle aufgeben würde. Wohl zu Recht, denn ich war kurz davor, sie einschläfern zu lassen.

Ein paar Nächte später wurde ich vom Heulen der Kojoten, die in der Nähe meines Hauses ihren Bau gruben, geweckt. Mondlicht schien auf mein Bett. Ich hatte geträumt.

In meinem Traum beobachtete ich mit Pop Pferde. Eine wilde Herde, die über die Ebene lief, feurig, hitzig, mit ungezügelter Kraft wie die des Feuers und des Winds. Eine graue Stute mit weißer Mähne und weißem Schweif führte sie an, und den Schluss bildete ein pechschwarzer Hengst.

Pop sah mich an und sagte: »Wenn du Belles Herz berühren willst, musst du mit ihr springen. Richte es so ein, dass sie sich wie eine Heldin fühlt. Das ist das Geheimnis des Lebens, Kleines.«

Lange lag ich in meinem Bett und schaute dem gelben Mond zu, wie er die Pferdewolken über den Himmel jagte, wie sie über die Sterne sprangen. Tief in Gedanken schlief ich wieder ein.

Am nächsten Morgen baute ich ein niedriges Hindernis und übersprang es lässig mit Belle. Nach dieser Herausforderung gebärdete sie sich wie wild vor Freude.

Dann sprangen wir nach und nach immer mehr. Irgendetwas in Belles Herz zerbrach. Ich konnte fühlen, wie die Stücke unter mir zerbröselten, wenn ich sie ritt. Zwei Wochen später ritt ich mit ihr unsere Geländestrecke, und sie nahm alle Hindernisse wie ein Profi. Als wir die ganze Strecke geritten waren, lobte ich sie und streichelte ihren schweißnassen Nacken. Belle krümmte stolz den Rücken.

Von jenem Tag an begrüßte mich Belle jeden Morgen, und wenn ich ging, rief sie nach mir. Belles Aggressionen hatten sich in Zuneigung verwandelt. Nach einer gewissen Zeit würde auch Elanor sie reiten können.

Ein Jahr später trafen auch die Voraussagen ein, die Pop Jane gegenüber getroffen hatte. Pepper machte deutlich, dass ihm Vielseitigkeitsreiten nicht gefiel, er schlug eine andere Laufbahn ein. Drei Jahre später erlitt Stoat einen Bänderriss und beendete mit allen Ehren seine Karriere als Turnierpferd.

Fünf Jahre nachdem ich Belle Elanor zurückgegeben hatte, hörte ich zum letzten Mal von ihr. Da Elanor zu alt war, die Stute zu reiten, schenkte sie Belle einem zwölfjährigen Mäd-

chen. Einmal traf ich die beiden bei einer Military, und sie lief wie die Pferde in meinen Träumen.
Bei derselben Veranstaltung glaubte ich an einem Stand einen schlanken, gut aussehenden Mann mit schwarzem lockigen Haar zu sehen. Er drehte sich um und winkte mir zu, doch einen Augenblick später war er in der Menge verschwunden.

8

# Der Bison

Im Leben eines jeden Menschen gibt es Zeichen, die denen jener alten Pfadfinder gleichen, die Markierungen zur Orientierung hinterließen, wie etwa ein in eine Richtung deutender abgebrochener Zweig oder ein Steinhaufen, der als Warnung gedacht war. Manchmal sind diese Hinweise nur schwer zu deuten, manchmal aber unüberhörbar, wie der Schrei des Pumas in der Dämmerung.
So hatte ich um ein Zeichen gebeten, weil ich mich der Kultur meiner Vorfahren, der Ureinwohner Amerikas, wieder annähern wollte. In meiner Fantasie stellte ich mir das Erscheinen eines weißen Falken vor oder vielleicht das Auftauchen eines Wals, wenn ich am Strand spazieren ging. Doch die für mich bestimmten Zeichen schien Coyote Old Man hinterlassen zu haben.

Auf dem Reiterhof herrschte an jenem Tag das Chaos. Alexander, der große Hengst, wurde fotografiert, weil wir die Bilder für Annoncen brauchten. Ich trug Turnierkleidung, die in der heißen Morgensonne unbequem war und in der ich schwitzte. Alex langweilte sich und war ungeduldig.
Er scharrte nervös mit den Hufen, wenn ein neuer Film in die Kamera eingelegt wurde. Auch ich wurde immer ungeduldiger, vor allem wenn der Fotograf fragte: »Können Sie den Hengst nicht rebellischer aussehen lassen?«
Doch Alex war kein rebellisches Pferd, eher ein zärtlicher

Liebhaber, den mehr seine friedlich in der Nähe grasenden Stuten interessierten. An uns dachte er überhaupt nicht.
Wir sprangen über Hindernisse, und die Kamera klickte, und ich hoffte, dass wir bald ein paar gute Aufnahmen im Kasten hätten. Während der Fotograf einen neuen Film einlegte, sah ich eine schlaksige, verdreckte Gestalt mit langen, blonden Haaren den Hügel hochmarschieren. Es war Tom, einer unserer Angestellten. Er blieb vor mir stehen und sagte ernsthaft: »T., auf dem Rasen steht ein Bison mit einer Hundehütte auf dem Kopf.«
Ich starrte Tom schweigend an und überlegte. Tom war Surfer und arbeitete sporadisch für uns. Als das große Erdbeben 1989 Kalifornien heimsuchte, hatte Tom geglaubt, der Abwurf einer Atombombe sei der Grund für die Verwüstungen gewesen. Damals hatte er noch einmal auf seinem Pferd, einer großen Welle, reiten wollen, »ehe ich verstrahlt werde und sterben muss«. An jenem Tag hatten wir ihn nur unter großer Mühe dazu bringen können, bei uns zu bleiben und beim Aufräumen zu helfen.
Doch Toms graue Augen wirkten ernsthaft. Er spielte mir keinen Streich – ein beliebtes Spiel auf dem Reiterhof.
»Ein Bison?«, fragte ich vorsichtig.
Tom nickte. »Was sollen wir tun?«, fragte er eindringlich.
Ich sah den Hügel hinunter, konnte das wilde Tier aber nicht entdecken. Stattdessen sah ich, wie die Leute aufgeregt zusammenliefen.
Da der Fotograf noch immer mit seiner Kamera beschäftigt war, rief ich ihm zu: »Ich bin gleich wieder da.«
Inzwischen war Karen gekommen, um sich um Alex zu kümmern. Und ich rannte mit Tom den Hügel hinunter. Noch immer glaubte ich Tom nicht richtig.
Auf dem Reiterhof herrschte Aufregung. Mein Vormann, Carlos, lief zu meinem kleinen, weißen Haus. Es war im Jahr 1906 gebaut worden und hatte das damalige Erdbeben über-

lebt, aber 1989 war der hintere Teil eingestürzt. Trotzdem sah es inmitten der wild wachsenden Büsche und des Spanischen Flieders hübsch aus. Und hinter dem Haus begann ein tiefer, kühler, dunkler Wald aus Redwood-Bäumen.

Vor dem Haus stand ein mächtiger, dunkler Koloss auf schwarzen Hufen im Gras. Der Bison hatte sicher eine Schulterhöhe von über ein Meter achtzig. Noch atemlos von unserem Lauf starrten wir ihn beunruhigt an.

Noch war er damit beschäftigt, die Überbleibsel einer Hundehütte von seinem mächtigen Schädel zu streifen. Das Gebilde krachte in sich zusammen, und er schüttelte das lockige Haupt. Dann drehte er sich um und sah uns an.

Carlos trat neben mich und fragte ruhig: »Und was jetzt, Terecita? Du bist doch eine halbe Indianerin. Hat dein Volk nicht von diesen Tieren gelebt?«

Ich schaute erst den Bison an, dann Carlos. Plötzlich dämmerte mir, dass die Indianer früher Bisons gejagt hatten.

»Heiliger Strohsack!«, keuchte ich. »Wie haben sie das nur geschafft?«

Hinter uns hatten sich eine Menge Leute – Erwachsene und Kinder – versammelt. Sie starrten mich an und warteten wohl darauf, dass ich dieses Problem löste. Aber ich wusste nicht, was ich tun sollte: einfach nur lachen, davonlaufen oder mich ihm nähern?

Und noch während ich den Bison betrachtete, überkam mich ein sonderbares Gefühl, eine Art Verbundenheit mit diesem majestätischen Tier. Meine Gedanken schweiften nach Osten, in die Plains, das ebene Vorland der Rocky Mountains, wo die riesigen Bisonherden lebten. Damals war der Bison ein heiliges Tier, voller Geheimnisse, aber auch gefährlich. Was hatte dieser Ureinwohner auf einer Farm zu suchen? Er wirkte völlig fehl am Platz. War er das Zeichen?

»Carlos, könntest du mir bitte einen Eimer Getreidefutter

holen?«, bat ich. »Außerdem soll jemand rumtelefonieren und fragen, wo dieser Bison hingehört.«
Carlos warf mir einen Blick voller Zweifel zu, seufzte und stapfte, von Tom gefolgt, davon, um das Futter zu holen.
Als ich dem einstigen Herrscher der Prärie allein gegenüberstand, musste ich daran denken, dass dieses Tier einmal die Lebensgrundlage der Plains-Indianer gebildet hatte. Alles hatte er ihnen geliefert: Nahrung, Kleidung, Werkzeug und Behausung. Und hier stand er vor mir, nur achtzig Kilometer von San Francisco entfernt!
Auch der Bison betrachtete mich mit seinen dunklen Augen, doch ungerührt, rhythmisch weiterkauend, furchtlos. Dann und wann rupfte er etwas Gras und sah die herumstehenden kleinen Menschen unbekümmert an.
Was macht er nur hier? fragte ich mich wieder, weil ich mir die Situation einfach nicht erklären konnte.
Carlos kam mit dem Futtereimer zurück und gab ihn mir. »Tom glaubt, dass der Bison ein Zeichen ist«, berichtete er.
»Ein Zeichen wofür?«
»Das weiß ich nicht. Aber ein Bison ist doch schließlich etwas sehr Ungewöhnliches.«
Irgendwie wusste ich, dass er Recht hatte. Aber Landbewohner neigen dazu, alles als ein Zeichen anzusehen: die Kojoten, die in der Nähe meines Hauses ihren Bau gegraben hatten und dort Junge großzogen. Und den jungen Puma, der das für die Wölfe bestimmte Hundefutter gefressen hatte. Auch das seien Zeichen, hatten sie mir gesagt. Und Carlos behauptete, diese Geschehnisse seien Manifestationen des *New Age*.
Nach einer ganzen Weile öffnete ich das Gatter der Hengstkoppel. Alle hielten den Atem an. Niemand rührte sich.
»Sei vorsichtig, Terecita«, warnte mich Carlos.
Langsam ging ich mit Körnern in der ausgestreckten Hand auf den Bison zu. Er roch nach Erde, feuchtem, modrigem

Fell und uralten Zeiten. Vor lauter Angst hatte ich eine Gänsehaut. Kalter Schweiß bedeckte meinen Körper wie Tau. Ein Zeichen! dachte ich. Ja, das ist fantastisch. Ich sah mich schon im Geist im Krankenhaus liegen und die Überschrift eines Artikels im *United States Combined Training Association Magazine:* »Trainerin auf Reiterhof von einem Bison niedergetrampelt!« Natürlich war das ein Zeichen!
Der Bison hätte mich wie eine verfaulte Frucht zerquetschen können, hätte er es gewollt. Stattdessen starrte er mich nur an. Im Schatten der Büsche zirpten Meisen. Sein ruhiges Verhalten stärkte mein Vertrauen. Ich hörte auf die Sprache meines Körpers. Auch er war ruhig. Im Gegensatz zu meinem Kopf hatte mir mein Körper immer das Richtige geraten.
Ich spürte, dass der Bulle nicht zornig war. Ich streckte die Hand aus, und er beugte den Kopf vor und roch schnaubend mit seiner schwarzen, feuchten Schnauze daran. Dann kostete er vom Futter. Ich ging ein paar Schritte zurück, vom Rasen auf die mit Kies bestreute Einfahrt. Nach kurzem Zögern folgte er mir langsam. Seine Hufe machten ein leises, klickendes Geräusch. Wieder ließ ich ihn von dem Futter kosten und ging dann zurück. Dieses Mal folgte er mir sofort bis zur Hengstkoppel.
Als er auf dem eingezäunten Gelände stand, lief ich schnell nach draußen, während Carlos das Gatter schloss. Die Koppel war sicher, mit einem soliden, fast zwei Meter hohen Holzzaun umgeben, der zusätzlich durch einen elektrischen Draht verstärkt war.
Carlos sah mir in die Augen. »Du bist verrückt, Terecita!«, sagte er und tätschelte mir den Rücken.
Ich war ziemlich stolz, wunderte mich aber gleichzeitig über meine Kühnheit. Dann ging ich den Hügel wieder hoch, damit der Fotograf seine Arbeit beenden konnte. Das Warten hatte Alex inzwischen so träge gemacht, dass ich alle meine

Überredungskünste aufwenden musste, bis er wieder die großen Hindernisse sprang.
Wir übersprangen gerade einen Oxer, als wir das Krachen hörten – ein Geräusch zersplitternden Holzes. Das Fotografieren endete abrupt. Als wir von der Hügelkuppe ins Tal schauten, stand der Bison wieder auf dem Rasen vor meinem Haus.
Er hatte die Latten der Umzäunung niedergetrampelt. Zersplitterte Bretter und zerrissene Drähte lagen am Boden. Ein Pfosten war zerbrochen.
Als Alex und ich den Hügel hinuntergaloppierten, rief der Fotograf hinter mir her: »Aber ich bin noch nicht fertig!«
Schnell brachte ich Alex in seine Box und ging zu Carlos und Tom, die nervös den Bullen beobachteten.
»Komm, Carlos. Wir wollen versuchen, ihn in den anderen Pferch zu locken«, schlug ich nach Atem ringend vor.
Carlos reichte mir wieder einen Futtereimer, aber ich wies ihn ab.
»Carlos, willst du es mal versuchen?«
»Das ist dein Bulle, Terecita«, sagte Carlos schnell und schüttelte den Kopf.
»Tom?«, fragte ich hoffnungsvoll.
Tom sah den Bison an, als wäre er ein großer Weißer Hai. Er wich zurück. »Auf keinen Fall! Auf gar keinen Fall!«
»Dann finde wenigstens heraus, wem dieses Vieh gehört. Ich bitte dich inständig, Tom!«, sagte ich erbost.
Tom eilte ins Büro. Doch der Bison stand da und kaute zufrieden trockenes Gras.
Ich riskierte es noch einmal und näherte mich dem mächtigen Kopf des Bullen. Zu meiner größten Überraschung folgte er mir auf die zweite, ebenso gut befestigte Hengstkoppel.
»T.«, sagte Carlos da zu mir. »Da dir dieser Bison aus der Hand frisst, sollten wir uns überlegen, ob wir nicht auch

Bisonreiten in unser Programm aufnehmen. Der springende Bison der Cormac Farm!«, fügte er kichernd hinzu.
»Carlos, du solltest die Situation nicht verkennen«, sagte ich verärgert. »Wie lustig muss es doch für euch sein, wenn ihr zuschauen könnt, wie ich mein Leben riskiere.«
Ich dachte eine Weile nach und fügte dann hinzu: »Wir können ihn füttern, bis ihn jemand abholt. Vielleicht bleibt er dann auf der Koppel.«
Carlos war wieder ernst geworden und entgegnete: »Ja. Hoffentlich bekommt er von dem Körnerfutter keine Blähungen. Aber wenn wir ihn füttern, hat er vielleicht keine Lust mehr rumzurennen.«
Da kam Candy zu uns. Sie war eine meiner Schülerinnen und arbeitete schon seit Jahren in der Verwaltung eines Veranstalters von Pferderennen. Ihr Mann trainierte Rennpferde. Sie war eine sehr nette Frau, die schon viele verletzte Tiere vor dem Tod gerettet hatte, und obwohl sie klein war, mangelte es ihr nicht an Mut und Entschlossenheit.
»Wie kann ich helfen?«, fragte Candy.
»Wenn ich das nur wüsste. Mit Bisons kenne ich mich überhaupt nicht aus«, antwortete ich verwirrt.
»Sie müssen es nur sagen, wenn Sie Hilfe brauchen.«
»Machen Sie sich keine Sorgen«, erwiderte ich aufrichtig. Und Candy ging wieder zurück zu den Ställen.
Also standen Carlos und ich mit dem Bison in der heißen Nachmittagssonne und schauten ihm zu, wie er mit seinem kurzen Schwanz Fliegen verscheuchte. Wir warteten auf eine Nachricht.
Endlich kam Tom und verkündete: »Der Bison gehört zur White Cloud Ranch.«
Diese Ranch lag direkt über unserem Anwesen und gehörte einem Rockstar.
»Wie viele Bisons hat die White Cloud Ranch?«, fragte ich Tom.

»Nur einen«, antwortete Tom und schüttelte den Kopf. Dann fügte er hinzu: »Der Vormann hat gesagt, es sei gefährlich, sich dem Bullen zu nähern, da er gemein wie der Teufel sei, und dass er bereits einen seiner Jungs niedergetrampelt habe, der dann ins Krankenhaus musste.«

Wir sahen uns viel sagend an. Mir war kalt. Der Bulle hob sein mächtiges Haupt und starrte in die Ferne. Tom warf noch einen Blick auf den Bison, dann ging er eilig in den Stall zurück und ließ Carlos und mich mit dem Bullen allein.

»Ich hab's!«, rief Carlos bestimmt. »Er hält nach einer Frau Ausschau.« Dann wandte er sich an den Bison und erklärte: »Hier gibt's keine Bisonfrauen! Hier gibt's nur Pferde!«

Daraufhin marschierte der Bulle von seinem Futterhaufen zum Zaun. Sofort wichen Carlos und ich zurück, als könnte uns der Bison allein mit seiner Gegenwart erdrücken. Plötzlich erschienen uns die dicken Bretter so zerbrechlich wie dünne Zweige.

Der Bison hatte keinen Hunger mehr.

»Was sollen wir jetzt tun?«, fragte ich laut, während der Bulle langsam zum Gatter der Koppel ging. Wir standen wie angewurzelt da und starrten ihn stumm an. Nur die Meisen zirpten über uns in einem Baum.

Mein ganzer Körper schien unter Strom zu stehen: eine Warnung. Der Bison senkte seinen mächtigen Schädel und hakte geschickt ein Horn unter die oberste Querstange des Gatters – und hob den Kopf. Das Gatter erzitterte, und wir wichen einen Schritt zurück. Tom, der das Ganze vom Hauptgang des Stalls aus beobachtet hatte, rannte zu uns.

»Mein Gott, wenn er wieder ausbricht …«

Carlos ließ das Ungeheuer nicht aus den Augen; er hielt eine Rohrzange in der Hand, die er zuvor benutzt hatte. Ich starrte auf das Werkzeug, und die Zeit verlangsamte sich. Ich wusste, was geschehen würde, und ich wusste, dass das ein großer Fehler sein würde. Aber es war zu spät. Ich konnte nichts mehr dagegen tun. Carlos' Arm durchschnitt die Luft, und dann sauste seine Hand mit der schweren Rohrzange mit aller Kraft direkt auf den Schädel des Bisons. Der Schlag klang so dumpf wie der Aufprall eines Vorschlaghammers auf der Erde. Ich hatte gerade noch Zeit, hinter einem Baum in Deckung zu gehen. Tom versteckte sich hinter mir, sodass der arme Carlos dem Bison allein gegenüberstand. Der reagierte sofort. Er stieß ein dumpfes Brüllen aus und warf sich mit seinem ganzen Gewicht gegen den Zaun. Der schwere Pfosten stürzte um und riss Gatter und Zaun mit.

Als der Bulle wieder aus den Trümmern auftauchte, fiel sein Blick sofort auf Carlos. Der hatte nur eine Sekunde, um zu realisieren, dass der Schlag mit der Rohrzange eine sehr schlechte Idee gewesen war. Er warf uns beiden einen warnenden Blick zu. Wir verstanden und fingen sofort an, den Baum hochzuklettern, was dem armen Carlos wegen seiner Körperfülle leider verwehrt war. Also sprintete er in Richtung Stallungen.

Der Bison schüttelte den Kopf; blanke Mordlust in den Augen, rannte er hinter Carlos her. In dem Augenblick hatte sich Candy wieder auf den Weg zu uns gemacht, um ihre Hilfe anzubieten. Als sie Carlos vor dem Bison davonlaufen sah, erfasste sie sofort die Situation und schwang sich ins Geäst einer Eiche.

Carlos verschwand im Mittelgang des Stalls, den Bison auf den Fersen. Tom und ich wechselten entsetzte Blicke. Alle anderen Tiere und Menschen waren diesem Ungeheuer dort hilflos ausgeliefert! Ein gesatteltes und gezäumtes Pferd floh aus dem hinteren Ausgang. Dann war ein Schrei zu hören, darauf das Schlagen mehrerer Stalltüren und ein lautes Krachen. Der Bison rannte hinten aus dem Stall, eine Bandage flatterte vom Kopf hinter ihm her. Triumphierend lief er vors Haus, wo er wieder zu grasen anfing.

Mich packte ein solcher Zorn, dass mir fast die Haare vom Kopf abstanden. »Was tut dieser Bulle hier?«, schrie ich Tom an, der sich drei Meter über mir an den Baumstamm klammerte.

»Du hast doch mit der White Cloud Ranch gesprochen, oder?«

Tom nickte.

»Na und? Was haben sie gesagt?«

»Sie schicken ein paar Jungs her, die ihn einfangen sollen«, beeilte sich Tom zu erklären.

Ich schwieg und dachte nach. Wahrscheinlich kommen sie mit ihren kleinen Cowboypferden und Hunden. Sie werden sich den Bullen schon schnappen, überlegte ich.

Der jedoch graste friedlich. Im Moment stellte er kein Problem dar. Alles war vergeben und vergessen. Aber dieses Glänzen in seinen schwarzen Augen verriet mir, dass er auf jede Provokation sofort reagieren würde.

Candy kletterte von ihrer Eiche und kam zu Tom und mir. Wir drei beobachteten den Bison, die anderen spähten vorsichtig aus dem Stall. Irgendjemand fing das durchgegangene Pferd ein. Ein Hengst schlug pausenlos gegen die Tür seiner Box. Die Meisen, die bislang stumm gewesen waren, fingen vorsichtig wieder an zu zirpen.

Carlos steckte den Kopf aus der Tür und winkte als Zeichen, dass er noch immer lebe und unverletzt sei. Aus der Ferne hörten wir plötzlich ein seltsames Summen wie das aufgescheuchter Bienen. Merkwürdig. Das Summen wurde lauter, und dann fuhr ein ganzer Schwarm geländegängiger Fahrzeuge die Auffahrt hoch.

Ich war zutiefst enttäuscht. Du meine Güte, dachte ich, mit diesen Dingern wollen sie den Bison nach Hause treiben? Anstatt staubiger Cowboys auf Broncos mit Stetsons trugen diese Jungen Baseballkappen und saßen auf motorgetriebenen Vehikeln, die Mondfahrzeugen glichen. Einer der Män-

ner hatte hinten auf seinem Teufelsgefährt einen halben Ballen Luzerne festgezurrt.
Die Männer hielten. »Ist jemand verletzt?«, rief der Vormann, ein grauhaariger alter Knabe, der wie ein Goldgräber aussah.
»Nein. Denn wir können schnell laufen!«, antwortete Tom ironisch.
»Das ist gut!«, rief der Vormann der White Cloud Ranch zurück. »Bleiben Sie einfach da, wo Sie sind, Ma'am«, fügte er hinzu und tippte an den Schirm seiner Baseballkappe.
Dann umrundeten sie den Bison, der wie ein Felsblock auf der Wiese stand. Er hob den Kopf, und man konnte das Weiße in seinen Augen sehen. Zornig schwang er die Hörner. Doch als die Maschinen ihn fast erreicht hatten, ging er durch und lief vor dem schrecklichen Lärm davon. So plötzlich wie die Männer erschienen waren, verschwanden sie in einer großen Staubwolke mit dem Ausreißer hinter dem Hügel.
Einen Moment herrschte völlige Stille.
Carlos kam angeschlendert. Er war blass und zitterte, aber er sagte unerschrocken: »Na, dann will ich mal nachschauen, ob er auch wirklich nicht mehr da ist, Terecita.« Dann ging er langsam und vorsichtig hügelwärts.
In der plötzlichen Stille merkte ich erst, wie schön der Tag war. Eine leichte Brise wehte und trieb duftige Schäfchenwolken vor sich her, deren Schatten über den Boden eilten. Wir alle waren noch unversehrt. Niemand war niedergetrampelt worden.
Und wieder kehrten wir zur Tagesarbeit zurück. Ich schlenderte übers Gelände und murmelte beruhigende Worte. »Es ist alles okay. Der Bison ist fort.«
Terri, eine unserer jungen Werkstudentinnen, fragte mich, welche Dinge sie aus einem der Pferdetransporter nehmen sollte, den sie geputzt hatte. Wir gingen zum Wagen, und ich

sagte ihr, was immer zur Ausrüstung gehörte: Bandagen, Eimer, antiseptische Salbe, Gazetupfer und so weiter.

Das Leben schien zur Normalität zurückzukehren.

Dann hörten wir das Geräusch. Es klang wie eine entfernte Brandung, vermischt mit dem rhythmischen Klapp, Klapp, Klapp schneller Schritte eines Menschen, dessen Füße in Lederstiefeln steckten. Terri und ich starrten zum Hügel.

Der rundliche Carlos rannte mit der erstaunlichen Geschwindigkeit eines Sprinters den Hügel hinunter und schrie: *»El toro! El toro! Vamanos! Terecita, cierra la puerta!«*

Carlos hielt mit vollem Tempo und letzter Kraft auf das Gatter aus Metall zu. Hinter ihm donnerte der Bison mit gesenktem Kopf über den Abhang.

Terri und ich rannten zum Gatter. Die Pfosten waren fast einen Meter tief in Zementblöcken im Boden verankert, aber der Bulle wog mindestens eine Tonne. Niemals würde das Gatter seinem Gewicht standhalten! Und während wir noch hektisch mit dem Riegel kämpften, um das Gatter zu öffnen, kam das Ungeheuer immer näher. Gerade noch rechtzeitig schlüpfte Carlos hindurch. Wir schlossen das Gatter und kletterten, ohne nachzudenken, auf das metallene, rutschige Dach des Pferdetransporters.

Carlos war kurz stehen geblieben, um Atem zu schöpfen, während der Bison noch immer hinter ihm herstürmte.

»Lauf weiter, Carlos!«, schrie ich. »Lauf zur Scheune oder schwing dich hier aufs Dach zu uns. Wir ziehen dich hoch!«

Doch Carlos schüttelte den Kopf und schrie zurück: »Nein! Mich will er haben, Terecita!«, und lief in Richtung der letzten noch intakten Hengstkoppel davon.

Mir war, als befände ich mich in einem Kriegsfilm, in dem der tapfere Sergeant sein Leben für seinen Captain gibt.

Terri flüsterte: »Oh, mein Gott!«

Der Bison rannte das Gatter einfach um. Einer der Pfosten brach ab, als wäre er gesprengt worden. Und das Gatter flog durch die Luft und landete mit einem Klirren auf der gepflasterten Einfahrt.
Alle Leute, die das Spektakel verfolgt hatten, flohen in die scheinbare Sicherheit des Stalls. Der Bison tobte seine Wut aus und brüllte, weil er Carlos nicht mehr sah.
»Na prima!«, schrie ich. »Was soll ich mir denn noch bieten lassen? Wo sind denn diese verdammten Cowboys? Und wer hält sich schon einen Bison als Haustier? Hat man jemals gesehen, dass ein geistig gesunder Mann einem Bison mit einer Rohrzange auf den Schädel schlägt? Ich verliere noch den Verstand! Ich habe anderes zu tun, ich muss nämlich arbeiten!«
Meine Assistentin Beth beobachtete mich vom Stall aus, wie ich oben auf dem Transporter meine Wut herausschrie und einen Tanz dabei aufführte. Hätte mich Terri nicht festgehalten, ich wäre sicher hinuntergefallen.
Als ich Beth sah, schrie ich: »Lass Beanie frei, und bring mir ein Lasso.«
Der Bulle tobte sich inzwischen auf der Einfahrt aus, und ich glitt vom Dach des Transporters. Was ich tun wollte, wusste ich nicht. Inzwischen kam Beanie aus der Scheune gerannt. Sie sprang an mir hoch und leckte mir das Gesicht. Beanie war eine Kämpferin. Schon oft hatte sie streunende Fohlen wieder nach Hause getrieben und einmal sogar eine ganze Herde Longhorn-Rinder. Sie war schnell und tüchtig. Erst sah sie den Bison an, dann mich.
Der Bulle stand keuchend in der Einfahrt, jeden Huf fest in den weichen Asphalt gestemmt. Er schwang den Kopf hin und her und starrte uns an. Dann stieß er mit den Hörnern in die Luft.
Beth sprintete aus der Scheune und gab mir das Lasso, dann floh sie zurück in die Sattelkammer.

Dieses Lasso hatte früher Pop gehört. Ich hatte keine Ahnung, was ich damit anfangen sollte. Ihn damit einfangen? Lächerlich. Aber ich fühlte mich sicherer, wenn ich etwas in den Händen hatte.

Ich schaute auf Beanie hinunter und sagte zu ihr: »Bean, wir beide müssen jetzt so tun, als wären wir John Wayne, weil John leider nicht hier ist. Wenn du dich zu nahe an diesen Bison wagst, zermalmt er dich. Sei vorsichtig, altes Mädchen. Doch wenn er hier bleibt, wird er sicher jemanden verletzen.«

Beanie japste und grinste mich an. Sie liebte ihre Arbeit und war eine tapfere Hündin.

Ich klatschte mit dem Lasso an meine Stiefel, und der Bison sah uns an. Als er sich schüttelte, flog eine Staubwolke auf.

Inzwischen war Carlos auf einen Baum in der Koppel geklettert. »Soll ich ein Gewehr holen, Terecita?«, fragte er.

Ich schüttelte den Kopf. »Nein. Beanie wird ihn fortjagen.« Niemals würde ich einem Bison etwas antun. Er hatte das Recht, wütend zu sein und nach seiner Familie zu suchen, aber er musste von der Ranch verschwinden!

Ich deutete auf den Bullen und sagte sanft und leise zu Beanie: »Pack ihn!«

Wie ein Pfeil flog sie davon. Der Bison stand wie ein Fels da, doch der Angriff hatte ihn überrascht.

Ich stand auf Zehenspitzen da und hoffte, er würde die kleine graue Hündin nicht erwischen. Beanie umkreiste den Bison, setzte zum Sprung an und biss in ein Hinterbein, das so dick wie ein junger Baum war.

Als der Bulle sich umdrehte, um sie zu zerquetschen, floh sie in die andere Richtung. Und dann fing Beanie an zu bellen. Das war seltsam, denn sie bellte nie, wenn sie arbeitete. Doch ihr wütendes Gebell ärgerte den Bison derart, dass er auf die Hündin losging. Nur knapp entkam sie seinen Hör-

nern. Dann schnappte sie nach dem anderen Hinterbein, und er keilte aus.
Ich konnte nichts anderes tun, als stumm betend zuzuschauen und zu hoffen, dass Beanie schnell genug wäre.
Doch plötzlich bewegte sich der Bison rückwärts in Richtung Hügel – dahin, woher er gekommen war. Und von diesem Augenblick an wusste Beanie, dass sie ihn hatte.
Bellend und nach ihm schnappend, umtänzelte sie seinen Kopf. Bei so viel Tapferkeit und Geschick hielt ich den Atem an. Schließlich war der Bison so entnervt, dass er sich schwerfällig umdrehte und floh. Beanie jagte ihn den Hügel hoch, zurück zur White Cloud Ranch.
In der Ferne war ein Brummen zu hören. Ich drehte mich um und sah die Cowboys auf ihren Geländefahrzeugen durch die Trümmer unseres Tors fahren. Und Beanie trieb den Bison zu ihrer Ranch, während die Männer ihr hinterherstarrten.
Einer der Jungen nahm seine Baseballkappe ab, wischte sich den Staub und Schweiß von der Stirn und sagte: »Du meine Güte, Ma'am. Was ist denn das für ein Hund?«
Ich musterte ihn verachtungsvoll und sagte ironisch: »Das ist ein sehr seltener Grauer Bisonhund.«
Die Männer stiegen wieder auf ihre Maschinen, und wir folgten Beanie bis zur White Cloud Ranch.
Endlich war der Bison wieder daheim, und die Unruhe war vorüber. Ich machte dem Vormann die Hölle heiß, weil er es gewagt hatte, einen Bullen allein zu halten, worauf er mir schwor, er würde ein paar Bisonkühe besorgen.
Als Carlos das hörte, murmelte er: »Oh, *si!* Das nächste Mal haben wir dann zwanzig von dieser Sorte bei uns.«
Auf dem Heimweg zu unserem Reiterhof war ich tief in Gedanken versunken: Etwas sehr Altes und Geheimnisvolles hatte mein Herz berührt.
Doch Carlos drehte sich plötzlich um, atmete tief ein und

sagte: »Terecita, ich habe heute etwas Wichtiges gelernt: Schlage niemals mit einer Rohrzange einem Bison auf den Kopf.«
Und im Stall nickte Tom bekräftigend und verkündete: »Siehst du, T.? Ich hatte Recht! Das war ein Zeichen.«
Ich konnte nur noch seufzen und mich fragen: Ein Zeichen wofür?

# 9

# *Gauguins Wahrheit*

Die hufeisenförmig angelegten Stallungen der Cormac Farm lagen in einem von mächtigen alten Eichen und Redwood-Wäldchen umgebenen sonnigen Tal. Hohe Holzzäune erstreckten sich bis in die Hügel, auf das Weideland, wo etwa vierzig Pferde grasten. Auf diesem Reiterhof mit der überdachten Reithalle und dem Springparcours im Freien fanden auch Turniere statt. Es gab auch eine Geländestrecke.

Fünf Jahre lang war diese Farm mein Zuhause und mein Leben. Ich arbeitete dort als Cheftrainerin, bekam ein gutes Gehalt und zahlreiche Vergünstigungen, die andere Pferdeprofis nicht erhielten.

Oft ritt ich mit meinen drei Wölfen über die Hügel und genoss von den Kuppen den Ausblick auf den Pazifischen Ozean. Lange saß ich dann da, beobachtete die heranrollenden Wellen und hielt nach etwas Ausschau, das ich noch nicht benennen konnte. Ich war neunundzwanzig Jahre alt und rastlos.

Der große, einfühlsame Tanz von Pferd und Mensch war ein Teil dieser Suche. Wenn ich sehe, wie sich ein Pferd bereitwillig und ohne Zwang einem Menschen unterordnet, finde ich diese Wahrheit immer wieder bestätigt. Als Gegenleistung dafür sorgt der Mensch für das Pferd, weil es seine Freiheit aufgibt. Und ein echter Pferdemensch weiß, was das Beste für ein Pferd ist, und wird es ihm geben. Diesen Pakt zwischen Pferden und Menschen erlebte ich mit Gauguin.

Jane war die Besitzerin und Sponsorin der Cormac Farm. Sie unterstützte den Betrieb des Reiterhofs finanziell. Sie war eine pragmatische Frau, die das Pferdegeschäft liebte und vor allem Militarypferde. Da Stoat, mein bestes Turnierpferd, nicht mehr an Wettkämpfen teilnahm, wollte sie ihn durch ein ebenso leistungsfähiges Pferd ersetzen. Für einen professionell geführten Reiterhof ist das eine gute Geschäftstaktik. Also wurde ich nach England, Janes Heimat, und nach Frankreich geschickt, um Ausschau nach geeigneten Pferden zu halten.

Ich entdeckte Gauguin in einem der Top-Reitställe Englands. Er war ein perfekt proportionierter makelloser, ein Meter siebzig großer heller Brauner und verfügte über eine ungeheure Sprungkraft. Der Kaufpreis für Gauguin betrug 80.000 Dollar. Während eines Telefongesprächs hörte sich Jane aufmerksam meine überschwänglichen Lobpreisungen an und sagte dann, sie würde das Geld überweisen.

In England schloss ich den Deal mit einem Handschlag ab, so wie die Leute in der guten alten Zeit ihre Geschäfte abwickelten. Gauguin flog mit Stil nach Hause, obwohl ihm jemand in der Transithalle die Pferdedecke und die Vielseitigkeitsgamaschen stahl. Bei unserer Ankunft auf der Cormac Farm hielten alle den Atem an, als das große Pferd stolz aus dem Transporter schritt. Während ich Gauguin beobachtete, dachte ich: Wie seltsam und unschuldig ist doch das Vertrauen eines Pferdes in einen Menschen, von dem seine Zukunft abhängt.

Drei Tage später traf ich mich mit Jane in ihrem Büro. Sie saß an ihrem großen Schreibtisch aus Holz, das blonde Haar ordentlich frisiert, ihre Kleidung sauber und gebügelt. Wie es ihr gelang, in einem Reitstall stets gepflegt auszusehen, war mir ein Rätsel. Jane bat mich um die Papiere. Ich zog den Packen zusammen mit Wolfspelz und Fusseln aus meiner Hosentasche. Sie glättete die zerknitterten Papiere und studierte sie sorgfältig.

»Ach, T., und wo ist die Rechnung? Ich brauche sie für den Steuerberater. Ich kann für ein Pferd nicht achtzigtausend Dollar ausgeben, ohne dafür einen Beleg zu haben.«

Lächelnd antwortete ich langsam: »Beim Pferdekauf bittet man nie um eine Rechnung. Denn das ist eine Sache der Ehre. Man besiegelt den Handel mit einem Handschlag.«

Jane klappte der Kiefer herunter, und sie starrte mich mit weit aufgerissenen Augen an. »Soll das heißen, Sie haben keine Rechnung? Der Handel wurde ohne Quittung oder irgendeinen schriftlichen Beleg abgeschlossen?« Ihre Stimme klang schrill wie das Kreischen einer Fledermaus.

»Ja«, entgegnete ich, »denn auf diese Weise wird kein Pferdehandel abgeschlossen. Wirklich, Jane, ich meine das ernst.«

Jane starrte mich böse an und fauchte: »T., besorgen Sie mir eine Rechnung!«

Also telefonierte ich mit Gauguins früherem Besitzer in England und erklärte ihm, dass meine Sponsorin eigen sei und darauf bestehe. Er zeigte sich verständnisvoll und versprach, das Dokument sofort zu schicken.

Als wir den Brief erhielten, steckte darin ein Zettel, auf dem stand: »Verkauft an die Cormac Farm: ein brauner Wallach 80.000 Dollar.« Und darunter eine Unterschrift, die wie ein Spinnennetz aussah. Jane starrte den Zettel verblüfft an, sagte aber nichts, sondern warf mir nur einen bösen Blick zu.

Im Lauf der Jahre habe ich mich immer wieder gefragt: Woran lag es, dass Gauguin 80.000 Dollar wert war? An seiner Schönheit, seiner Sprungkraft? Warum ist ein Pferd so viel Geld wert? War Gauguin wertvoller als Stoat oder die alten Schulpferde, die die Kinder so lieben?

Im Pferdegeschäft werden Werte wie Liebe, Schönheit und Kunst bis zur Unkenntlichkeit verzerrt. Ist es wichtig, ob ein Pferd einen großartigen Charakter und ein liebevolles Herz hat? Oder ist es wichtiger, dass es weit und sicher springen kann?

Im Stall hießen die alten Reitpferde mit ihren langen Zähnen und durchhängenden Rücken Gauguin willkommen. Ihr scheues, freundliches Wiehern wurde sofort von Gauguin erwidert. Freudig begrüßte er seine Artgenossen.

Nachdem sich Gauguin eine Woche lang vom Flug erholt und an die neue Umgebung gewöhnt hatte, fing ich an, ihn zu reiten. Er war korrekt und – wie ich sofort spürte – sanft zugeritten worden. Er übersprang Hindernisse wie eine rollende Woge. Er war leicht auszusitzen und gelehrig beim Training. Es war eine Freude, mit ihm zu arbeiten. Hin und wieder sah uns Jane beim Reiten zu. Gauguin war eines der wenigen Pferde, die Jane wie das Licht der Sonne oder der Gesang der Vögel aus der Dunkelheit ihres Büros locken konnten.

Als die Turniersaison eröffnet wurde, nahmen wir an den Wettkämpfen teil. Zuerst an Dressur- und dann an Springturnieren. Überall zog Gauguin die Blicke der Menschen auf sich. Sie bewunderten seine anmutigen Bewegungen, seinen großartigen Springstil. Oft kamen Kollegen während eines Wettkampfs zu unserer Box und machten mir Komplimente über dieses neue Pferd auf der Cormac Farm.

Karen, die Chefpferdepflegerin, strahlte bei diesem Lob vor Freude, so als wäre Gauguin ihr Kind. Wir beide striegelten sein makelloses hellbraunes Fell, bis es wie Gold glänzte. Karen liebte Gauguin wahrscheinlich mehr als jeder andere Mensch, denn sein sanftes Wesen entsprach ihrer eigenen Sanftmut.

L-Springen waren für Gauguin ein Kinderspiel. Mühelos überwand er die Hindernisse im Parcours. Behutsam stei-

gerte ich seine Leistungen zur Klasse M, bei der die Hindernisse höher und komplizierter sind.
Dann absolvierte Gauguin seinen ersten schwereren Wettkampf auf dem Gelände von Farhill in Oregon. Das war eine lange, schwierige Strecke, doch die Hindernisse waren perfekt angeordnet. Bejubelt von den Zuschauern, überwanden wir die Strecke mit Kraft und Stil.
Wir waren als Erste gestartet, und da das Gelände neu angelegt worden war, sorgten sich Veranstalter und Zuschauer, wie der Wettkampf wohl verlaufen würde. Zehn Reiter waren in Farhill am Start, nur drei erreichten fehlerlos das Ziel, dazu gehörten Gauguin und ich.
In Fairhill fiel mir allerdings auf, dass Gauguin eine Scheu vor Wassergräben hatte. Bei einem Sprung im Wald über eine schräge Mauer und zwei Hindernisse zögerte er kurz und streifte mit der Hinterhand die oberste Latte.
Jedoch verdrängte ich meine Bedenken und sagte mir, dass Gauguin und ich uns noch aneinander gewöhnen müssten. Ich hegte große Hoffnungen, was unsere Zukunft betraf. Gauguin sollte im Westen so viele Geländeprüfungen wie möglich bestreiten, ehe ich mit ihm an einem Wettkampf in Radnor im Osten des Landes teilnehmen würde. Denn Radnor war der erste Schritt zu internationalen Wettkämpfen.
Einen Monat später nahm ich mit Gauguin an einer schwierigen Prüfung in Napa California teil. Wild Horse war eine viel schwierigere Strecke, die ich viele Male mit Stoat geritten war. Die Hindernisse waren hoch und kompliziert und hatten unterschiedliche Distanzen. Bei diesem Turnier musste das Pferd in vollem Galopp lospreschen, das Tempo verlangsamen, um eng stehende Kombinationen zu überspringen, und dann sofort wieder losgaloppieren. Sonst schafften Pferd und Reiter die vorgegebene Zeit nicht.

In Wild Horse legten wir einen guten Start hin, doch ab der zweiten Hälfte der Strecke fing Gauguin an, die Hindernisse mit der Hinterhand zu streifen und die oberste Stange abzuwerfen. Das brachte mich beim Sprung aus dem Gleichgewicht. Ich dachte, er sei vielleicht müde, und verlangsamte das Tempo, da ich lieber Fehlerpunkte riskierte, als Gauguin zu überfordern.
Im Galopp überwanden wir einen Hügel und ritten auf das nächste Hindernis in einem dunklen Eichenwald zu – zwei knapp hintereinander liegende Baumstapel. Eigentlich kein schwieriger Sprung, doch die Geschwindigkeit musste genau angepasst werden, damit wir nach dem ersten Stapel mit zwei Galoppsprüngen erneut zum Überwinden des Hindernisses ansetzen konnten. Wir landeten gut nach dem ersten Hindernis, doch dann hatte ich ein Gefühl, als wären wir gegen eine Mauer geprallt. Ich wurde aus dem Sattel katapultiert und wäre beinahe auf dem am Hindernis stehenden Richter gelandet.
Die Wucht des Aufpralls raubte mir sekundenlang den Atem; dann kam ich taumelnd auf die Beine. Gauguin stand in der Landezone hinter dem zweiten Baumstapel. Erschreckt stellte ich fest, dass er an der Hinterhand eine Schürfwunde hatte. Ich ging mit ihm ein paar Schritte.
Der Hindernisrichter wollte mir in den Sattel helfen, doch Gauguin lahmte. Ich führte ihn von der Strecke und lockerte den Sattelgurt. Langsam kehrten wir zum Start zurück, wo meine Crew blass und besorgt wartete. Zwei Jahre davor hatte ich mir einen Rückenwirbel angebrochen, und nachdem mein Ausscheiden verkündet worden war, hatten alle das Schlimmste befürchtet.
Karen nahm mir mit schmerzerfülltem Blick Gauguins Zügel aus der Hand. Ihre Liebe zu diesem Pferd und ihre Sorge trafen mich so hart wie der Sturz. Immer wieder fragte ich mich: Was war geschehen? Gauguin war fit und stark. Wovor

hatte er gescheut? Warum hatte er dieses Hindernis nicht geschafft?
Wir fuhren nach Hause und pflegten unsere Wunden. Dann setzten wir unser Training fort. Jane nahm unser Ausscheiden gelassen. Ihr war klar, dass Gauguin noch jung, erst acht Jahre alt war und zum ersten Mal an schwereren Wettkämpfen teilnahm. Doch mein Körper sagte mir zitternd vor Nervosität, dass irgendetwas nicht stimmte.

Mut ist eine Eigenschaft, die einem auf geheimnisvolle Weise hilft, Risiken und Gefahren zu überwinden. Mut verdrängt Angst und Vorsicht und befähigt den Massai dazu, einen Speer auf den Löwen zu schleudern. In den vollkommensten Partnerschaften geben Pferd und Reiter einander ein Selbstvertrauen, das den Mut anfacht wie der Wind das Buschfeuer. Um an schweren Wettkämpfen teilzunehmen, müssen Pferd und Reiter den Sprüngen förmlich entgegenfiebern. Für Sprünge sind Mut und Tapferkeit unerlässlich, sonst laufen Pferd und Reiter Gefahr, sich zu verletzen. Dasselbe gilt für die richtige Einschätzung individueller Fähigkeiten.
Ich war immer stolz auf meine Fähigkeit, die Veranlagung eines Pferdes und dessen Vorlieben herauszufinden und zu fördern oder Abneigungen zu akzeptieren.
Von Gauguin, diesem sanftmütigen Pferd, erwarteten wir, dass er beim Geländetritt hohe und feste Hindernisse übersprang. Doch bei schwereren Wettkämpfen überkam mich mit Gauguin ein Gefühl des Unbehagens. Er hatte weder das Feuer noch die Kraft von Stoat, der wie ein Tiger gelaufen war. Stoat hatte ich schon als Fohlen gekannt, doch ich hatte keine Ahnung, wie Gauguin in den ersten Jahren trainiert worden war. War er von einem Trainer gezwungen

worden, in Wassergräben zu springen? War er verletzt worden, als er zum ersten Mal ins Dunkle sprang? Wie war Gauguins Einstellung Menschen gegenüber, und wie groß war sein Selbstbewusstsein? Wie viel Selbstvertrauen brachte er für diese Sportart mit? Wollte Gauguin *wirklich* das Leben eines Militarypferdes führen? Und wenn nicht, was wollte er dann?

Eines Tages trainierte ich mit Gauguin das Überspringen eines Hindernisses in einer Wasserfläche. Er setzte nur halbherzig zum Sprung an, knallte mit den Vorderhufen gegen die oberste Holzlatte und stürzte darüber. Er fiel langsam, wie ein abgesägter Redwood-Baum. Ich rollte mich aus dem Weg, als er platschend ins aufspritzende Wasser fiel.

Zitternd vor Schreck und Überraschung kam Gauguin gleichzeitig mit mir wieder auf die Beine. Bestürzt betrachtete ich das Hindernis. Kurz vor dem Absprung hatte er gezögert, und ich hatte ihn angetrieben, um genug Schwung für das Überwinden des Hindernisses vor dem Wasser zu bekommen. Gauguin hatte zwar gehorcht, aber nur halbherzig. Allein deshalb waren wir gestürzt.

Gauguin schüttelte seine Mähne, und ich musterte ihn prüfend. Er war nicht verletzt. War er das wirklich nicht? Die dunkelblauen Pupillen seiner Augen waren von der dunkelbraunen Iris umgeben, die es wie eine Sonnenblende den Pferden ermöglicht, im grellen Licht weit in die Ferne sehen zu können. Gauguin stand jetzt ruhig da, aber ich wusste, dass er verwirrt und verärgert war. Ich ritt mit ihm zu einem einfacheren Hindernis unterhalb einer Böschung, das er mühelos übersprang.

Alle Turnierreiter haben Freunde, meistens andere Trainer, die sie um Rat fragen können. Brian war ein Wettkampf-Coach, dem ich vertraute und den ich respektierte. Ich rief ihn an und bat, ihn besuchen zu dürfen, da ich einen Kollegen brauche, der mir bei der Lösung unseres Problems helfen könne. Er stimmte zu. Also machten Karen und ich mit Gauguin im Pferdeanhänger am nächsten Tag die sechsstündige Fahrt zu Brians Reitstall.

Wir fuhren über den Küsten-Highway am Pazifischen Ozean durch einen Nebel, der wie ein feuchter Schleier über der Landschaft lag. Dann bogen wir ins Landesinnere ab und fuhren auf die San-Juan-Baptista-Hügel zu, in denen Brians Reiterhof lag.

Dort angekommen, ritt ich mit Gauguin über Brians Geländestrecke. Der strahlende Sommertag war so heiß und windstill, dass der Staub in der Luft hängen blieb. Gauguin sprang zwar gehorsam, aber zögerlich. Wir legten eine Ruhepause ein, und ich schaute zum Himmel hoch. Dabei dachte ich an Stoat und seine Kraft und seinen Mut bei Geländeritten. Dann sagte ich mir: Vielleicht gibt es keinen zweiten Stoat.

Nach einer Stunde ritt ich zum Reitstall zurück und fragte Brian nach seiner Meinung. Hoch zu Ross blinzelte ich im grellen Sonnenlicht und blickte auf Brians schlanke Reitergestalt hinunter. Er nahm seine Baseballkappe ab und fuhr mit den Fingern durch sein hellbraunes Haar.

»T., es fällt mir schwer, dir das zu sagen, aber ich glaube, diesem Pferd fehlt der Mut. Gauguin hat's nicht in sich. Und du gehörst nicht zu den Reiterinnen, die ein Pferd über Hindernisse prügeln.«

Brian holte tief Luft und sah mir dann in die Augen. »T., denn du willst, dass die Pferde dich lieben.«

Mir traten plötzlich Tränen in die Augen. Mein ganzes Leben lang hatte ich mir gewünscht, eine Reiterin der Spitzenklasse zu werden. Und dieses Ziel wollte ich mit Gauguin erreichen: mit ihm als Partner den Mut aufbringen, alle Herausforderungen der Hindernisrennen zu bewältigen.

Ich verglich dieses Niveau der Reitkunst immer mit einem Gral. Nichts Schöneres gab es für mich, als morgens aufzuwachen und zu wissen: *Heute* ist der Tag, an dem ich reite.

Stammelnd entgegnete ich: »Ich muss mich wohl damit zufrieden geben, dieses Ziel bereits mit Stoat erreicht zu haben.«

Brian kam näher und sah mich mit ernsten Augen an. »Jeder Reiter bekommt nur einmal im Leben ein ganz besonderes Pferd. Stoats Mut und Kraft waren außergewöhnlich. Stell dir nur eine Frage: Würde ich meine Gefühle für Pferde aufgeben, nur um an der Spitze mitreiten zu können?«

Dann herrschte bedrückendes Schweigen. Mich aber überwältigte ein Meer von Gedanken. Obwohl es mir in diesem Augenblick nicht bewusst war, hatten mich Brians Worte befreit. Die Liebe zu Pferden war mir kostbarer als die Erfüllung meiner ehrgeizigen Pläne und der damit verbundene Ruhm.

Nachdem ich den Schock dieser Erkenntnis überwunden hatte, bekannte ich mich zu meiner Wahrheit: »Kein Preis dieser Welt ist es wert, meine Liebe zu Pferden aufzugeben.« Brian war mein Freund, er kannte das Geheimnis geistigen Lebens, und er stellte mir eine einzige Frage. So öffnete er mir das mystische Tor zu einem Reich der Freiheit.

»Was würdest du tun, wenn du wählen könntest, T.?«

Ohne zu zögern, antwortete ich: »Mit meinen Wölfen in den Bergen leben, mich der Kunst widmen und meine Lieblingspferde reiten.« Denn das war die Antwort, die ich mit dem Herzen gegeben hatte.

»Jetzt weißt du es.« Brian lächelte, drehte sich um und ging.

Ich tätschelte Gauguin, der sich sichtlich entspannte und mit seinen weichen Lippen einen Löwenzahn pflückte. Ich atmete erleichtert auf. Schweigend fuhren wir zur Cormac Farm zurück.

Am nächsten Tag saß ich bei Jane im Büro und erklärte ihr meine Situation. Mit ausdruckslosem Gesicht hörte sie zu und fragte schließlich schockiert: »Was haben Sie da eben gesagt?«
»Ich verlasse die Cormac Farm und kündige hiermit. Ich halte eine sechsmonatige Kündigungsfrist ein. Ich kann diesen Beruf nicht mehr ausüben.«
Jane lehnte sich lächelnd zurück. »Sie sind erschöpft, T., mehr nicht! Nehmen Sie sich eine Woche frei.«
»Jane, hören Sie mir aufmerksam zu«, beharrte ich. »Gauguin ist kein Militarypferd, und ich werde ihn nicht schlagen, damit er über hohe Hindernisse springt. Er hasst das Springen. Deswegen springt er nicht gern. Auch Alexander wird kein Spitzenpferd werden. Er ist ein guter Zuchthengst, ein Springer und vielleicht ein mittelmäßiges Dressurpferd.«
Jane hob die Brauen und sagte mit gepresster Stimme: »Ich habe für diese Pferde viel Geld ausgegeben. Ich habe Ihnen vertraut und erwarte, dass Sie daraus erstklassige Turnierpferde machen.«
»So etwas lässt sich nicht erzwingen, Jane. Auch ich schaffe das nicht. Wenn ich ein Pferd überfordere, kann es passieren, dass ich es zum Krüppel mache oder vollständig ruiniere.«
»Okay. Was verlangen Sie?«, fragte Jane mit steinerner Miene.
»Wie bitte? Ich verstehe nicht.« Jetzt war ich schockiert.
»Was wollen Sie?«, wiederholte Jane. »Ein neues Haus? Mehr Geld? Was?«
Ich starrte sie nur an. Draußen schlugen die Pferde gegen die Wände ihrer Boxen und wieherten, während sie darauf warteten, gefüttert zu werden.
»T., wir sitzen doch beide im selben Boot«, redete mir Jane gut zu. »Mit Ihnen steht oder fällt dieser Reiterhof. Ich

dachte, wir wären eine langfristige Partnerschaft eingegangen.«

Bedauern schwang in ihren Worten mit, aber ich spürte auch, dass sie mir unterschwellig Verrat vorwarf. Wir verletzten einander mit Worten wie Boxer mit Fäusten im Ring. Ich wollte Jane nicht wehtun, aber sie saß ebenso in der Falle wie Gauguin. Sie war in einem System gefangen, das aus Anpassung und Geld bestand.

»Jane, Sie haben sechs Monate Zeit, einen anderen Trainer zu finden. Sie können mir nichts bieten, was mich von meinem Entschluss abbringen könnte.«

Jane stand auf und umklammerte die Schreibtischkante. Jetzt klang ihre Stimme besorgt, als sie sagte: »T., was haben Sie vor? Sie können nichts anderes, als mit Pferden zu arbeiten. Sie werden verhungern.«

Ohne ihr zu antworten, ging ich in den strahlenden Morgen hinaus und fühlte mich frei.

Durch diese Erkenntnis stürzte in mir ein großartiges Traumgebilde zusammen. Das war das Ende eines romantischen Traums, in dem ein Kind prächtigen Pferden beim Turnier zugeschaut hatte. Ich hatte beschlossen, das Turnierreiten aufzugeben.

In den folgenden Tagen wurde es auf dem Reiterhof kalt um mich herum. Meine Sponsorin hasste meine Entscheidung und die Auswirkungen, die meine Kündigung auf ihr Leben haben würde. Jane redete kaum noch mit mir. Ihre Sekretärin, meine langjährige Freundin, gönnte mir nicht einmal einen Blick.

Meine Assistentinnen, Beth und Drosk, und die Pferdepflegerinnen, Karen und Melissa, hingegen unterstützten meine Entscheidung. Meine Schüler reagierten zwar bestürzt, zeigten jedoch Verständnis für meine Situation. Einige hatte ich jahrelang unterrichtet und ihr Vertrauen erworben, als ich ihnen beibrachte, wie man bei einem Ge-

länderitt Hindernisse überspringt. Diesen Schülern fiel es nicht leicht, ihre Lehrerin zu verlieren.
Meine Pferde waren wie immer und merkten von meinen Sorgen nichts. Oft machten wir – begleitet von den Wölfen – lange Ausritte in die Hügel und blickten auf den kalten, rauen Pazifischen Ozean hinunter, dessen weiße, tosende Wellen sich an der Küste brachen.

Ehe ich den Reiterhof verließ, musste ich schwierige Entscheidungen treffen. Was würde mit den Tieren passieren, die ich liebte? Ich besaß genügend Anteile an der Cormac Farm, um ein oder zwei Pferde, aber nicht alle mitnehmen zu können. Vor fünf Jahren hatte ich vier Pferde ins Unternehmen eingebracht und musste dadurch für Kost und Logis nichts bezahlen. Das hatte gut funktioniert. Die Pferde liefen unter den Farben des Reitstalls und brachten der Farm Geld ein. Doch diese Entwicklung hatte ich nicht vorhersehen können.
Meine Anteile reichten nicht dafür aus, dass ich Alex oder Gauguin mitnehmen konnte – beide waren mehr wert, als ich besaß. Also schlug ich Jane vor, Gauguin als Jagdpferd zu verkaufen, eine Disziplin, die ihm lag. Alex konnte weiterhin an Dressurprüfungen und L-Springen teilnehmen. Außerdem würde er für seine geliebten Stuten einen hervorragenden Zuchthengst abgeben.
Mein geliebtes Reitpferd, Knight, war seit sechs Jahren bei mir. Knight war ein alter dunkler Brauner, auf den geachtet werden musste. Ritt man ihn zu hart, würde er bald lahmen. Was würde aus ihm werden?
Mein vierjähriger schwarzer Hengst, Ranger, Alex' Sohn, musste verkauft werden. Es war nicht leicht, mit ihm zu arbeiten, weil er sehr temperamentvoll war. Und was mei-

nen geliebten Stoat betraf – er war sogar im Ruhestand – als S-Lehrpferd – eine Menge Geld wert.

Bei unserem nächsten geschäftlichen Treffen erläuterte mir Jane kalt, wie hoch meine Beteiligung am Unternehmen war und wie viel das in bar ausmache: genau 12.000 Dollar. Stoats Schätzwert belief sich auf 10.000 Dollar. Zu Janes Erstaunen tauschte ich meine Anteile gegen Stoat ein. Damit blieben mir 2.000 Dollar für den Start in ein neues Leben.

Diese Transaktion wurde von großer Trauer überschattet. Wie konnte es einen Preis für Liebe geben? Warum merkte Jane nicht, wie wichtig mir die Pferde waren? Die Pferde waren mein Herzblut.

Vor meiner Abreise besuchte ich Gauguin, Alex, Ranger und Knight ein letztes Mal. Auf den Tag genau vor sechs Monaten hatte ich gekündigt. Als ich Gauguins sanftes Gesicht streichelte, weinte ich nicht. Ich hatte schon oft Pferde verlassen müssen und wünschte meinen Freunden viel Glück. Der Reiterhof würde Alex und Knight behalten, Rangers Zukunft war ungewiss.

Bei meinem Abschied sagte ich auch meinem Kindheitstraum Lebewohl. Ich hatte diesen Traum gegen meine Wahrheit eingetauscht, die auch Gauguins Wahrheit war.

Gauguin war kein Turnierpferd. Er wollte nicht an schweren Prüfungen teilnehmen. Und ich war mehr als nur eine Turnierreiterin. Ich war ein menschliches Wesen, das Pferde liebte und ihre Eigenheiten respektierte. Und diesen Respekt verlangte ich auch für mich.

Gauguin wurde bald für 40.000 Dollar als Jagdpferd verkauft. Vielleicht bedeutete dieser hohe Preis eine gewisse Sicherheit für ihn. Aber ich hatte ein bitteres Gefühl. Wie konnte man Gauguin in Dollar aufwiegen? Seine neuen Besitzer würden in ihm nicht nur ein Pferd sehen. Mein einziger Trost war, dass er sich in dieser Disziplin hervortun würde.

Ich hatte mit diesem Schritt ein abgesichertes Leben gegen meine persönliche Freiheit und Wahrheit eingetauscht, und das in einer Welt, in der diese Werte nichts mehr gelten. Ich folgte nicht länger den Regeln des Pferdegeschäfts. Es gab keine Garantien, die mir Sicherheit boten und mich vor dem Hungertod bewahren würden.

Jetzt erstreckte sich eine Welt mit unbekannten Hindernissen vor mir, die es zu überwinden galt. Aber ich war frei. Ich packte meine paar Habseligkeiten in meinen schwarzen Pick-up. Die Wölfe drängten sich hinter mir im Hot Black Desperado zusammen. Winkend verabschiedete ich mich von meinen Freunden Carlos, Karen, Melissa, Beth und Drosk und fuhr davon, ohne einen Blick zurückzuwerfen. Mein Ziel war eine kleine Insel inmitten der dunklen Gewässer des Puget Sound.

# 10

## Die Himmelskönigin

Vor der offenen Tür meiner Hütte stand ein junges Mädchen mit langem braunen Haar. Sie hatte feine, exotische Gesichtszüge und einen goldenen Teint und erinnerte an eine Antilope oder einen jungen Wolf. Doch ihre schmutzigen Jeans, ihr fleckiges T-Shirt und ihre verdreckten Stiefel verrieten, dass sie mit Pferden lebte. Als ich sie bat einzutreten, liefen die Wölfe nach draußen.

Ich war jetzt eine Lehrerin geworden, für welche die normalen Regeln des Unterrichts nicht mehr galten, sondern die nur noch den Gesetzen der Natur folgte und ihrer Passion lebte.

Mein einfaches Leben erlaubte mir Gedankenfreiheit. Jetzt hatte mein Leben den Geschmack kühlen Quellwassers an einem erdrückend heißen Sommertag.

Ich hatte mich darauf spezialisiert, Vielseitigkeitsreiten zu unterrichten. Meine Schüler waren junge Leute, die die Gefahr auf dem Rücken der Pferde lieben. Auf diese Weise können sie ihre Kraft und ihren Mut erproben. Wenn ich mit diesen Menschen und Pferden arbeite, erfahre ich viel über die Güte im Leben, die ohne den Mut und die Großzügigkeit der Pferde unmöglich wäre. Diese jungen Menschen lehren mich, an die Hoffnung zu glauben.

Doch meistens höre ich zu. Wie an jenem Morgen, als die ebenso freudig erregte wie verwirrte sechzehnjährige Sarah vor mir stand.

»T., du bist der einzige Mensch, den ich kenne, der seine Arbeit liebt. Was soll ich tun? Was rätst du mir?«, fragte Sarah

und warf ihr langes Haar zurück. Fransen fielen ihr ins Gesicht wie die Stirnlocke eines Fohlens.
Innerlich musste ich lachen, während ich meinen Blick durch meine bescheidene Hütte schweifen ließ, in der es nicht einmal fließendes Wasser gab. Jeden Tag musste ich es in Eimern herschleppen. Da Sarah nicht fragte, sagte ich ihr auch nicht, dass Freiheit ihren Preis hat.
Und als sie mir von ihrem Leben erzählte, fragte ich mich: Wie wird die Welt in fünfzig Jahren aussehen? Manchmal sehe ich in der Zukunft nichts als Leere.
»Was meinst du? Was soll aus mir werden? Was soll ich tun?«, fragte Sarah beharrlich und über mein Schweigen etwas aufgebracht.
Nachdenklich erwiderte ich: »Bäume zu pflanzen wäre nicht schlecht.«
Sarah verdrehte die Augen. »Ich meine das ernst.«
Stillschweigen antwortete ihr, aber sie hörte es nicht.
Einer der Wölfe kam durch die Tür, starrte Sarah an und zog sich wieder zurück. Meine geretteten Wölfe leben mit mir; Fremden gegenüber sind sie scheu.
Sarah stand mit weit ausgebreiteten Armen da und erzählte mir einen ihrer großen Träume. Und während sie sprach, dachte ich an die Wölfe. Wird es in hundert Jahren hier noch Wölfe geben? Was für eine Welt werden wir unseren Kindern hinterlassen?
Ich stand über dem schwarzen Holzofen und stocherte in der Glut. Ich sah, wie ihre Vision gleich dem Dampf, der aus dem Suppentopf aufstieg, die Hütte füllte. Worte, voller Leidenschaft gesprochen, kamen aus Sarahs Mund.
»Ich möchte dich um Hilfe bitten«, sagte Sarah nach einer Weile, voller Vertrauen in ihre eigene Stärke.
Welcher Lehrer kann da schon widerstehen? fragte ich mich.
»Und was möchtest du tun?«, erkundigte ich mich.

»Ich will keine Bäume pflanzen, sondern etwas Wundervolles tun«, antwortete sie strahlend. »Ich möchte mit Casey über das Auto meiner Mutter springen.«

»Weiß deine Mutter davon?«

»Natürlich«, sagte sie lächelnd.

Wenn man dieses Mädchen reden hörte, hätte man denken können, sie sei Anwärterin auf eine Olympiamedaille und der Sprung über das Kabrio ihrer Mutter der Weg, sie zu gewinnen.

»Ich danke dir, dass du zuerst zu mir gekommen bist, ehe du deinen Plan in die Tat umsetzt«, sagte ich, ganz im Stil der verantwortungsbewussten Reitlehrerin. »Aber dir ist hoffentlich klar, dass du viel trainieren musst und deine Stute auch noch viel lernen muss.«

Sie nickte.

»Einfach wird das nicht.«

Ihre Falkenaugen hakten sich in meinen fest. In mir spürte ich die Herausforderung dieses Unternehmens – wie ein Aufbruch zur Jagd. Einer der anderen Wölfe spähte in die Hütte und sah sich das seltsame Mädchen an. Vielleicht hatte der Wolf gespürt, was sich gerade ereignet hatte.

»Wann willst du damit anfangen?«, fragte ich.

»Jetzt!«, antwortete sie, und mit ihren Augen fügte sie hinzu: Ich bin schon sechzehn, ich habe keine Zeit mehr zu verlieren.

Ich habe eine schwierige Wahl getroffen, und deshalb kommt mir mein Leben manchmal unglaublich vor. Ich lebte mit Wölfen in einer Hütte. Meine Kleidung war schmutzig. Saubere Reithosen und glänzende Stiefel gab es nicht mehr, und auch keine Reitbahn, Pferdepflegerinnen oder Trainerassistentinnen. Auch kein Gehalt am Ende des Monats. Vor zwei Jahren hatte ich die Stelle als Leiterin

eines millionenschweren Reitstalls aufgegeben und ein Leben in Sicherheit gegen die Freiheit auf einer von ländlicher Kultur geprägten Insel im Nordwesten des Landes eingetauscht.
Trotz aller Freiheit ist das Leben auf dieser Insel kompliziert. Hier haben die Kids es in jeder Hinsicht schwer, eine Ausbildung zu erhalten, die sie fit für die Welt da draußen macht. Doch Sarah hat eine starke Mutter, eine Frau, die ihre Kinder zu mutigen, keine Herausforderung fürchtenden Menschen erzieht. Hita ermutigt sie zur Neugier, zum Risiko und dazu, keine Angst davor zu haben, Fehler zu machen. Hita ist Künstlerin und selbst risikobereit. Dafür bewundere ich sie.
Alle jungen Geschöpfe müssen ihre Kräfte erproben und messen. Ein junger Wolf pirscht sich zuerst an große Beutetiere an. Ein junger Hengst bricht aus der Herde aus und macht Jagd auf Kojoten. Auf diese Weise lernen Tiere schnell ihre Grenzen kennen. Diese Übungen dienen dem Erlernen späterer Überlebensstrategien.
Einmal hatte mich Sarah mit ihrer Freundin Jessie besucht und mich gefragt, ob ich etwas über Initiationsriten wisse. Bei vielen Naturvölkern existieren solche festen Bräuche noch. Ich erzählte den beiden, was ich über solche Gebräuche bei den Indianern wusste – dazu gehören Abgeschiedenheit und Fasten. Zuerst waren die Mädchen interessiert, doch dann lehnte Sarah diese Gedanken ab. Mir schien, als wolle sie selbst für sich eine besondere Prüfung ersinnen; da ihr europäisches kulturelles Erbe vergessen war, musste sie ihr Ritual neu erfinden.
Und ihre Mutter besaß doch ein Kabrio! Was für eine wundervolle Idee, mit ihrem Pferd darüber zu springen.
Wahrscheinlich war sich Sarah dieser Zusammenhänge nicht bewusst. Sie suchte nur nach einer Herausforderung, einer zu bewältigenden Aufgabe. Da wir kein natürliches

Leben führen, verkümmern unsere Sinne. Raubtieren in der Wildnis sind wir hilflos ausgesetzt.
Doch ich habe gesehen, wie das Reh – nachdem es dem Puma entkommen war – vor Glück lauter Bocksprünge machte. Und ich habe auch gesehen, wie es sich – geschwächt und elend – aufgab: ein Geschenk des Lebens an das Leben.
Heutzutage wird es nicht mehr allen Menschen gestattet, dass ihr Leib zu Erde werde. Manchmal verlangt es das Gesetz, die Körper in von Zement ummantelten Höhlen zu bestatten, die auf immer von der Erde getrennt sind, aus der kein neues Leben erwacht.
Welchen Weg wird die Menschheit einschlagen? Wenn wir den Tod fürchten und ihn nicht mehr als zum Leben gehörig betrachten, werden wir uns nie in Gefahr begeben. Wenn wir die Macht des Todes nicht respektieren, werden wir von den scharfen Krallen der Raubkatze gepackt und in dem Moment getötet, da wir unsere Köpfe in aller Unschuld senken, um zu trinken.
Um ihre Stärke auszuloten, hatte sich Sarah für diesen Sprung entschieden, wie der Puma auf der Jagd.

Die Sonne funkelte im Sand und ließ die feinen Partikel aufblitzen, als die braune Vollblutstute auf dem Zirkel über den Reitplatz trabte. Sarah saß korrekt im leichten Sitz auf Casey, war mit ihr im Gleichgewicht und hielt sie im Rhythmus. Ein schöner Anblick: Es sah aus, als würden Pferd und Reiterin einen Walzer tanzen.
Die Wärme beruhigte Casey. Sie war eines dieser Pferde, das falsch behandelt oder sogar misshandelt worden war. Aber Sarah hatte sich in die Stute verliebt. Und diese Tiere brauchen besonders viel Liebe und Empathie, um wieder

Vertrauen zum Menschen fassen zu können. Casey hatte glänzendes mahagonifarbenes Fell; doch ihre Beine, ihre Mähne und ihr Schweif waren schwarz. Sie war groß und hatte den leichten, stolzen Gang einer Raubkatze. Sie strahlte eine Kampfbereitschaft aus, die noch in ihr schlummerte. Doch die Stute hatte nicht gelernt, allein im Gleichgewicht zu gehen, dazu brauchte sie Sarahs Hilfe.

»Wir müssen sie lehren, sich selbst zu tragen«, erklärte ich Sarah. »Am besten fangen wir deshalb mit der Arbeit an der Longe an, ohne dass du sie reitest.«

Also arbeitete Sarah mit Casey an der langen Leine und lehrte sie ohne Verspannung und im Gleichgewicht auf dem Zirkel das Schreiten, Traben und den Galopp. »Ein Pferd gleicht einem Menschen, der Ballettunterricht nimmt«, dozierte ich weiter. »Man muss lange üben, um ein verrittenes Pferd dazu zu bringen, immer im Gleichgewicht zu gehen.«

Sarah und Casey mussten jetzt jene intensive Form der Kommunikation lernen, die aus Stimme, Sehen, Berühren und Gedanken besteht, die zwischen Pferd und Reiter bestehen sollte, damit beim Ritt ein Maximum an Übereinstimmung erzielt werden kann.

Ich stand im Sand, und die Sonne auf meinem Rücken war wie etwas Lebendiges. Die Lehrerin in mir unterrichtete: »Sarah, du musst dir immer die Ursprünge der Reitkunst ins Gedächtnis zurückrufen. Das Pferd muss im vollkommenen Gleichgewicht mit sich und seinem Reiter sein. Der Reiter wiederum benutzt seinen Körper, um mit dem Pferd zu kommunizieren. Früher waren die Reiter Krieger und hatten die Hände nicht frei, um dem Pferd Hilfen zu geben. Damit hielten sie Waffen. Deshalb kannst du dein Pferd nicht mit den Zügeln lenken.«

Sarah lachte, als sie ein imaginäres Schwert schwang und mit Casey über mehrere kleine Hindernisse sprang. Die Stute war aufgeregt und tänzelte manchmal. Vielleicht fehlte auch ihr das prickelnde Gefühl einer drohenden Gefahr. Nach einer Weile wurde sie müde, und wir hörten mit der Arbeit auf. Sarah ritt ihre Stute trocken und striegelte sie hinterher sorgfältig.

Die nächsten drei Monate setzte Sarah ihre Arbeit an der Longe fort. Noch immer hatte sie nicht begriffen, wie schwierig die Prüfung war, der sie sich freiwillig unterziehen wollte. Wie konnte ich ihr dieses Gefühl vermitteln? Sie inspirieren? Auch erzählte sie mir, dass sie gerne ein Foto von diesem Sprung für ihr High-School-Jahrbuch hätte, denn im nächsten Jahr würde sie in der oberen Klasse sein.

Eines Tages entließ ich Sarah und Casey nach dem Unterricht mit der Anweisung, den nächsten Tag eine Stunde im Schritt zu gehen. Und den übernächsten Tag nur am Boden zu arbeiten, nicht zu springen. Dann wieder im Schritt zu gehen. Und am vierten Tag wieder zum Unterricht zu kommen. Als Sarah das hörte, stieß sie einen tiefen Seufzer aus.

»Was ist los? Stimmt was nicht?«, fragte ich.

»Ach, das ganze Schritt-Gehen ist so langweilig.«

»Du wirst dich nicht langweilen«, entgegnete ich.

»Und warum?«, fragte Sarah.

Ich bedachte sie mit einem teuflischen Trainergrinsen und antwortete: »Weil du das ganze Programm noch langsamer absolvieren wirst.«

Sarah machte große Augen. »Sir! Yes, Sir!«, antwortete sie entschlossen und ritt, ohne sich umzusehen, davon.

Als ich wieder in meiner Hütte war, hatte ich plötzlich Lust, den Inhalt einer großen Truhe aus Holz zu inspizieren, in der ich alles, was mit Pferden zusammenhängt, aufbewahre. Vor Jahren hatte mein Freund Dean, ein Jockey, sie weiß gestrichen, weil er fand, sie sähe schmutzig aus. Diese Truhe hatte mich fast mein ganzes Leben lang begleitet. Jetzt suchte ich nach etwas Passendem für Sarah.

Ich öffnete den Deckel, und sofort fiel mir die schwarzgoldene Pferdedecke in die Hände, die man den Tieren auf den Rücken legt, damit sie sich beim Abschwitzen nicht erkälten. Schwarz ist die Farbe der Sicht nach innen, und Gold symbolisiert den Sonnenaufgang – ein gutes Symbol für Sarah.

An Satteldecken, Gurten und Zügeln hingen noch Pferdehaare. Und als ich sie berührte, erwachten die Tiere wieder zum Leben. Augen sahen mich an, Hufe trommelten auf den Boden. Ich erinnerte mich an alle die Kämpfe im Geländereiten, die wir gemeinsam bestritten und oft gewonnen hatten. Ja, ich war ein Ritter, eine Kriegerin – eine Frau, der es vergönnt gewesen war, mit klugen, tapferen Pferden eins zu werden. Mir war gestattet worden, den Sprung der Raubkatze zu erlernen.

Eine kalte schwarze Schnauze stupste mich an und riss mich aus meinen Tagträumen. McKenzie, die graue Wölfin, wollte meine Aufmerksamkeit. Jetzt laufe ich mit den Wölfen, und olympischen Ruhm habe ich gegen Falkenfedern und die Berge eingetauscht. McKenzie hechelte, lächelnd holte sie mich in die Gegenwart zurück. Ich klappte den Deckel der Truhe zu.

Während der heißen Sommermonate trainierten Sarah und Casey unter meiner Anleitung weiter. Schweiß rann uns in die Augen, und das helle Fell der Stute wurde vom Schwitzen ganz dunkel. Sarah war stark, sie akzeptierte meine Ratschläge und meine Kritik. Sie glich dem Bogen, den ich mir nach der überlieferten Technik der Osage-Indianer anfertigte, damit ich Pfeile auf das moderne Leben abschießen konnte. Aber davon wusste sie natürlich nichts.

Als ich Sarah kennen lernte, gehörte sie zu einer siebenköpfigen Gruppe Kinder, die ich unterrichtete. Diese Kids hatten eine Reitlehrerin wie mich – die die Jahre und viele

Stürze hart gemacht hatten – noch nicht kennen gelernt. Es war eine schwierige Gruppe, die nur durch Überzeugung motiviert werden konnte. An jenem Tag führten sie sich besonders widerspenstig auf, missachteten meine Befehle und gaben patzige Antworten. Die meisten ritten verrittene Pferde, die korrigiert werden mussten. Ich befahl ihnen, sich in einer Reihe aufzustellen, und als ich sie musterte, erkannte ich mich in ihren Gesichtern wieder. Als junger Mensch war ich genauso streitsüchtig meinem Lehrer gegenüber gewesen. Doch er hatte mir Respekt beigebracht.

»Ihr seid doch knallhart, oder? Richtig taffe Kids, wie?«, fragte ich sie und verlagerte mein Gewicht auf mein gesundes linkes Bein.

»Ja, natürlich«, erklang es unisono.

»Sehr gut. Dann könnt ihr mal leichttraben. Ohne Bügel. In einer halben Stunde komme ich zurück.«

Mit diesen Worten drehte ich mich um und ging in den Schatten eines in der Nähe stehenden Baums, griff mir eine Dose Coke, prostete ihnen zu und trank. Ich fragte mich, wer in dieser Gruppe die nötige Vitalität, Zähigkeit und Ausdauer besäße. Doch die Kids sahen sich nur ratlos an, und niemand rührte sich.

»Oh, was sehe ich denn da? Nur Waschlappen?«, sagte ich ruhig. Schließlich saß ich bequem im Schatten.

Das half. Es brachte sie buchstäblich auf Trab. Zwar starrten sie mich böse an, doch sie trabten im Kreis, die Bügel über die Sättel geschlagen. Ich hörte nur das weiche Schlagen der Hufe im Sand und das rhythmische Knarzen der Sättel. Nach zehn Minuten wurden die Kids durch das anstrengende Reiten in der heißen Sonne müde. Doch sie lernten, dass man fürs Vielseitigkeitsreiten stählerne Muskeln braucht.

Während die Kids Runde um Runde drehten, schauten sie oft zu mir, zuerst wütend, dann müde und zum Schluss um

Mitleid heischend. Doch ich saß nur da und beobachtete sie. Jetzt lernten sie Disziplin und Ausdauer, sie lernten durchzuhalten, auch wenn es einmal wehtat. Eine Lektion fürs Leben und auch fürs Vielseitigkeitsreiten, für das man Kraft, Geschicklichkeit und Mut braucht.
Nach etwa einer halben Stunde brach ich die Übung ab, und wir wandten uns leichteren Aufgaben zu. Dieses Mal waren sie ganz Ohr, sie waren müde.
Später einmal erzählte mir Sarah, dass diese Herausforderung ihr die Augen geöffnet habe. Die Kids gaben zu, dass alle anderen Lehrer Angst vor ihnen gehabt hätten. Darüber musste ich lachen. Und zum Beweis meiner Stärke sprang ich den ganzen Parcours ohne Steigbügel.
Die Ausbildung eines Pferdes ist ein langsamer Prozess, sowohl für das Pferd als auch für den Reiter. Und nach harter gemeinsamer Arbeit ist das Pferd ebenso erschöpft wie der Reiter, vielleicht auch in Hochstimmung über die geglückte Zusammenarbeit und das gegenseitige Verständnis. »Einfühlungsvermögen«, hatte mein Vater einmal gesagt. »Man muss immer Einfühlungsvermögen für das Pferd haben.« Und ist es nicht gerade diese Eigenschaft, die junge Menschen lernen müssen? Und die Erfahrung machen, dass, wenn sie Schmerzen haben, auch andere Geschöpfe Schmerzen haben können? Denn wenn man den Schmerz eines anderen erfährt, erwächst daraus Mitleid.

Ein halbes Jahr später trainierten wir noch immer. Casey hatte jetzt alle ihre Lektionen gelernt. Sie hielt gleichmäßig den Rhythmus und sprang die Hindernisse sauber.
Trotzdem trainierte Sarah noch sechsmal die Woche, doch Springen nur zweimal. Sie übte auch Dressurreiten. Jede Lektion dauerte eine dreiviertel Stunde mit anschließend

einer Stunde extra langsamen Reitens im Schritt, damit Sarah ihre Beinmuskulatur kräftigte. Währenddessen saß ich gewöhnlich mit einem Drink im Schatten und ruhte mich aus.

Dann konnte sich die Stute langsam abkühlen, wurde sorgfältig abgerieben und gestriegelt und gefüttert. Sarah ritt auch ohne Sattel oder Zügel – der wahre Test, um herauszufinden, ob die Kommunikation zwischen Pferd und Reiter stimmt. Und während dieses Trainings lernte Sarah, alle übrigen Interessen dieser Beziehung in Hinblick auf ihr Ziel unterzuordnen.

Das Band zwischen Sarah und Casey wurde in den langen Sommermonaten fester und enger. Ihre gegenseitige Liebe wuchs wie üppiges Gras auf den feuchten Wiesen des Nordens.

Als ich jetzt den Oxer für Sarah aufbaute, zitierte ich meine Lieblingstrainersprüche: »Eine Kuh kann ein Meter zwanzig hoch springen. – Lass dich nicht von der Höhe erschrecken. – Stell dir bildlich vor, wie du auf Casey sitzt und sie springst.« Natürlich wiederholte ich auch die alten abgedroschenen Phrasen: »Ohne Fleiß kein Preis. – Guter Mut ist halbe Arbeit. – Ohne Müh gelingt es nie.«

Ich wusste, dass Sarah die Aufgabe, die sie sich gestellt hatte, bewältigen würde. Manchmal suchte sie eine Bestätigung ihrer selbst in meinen Augen. Dann ließ ich erkennen, dass ich ihr vertraute. Der Glaube eines Menschen an einen anderen kann dem letzteren unglaubliche Kräfte verleihen. Eine lebenslange Kraft und Stärke. So konnte ich Sarah das Geschenk weiterreichen, das mein Vater mir gemacht hatte.

Sarah, dachte ich, jetzt, da ich älter werde, brauche ich Helden. Wo gibt es heutzutage noch Ruhm? Im Kino? In Büchern? Auf den Straßen der Großstädte? Doch wenn es keinen Ruhm mehr gibt, kann es da noch Helden geben?

Heldensagen und Mythen bewahren uns vor dem Wahnsinn, denn ein Held ist kreativ. Er kann ein Pferd mit dessen Zustimmung ohne Sattel und Zügel reiten.
Zwischen den Sprüngen wischte sich Sarah den Schweiß von der Stirn. Dann setzten die beiden zum nächsten Sprung über den ein Meter zwanzig hohen Oxer an. Ein Meter zwanzig sind nichts für einen geübten Springreiter. Deshalb erhöhte ich das Hindernis. Aber beim Sprung stellt sich kurzzeitig jedes Mal wie ein scharfer Nadelstich ein Gefühl der Angst ein, verbunden mit Herzklopfen und schweißfeuchten Händen.
Und während Sarah arbeitete, fütterte ich sie mit meinen Weisheiten: dass der Reiter die Wahl habe, aus seinem Pferd einen Partner oder einen Sklaven zu machen. Dass der Partner aber ein Mitspracherecht bei der gemeinsamen Arbeit habe. Dass ein Sklave nur unter Zwang arbeite und nichts von seiner Intelligenz und Kreativität preisgebe. Dass ein Pferd entweder gern mitarbeite oder die Arbeit verweigere. Dass es die Arbeit des Trainers verstehe oder nicht verstehe. Und vor allem, dass ein Trainer seine Motive erkennen müsse. Ob er aus Liebe zu den Tieren mit ihnen arbeite oder um sie zu beherrschen? Aber dass ein Künstler sich immer gegen die Sklaverei wende und ein Pferd die Kunst sehr wohl verstünde.
Casey liebte das Springen. Ich sah es daran, wie sie Hindernisse anging. Sie wurde magisch von ihnen angezogen, wie ein Planet vom Kraftfeld der Sonne angezogen wird. Ein solches Pferd ritt Sarah. Immer wieder sagte ich zu ihr: »Bedank dich bei deiner Stute.«
Und gab die Stute uns so viel, weil wir ihr mit Verständnis und Liebe begegneten? Ich glaube, genauso war es.
Nachdem wir noch zweieinhalb Monate mit den großen Oxern gearbeitet hatten, rief mich Hita, Sarahs Mutter, an und fragte, wann das große Ereignis stattfinden solle. Denn

der Sommer neigte sich dem Ende zu. Sarah setzte den Termin auf den 28. August fest.

Während unserer Trainingsstunden fiel mir ein Ereignis ein, das stattgefunden hatte, als ich noch jung war. Stoat und Heinburgs Pick-up. Vor vielen Jahren hatte auf unserem Reiterhof einmal ein deutscher Reitlehrer Dressurreiten unterrichtet. Er war ein guter Lehrer mit einer ausgeprägten Schwäche für europäische Warmblutpferde, aber er war ein aufgeblasener Kerl.

Pop war damals seit zwei Jahren tot, und Stoat und ich lernten gemeinsam. Eines Tages, als wir in der Reitbahn arbeiteten, kam Heinburg in einem kleinen Pick-up angefahren, stieg aus, stülpte sich eine Schirmmütze über und stolzierte zu uns.

»Ach, da ist ja das kleine Pony!«, sagte er höhnisch. Stoat war ein amerikanisches Vollblutpferd mit einem Stockmaß von mehr als einem Meter achtzig, also kaum ein Pony. Ich starrte den großtuerischen Mann nur böse an und schwieg.

»Habe ich dieses Pony nicht schon gestern gesehen?«, stichelte er weiter.

»Das ist kein Pony«, sagte ich ruhig und starrte auf den Mann hinunter, während Stoat rastlos mit den Hufen scharrte.

Heinburg lachte und schob seine Mütze nach hinten. Als ich mit Stoat weiterreiten wollte, rief er: »Ach ja, das ist das Pony mit dem Kid. Die beiden habe ich doch gestern vorbeigaloppieren sehen!« Dann lachte er wieder.

Einen Reiter zu beleidigen ist eine Sache, aber das Beleidigen von Pferden hat in der Vergangenheit zu Kriegen geführt. Alexander der Große hat einen Krieg geführt, um sein geliebtes Streitross, den königlichen Bukephalos, wiederzubekommen, das man ihm gestohlen hatte.

Na schön, dachte ich, als ich zum Gatter trabte und stehen blieb. Stoat spürte meinen wachsenden Zorn und zitterte. Doch da er ein Krieger war, rührte er sich nicht.
»Machen Sie das Gatter auf!«, befahl ich mit ruhiger Stimme.
Mit übertriebener Höflichkeit öffnete Heinburg das Tor, und Stoat und ich entfernten uns gemessenen Schritts.
Da rief uns Heinburg mit seidenweicher, aber schleimiger Stimme hinterher: »Sie sind wütend, weil Sie ein Pony reiten, nicht wahr?«
Hinter Stoat stand Heinburgs Pick-up. Mein Chef war nicht in der Nähe. Niemand rührte sich auf dem Reiterhof. Nur Stoat und ich waren da. Die Vögel sangen. Mein Gesicht brannte. Ich wendete und warf dem Mann jenen Blick zu, wie ich ihn später nur bei jagenden Wölfen sah.
Ich schloss die Schenkel, wir fielen in einen leichten Trab. Wie ein Falke flogen wir über den Pick-up, wendeten und blieben stehen. Dann starrten wir den verblüfften Heinburg an. Mit hängenden Schultern stand er da, während das Gatter noch in der sanften Brise hin und her schwang.
Als ich Heinburg mit glühenden Augen anstarrte, wusste ich, dass ich eine Kriegerin bin. Und er wusste das auch.
Als ich später mit Stoat allein in seiner Box war, weinte ich. Ich konnte nicht verstehen, dass ein Mensch derart gemein sein konnte. Als erwachsener Mensch sagte ich mir, dass er aus Angst so gehandelt haben musste. Eine alles überlagernde Angst, die keine Liebenswürdigkeit mehr zulässt.
Ich hatte Sarah diese Geschichte erzählt, als sie vierzehn war. Sie musste der Grund sein, warum sie über das Auto ihrer Mutter springen wollte.
Und Heinburg würde es doppelt heimgezahlt bekommen.

Sarahs großer Tag brach an. Wie ein sich anschleichender Puma verbarg er sich unter den alltäglichen Pflichten. Ich fragte mich, ob Sarah die Anwesenheit des Raubtiers spürte. Ich tat es. Ich fühlte die Kälte des Chroms des Kabrios und die Bewegung schlanker graziler Beine im Galopp. Sollte Sarah und Casey der Sprung über das Auto nicht gelingen, war ihr Tod nicht auszuschließen, oder es bestand die Möglichkeit, dass sich beide verletzten.
Jahrelang hatte ich an Vielseitigkeitsprüfungen teilgenommen und hatte als bestes Ergebnis einmal einen fünften Platz erreicht. Was heißt gewinnen? Diese Prüfung ist mir noch heute unvergesslich. In der Stunde meines Todes werde ich mich noch an jede Einzelheit erinnern. Damals hatte ich die unvergleichliche Erfahrung gemacht, was Unsterblichkeit bedeutet. Und ebendiese Erfahrung würde Sarah heute machen. Es ging nicht um einen Preis – ein buntes Band, dessen Farben verblassen würden. Nein, Preise müssen vom Geist getragen werden.
Plötzlich war dieser Tag da, strahlend und hell. Ich fuhr zu dem im Wald gelegenen Reitplatz. Sarah war bereits zum Aufwärmen da. Eine leichte Brise wehte und spornte die Stute an. Casey sah prächtig aus; Stärke lag in ihrem Blick; ihr glänzender Körper strahlte Anmut und Kraft aus.
Etwa ein Dutzend Familienangehörige und Freunde hatten sich bereits versammelt. Mit aufnahmebereiten Fotoapparaten standen sie da, um dieses einzigartige Initiationsritual für immer im Bild festzuhalten. Sarah ließ die sie liebenden Menschen an ihrem Mysterium teilhaben.
In diesem Moment war ich nicht nur ihre Trainerin, sondern auch ihre Priesterin. Während ich mich sammelte und stumm um Mut und Gelingen betete, riss ich mir eine Haarsträhne aus und legte sie auf die offene Hand, bis der Wind sie wegwehte. Eine Gabe für die Große Mutter von uns allen. Ich war allein. Sarah und Casey umkreisten mich im Kan-

ter. Staub hing in der Luft. Auch die Familie hielt Distanz. Sorgfältig stellte ich das Hindernis fürs Aufwärmspringen auf. Sarah sagte nichts. Ein paar goldene Strähnen hatten sich unter ihrem Helm gelöst und umspielten ihr Gesicht. Meine junge Göttin Athene.

»Spring ein paar Mal über dieses niedrige Hindernis«, sagte ich zu ihr.

Zwar grinste sie übermütig, aber sie zitterte.

Dann kam Hita mit ihrem weißen Schlitten angefahren. Sie lächelte, ihr silbernes Haar flatterte im Wind. Sie fuhr auf den Sandplatz, und ich zeigte ihr, wo sie den Wagen parken sollte. Eigentlich hätte es feierlich zugehen müssen, aber in der Luft hing nur der von schwarzen Hufen aufgewirbelte Staub. Doch als ich zum Himmel emporblickte, sah ich den Rotschwanzfalken, den heiligen Vogel der Plains-Indianer. Der Greifvogel war groß und dunkel – ein Falkenweibchen für Sarah. Der Falke schrie.

Ich blockierte die vier Räder des Wagens und breitete meine schwarze Pferdedecke über die Sitze. Dann kehrte ich zu Sarah zurück und erhöhte das Hindernis. Die Pferdehufe schlugen im Takt der Herzen der Wartenden. Zuerst das Anreiten, ein langsamer Galopp, ein Walzer im Galopp, dann kurze Stille, als Pferd und Reiter vom Wind getragen über das Hindernis flogen. Als sie die Erde berührten, setzten sie den Tanz fort.

Der Oxer, den die beiden übersprungen hatten, war viel breiter als der Wagen. Aber der Oxer – ein zerbrechliches Gebilde – konnte umstürzen. Das würde der Wagen nicht tun.

Die Familie hatte sich, Trost suchend, aneinander gedrängt. Wahrscheinlich dachten die Leute, dass wir verrückt wären. So verrückt wie das Leben oder so verrückt wie der Tod? Wir wählen weder das eine noch das andere. Über dieses Geheimnis denke ich nach.

Kanter, Kanter … Stille … Kanter, Kanter. Und während die

beiden wie in einer Meditationsübung zur Vorbereitung auf den Sprung über den Wagen das Hindernis übersprangen, starrte Sarah manchmal das Auto an, so wie der Falke seine Beute kurz vor dem Zustoßen fixiert.

Als ich Sarah bedeutete, eine Ruhepause einzulegen, kam Hita zu mir.

Sie war fröhlich, doch aus Sorge um ihre Tochter fragte sie mich: »Kann Sarah das schaffen?«

»Natürlich.«

Die Stute ging im Schritt, sie war nervös. Sie spürte das Drängen in Sarahs Körper.

Auch Sarahs Vater, David, ein großer, wie ein Engländer in Tweed gekleideter Mann mit seltsamen grünen Gummistiefeln an den Füßen, gesellte sich zu uns.

»Hm, Teresa, kann Sarah da wirklich rüberspringen?«

Ein heiliges Leuchten glomm in den Augen der braunen Stute. »Ja, das kann sie.«

Schließlich kam auch noch Kaj, Hitas beste Freundin. Doch sie stellte mir nur eine praktische Frage.

»Wo soll ich mich hinstellen, um ein gutes Foto zu machen?«

»Da drüben hin«, sagte ich und deutete nach Norden, in die Richtung, wo die Weisheit zu Hause ist.

Nach der kurzen Ruhepause nahm Sarah wieder die Zügel auf und ritt an. Ein Duft von Salbei umgab mich. Ich hatte ihn am Morgen verbrannt, und das Aroma haftete noch an meinem Wollpullover und erinnerte mich an den Falken.

Sarah galoppierte zu mir.

»Bist du bereit?«, fragte ich, weil ich wusste, dass der Augenblick gekommen war.

»Sir! Yes, Sir!« Sarah grinste.

Ich spürte ihre Nervosität und zähmte sie wie einen ängstlichen Mustang.

»Schaffe ich das wirklich, Coach?«, fragte sie mit plötzlich verzagter Stimme. Noch war sie keine Kriegerin. Ich war-

tete und sah ihr lange fest in die Augen. Die Stute bewegte sich im Staub, der Wind spielte mit ihrer Mähne.
»Natürlich«, antwortete ich sanft. »Spring den Oxer, dann machst du eine Wendung und überspringst das Auto.«
Sarah nahm Kraft von mir auf. Meine Geisteskraft.
Dann ritten sie an. Jetzt konnte ich nichts mehr tun. Dies war Sarahs Sprung, *ihr* Initiationsritual.
Die kühle Brise, der rhythmische Galopp, das Puff, Puff, Puff der Hufe im Sand. Zeit ist Wasser. Es gibt Flüsse und Teiche. Wir alle erstarren zu Regungslosigkeit, wenn die Zeit sich an diesem Ort der Träume und Kraft zusammenballt.
Mühelos übersprang Sarah das Hindernis, jetzt wendete sie Casey – eine Konstellation wie der Name der Stute Kassiopeia, die von Athene als Stern an den Himmel versetzt wird. Und er dreht sich um den Polarstern – mich. Der Reitplatz war das Universum, und jedes von Caseys schwarzen Hufen aufgewirbelte Sandkörnchen war ein Stern.
Sarah und Casey sahen dem Leben ins Gesicht. Dem Leben in Gestalt kalten Stahls, härter als Fleisch und Knochen, härter als alles – außer dem Geist.
Die Stute war ein Kanu, eine Galeone, ein Weltraumschiff, der schnelle Pfeil des Kriegers, der auf das Wild gerichtet ist, während die Familie im Tipi hungrig wartet.
Vier Sprünge, und die Zeit war stehen geblieben. Wir waren an einer klaren Quelle. Zwei Sprünge, und wir baten um Tapferkeit. Aber Krieger sind tapfer. Ein Sprung, und die Stute setzte wie ein Puma zum Satz an und schoss über das weiße Auto, das so starr und bleich wie der Tod dastand.
Sarah stieß einen Schrei aus. Wie verrückt galoppierte sie zu mir, ihre Hand streichelte den Nacken der Stute.
»Gutes Mädchen! Gutes Mädchen!«, rief ich und jubelte über ihren Sieg.
Ich starrte Sarah an; aus dem Bogen war nun eine Frau ge-

worden. Kraft brachte ihr Gesicht zum Leuchten. Sie würde die Kraft haben, dem Puma gegenüberzutreten, allen Heinburgs der Welt gegenüberzutreten. Ich streichelte Caseys sanftes, intelligentes Gesicht, beugte mich vor und flüsterte: »Danke.«

Ich packte Sarahs vom Training stählernen Oberschenkel und lobte sie: »Mein tapferes Mädchen!«

Sie strahlte über meinen Stolz.

Ich sah ihr tief in die Augen. Wolfsaugen trafen auf Falkenaugen.

»Und jetzt spring noch einmal.«

Überraschung zeichnete sich auf ihrem Gesicht ab, dann grinste sie unverschämt. »Sir! Yes, Sir!«

Unsterblichkeit.

# 11

# Ponokamita, Elchhund

Der Hengst war silbergrau und hatte große weiße Flecken und schwarze Punkte im Fell. Die lange, sorgfältig mit Harz gestriegelte Mähne fiel über einen gebogenen Nacken, und zwischen den Augen kräuselte sich eine Stirnlocke. Mit gesenkter Kruppe und hoch erhobenem Kopf bäumte er sich halb auf.

Ich war sieben, als ich dieses prächtige Pferd zum ersten Mal sah. Mom hatte mich und meinen Bruder zum Einkaufen mit in die Stadt genommen. Das kleine billige Warenhaus stand neben dem gelben Lebensmittelgeschäft im Schatten einer riesigen altersgrauen Eiche, die ihr Geäst über die Front beider Gebäude ausbreitete. Nachdem wir Lebensmittel gekauft hatten, schlenderten wir in den daneben liegenden Laden. Auf einem staubigen Regal in der Spielzeugabteilung entdeckte ich den Hengst.

Auf dem Etikett stand: »Wilder Hengst«, und er kostete fünf Dollar. Mom kaufte mir das Spielzeugpferd, und während der Fahrt zurück zu unserem weißen Haus auf dem Hügel drückte ich ihn fest an meine Brust. Dieser Hengst wurde mein Lieblingsspielzeug. Er hat mich überallhin begleitet. Und ich habe ihn noch geliebt, als er schon zerkratzt und zerbrochen war.

Mein Bruder und ich lebten in der Wirklichkeit unserer Spielzeugwelt. Stundenlang spielte ich auf der Weide mit meinem Spielzeughengst und mit meinem richtigen Pony Babe. Irgendwann brachen der Schweif und ein erhobenes Vorderbein ab, das meine Mutter wieder anklebte. Doch ir-

gendwann zwischen Kindheit und Jugend verschwand der Hengst aus meinem Leben.
Dreiunddreißig Jahre später sah ich ihn wieder. Dieses Mal lief er über die Northern Plains des Reservats der Schwarzfuß-Indianer.

Als ich Anfang dreißig war, besuchte ich zum ersten Mal ein Reservat. Ich war auf der Suche nach meinen indianischen Vorfahren, den Osage. Das Reservat der Osage liegt in Oklahoma, weit von meinem Zuhause im Nordwesten des Landes am Pazifik entfernt. Als ich im Kulturzentrum der Osage anrief, riet mir Ruby, die Beauftragte für kulturelle Angelegenheiten, die Schwarzfuß-Indianer in Montana aufzusuchen, da diese ein Prärievolk wie die Osage seien.
Im Reservat der Schwarzfuß-Indianer lernte ich Bob Blackbull kennen, einen ein Meter achtzig großen Mann mit einem Brustkorb wie ein Ringer. Er hat mittellanges, rabenschwarzes Haar, das er immer zu einem Pferdeschwanz gebunden trägt, damit es ihm nicht in die Augen fällt. Er ist ein leidenschaftlicher, verzweifelter und idealistischer Mann. In ihm erkenne ich meine indianischen Träume wieder.
Ich fühlte mich sofort zu Bob hingezogen, denn er teilte meine Vision, indianische Präriepferde für ein Jugendprojekt ins Reservat zurückzuholen. Diese Pferde waren Nachkommen von Büffelpferden, die unsere Vorfahren geritten hatten. Die Schwarzfuß-Indianer nennen diese Pferde *ponokamita* – Elchhund –, weil sie schnell wie ein Elch und sanft wie Haushunde sind.
Viele Indianerstämme wünschen sich derartige Projekte für ihre Kinder, um damit ihren Stolz zu wecken und Verdienstmöglichkeiten in einer Gegend zu schaffen, wo Jobs rar sind. Bob gelang es, im Reservat ein solches Projekt auf die Beine zu stellen. Jedes Mal, wenn ich mit Bob telefonierte,

erzählte er mir begeistert von einem olivfarbenen Braunen oder einem Apfelschimmel, dessen Fell schwarzweiß meliert und an der Unterseite getupft sei, oder einem Stutenfohlen, dessen Fell in einem unglaublichen Blau glänze. Die Farben dieser Pferde sind so unterschiedlich wie gesprenkelter Fels, welkes Gras und der Rauch des Holzes. In einer Herde versammelt, sehen die *ponokamita* wie Wildblumensträuße aus.

Die Präriepferde sind klein und unglaublich zäh. Sie haben Hufe so hart wie Stein und eine Konstitution, die es ihnen erlaubt, die grimmigen Winter in den Northern Plains zu überleben. Solche Wetterbedingungen rotten die amerikanischen Zuchtpferde aus, die mit Getreide gefüttert und deren Hufe beschlagen werden müssen. Ihnen fehlt der Instinkt, bei Temperaturen unter vierzig Grad vor den eisigen Winden Schutz in Schluchten zu suchen. Wildpferde scharren unter dem harschen Schnee nach Gras und können sogar Pumas oder Wölfe töten. Bob hat gesehen, wie ein wilder Hengst einen jungen Grizzlybär von der Pferdeweide vertrieben hat.

Zu Beginn des 20. Jahrhunderts konfiszierte die Kavallerie der USA alle Pferde der Prärieindianer, denn sie fürchtete diese Pferde ebenso wie Waffen in den Händen der Indianer. Ganze Herden wurden deshalb abgeschlachtet. Doch ein paar entkamen dem Massaker und wurden von vorausschauenden Ranchern, die ihren Wert erkannten, weiter gezüchtet.

Es wird behauptet, dass diese kleinen Präriepferde im 17. Jahrhundert während der Eroberung Amerikas von den Spaniern ins Land gebracht wurden. Und noch immer züchten Spanier Pferde, die dieser Rasse ähneln. Auch in Nordafrika sind die Berberpferde für ihre außerordentliche Zähigkeit bekannt. Die Präriepferde sind mit beiden Rassen vergleichbar.

Ich vermute jedoch, dass die Indianer schon immer Pferde gehabt haben. Stammesälteste verschiedener Völker haben mir erzählt, dass in den Prärien lange vor Ankunft des Weißen Mannes Pferde geritten worden seien. Doch durch irgendeine Tragödie, wahrscheinlich eine Krankheit, waren viele Pferde zugrunde gegangen. Als dann die Europäer Pferde nach Nordamerika brachten, lernten die Indianer das Reiten erstaunlich schnell und mühelos. Könnte es sein, dass sie mit Pferden bereits seit Urzeiten vertraut gewesen waren?

Bob besitzt einen fossilierten Pferdehuf, den ihm die Navajos geschenkt haben. Möglicherweise ist er mehrere tausend Jahre alt.

Die oft vereiste Beringstraße bildet eine Brücke zu Sibirien und verband das alte Amerika mit den Nomaden – einem Reitervolk – in der Mongolei. In Kanada wurden vom Eis konservierte Pferdekadaver gefunden, die ungefähr siebentausend Jahre alt sind. Das Zaumzeug aus Leder, das die Indianer benutzten, war dem Zerfall preisgegeben, und deshalb gibt es wenig Beweise für die Zähmung von Wildpferden in Nordamerika.

Doch die Indianer Nordamerikas hatten und haben noch immer ein eigenes Zuchtprogramm. Sie haben die verschiedensten Pferderassen gezüchtet, so wie Kriegspferde, Büffelpferde und ein kleines, gedrungenes Zugpferd. Doch als den Indianern ihr Land geraubt wurde und sie in Reservaten ihr Leben fristen mussten, gingen auch diese Zuchtprogramme fast alle verloren.

Aber diese Wildpferde leben noch immer mit uns und bei mir. Als ich sie zum ersten Mal über die Northern Plains preschen sah, weckten sie in mir eine uralte Gewissheit: Diese Pferde würden mich meiner indianischen Heimat näher bringen.

Nachdem ich mich ein paar Jahre lang für das Pferdeprojekt engagiert hatte, schenkte mir Bob Blackbull ein Pferd, so wie Indianer früher einander beschenkten. Unsere Vorfahren verkauften Pferde nicht, sondern machten sie zum Geschenk. Damals war ein gutes Pferd ein Geschenk für ein ganzes Leben. In der indianischen Kultur ist es Pflicht für einen bedeutenden Menschen, bedeutende Geschenke zu machen. Denn ein Mensch wird nicht nach dem beurteilt, was er besitzt, sondern nach dem, was er verschenkt.
Als Bob mir *ponokamita* schenkte, war das eine große Ehre für mich. Dieses Geschenk zeigte mir, dass ich von meinen Freunden willkommen geheißen und meine Rückkehr zu meinem Volk akzeptiert wurde.
Jetzt musste ich nur noch ins Reservat fahren und mir mein Geschenk einfangen, den Apfelschimmel.

In den Northern Plains sagt die kalte Brise: *Sei vorsichtig!* Das Gras ist lang und üppig für hungrige Bisons und Pferde. Die Prärie ist die Landschaft des Unendlichen. Im Westen erheben sich die gezackten Gipfel der Rocky Mountains, und im Osten erstreckt sich die weite Prärie, bis deren Horizont mit dem Himmel verschmilzt.
An einem Tag ist es warm und die Lerchen singen, während schon am nächsten Tag ein schneidend kalter Wind bläst, so als wollte er Skulpturen aus den Felsen meißeln. Hier habe ich Temperaturstürze von zwanzig Grad plus bis unter Null innerhalb kurzer Zeit erlebt. Das ist ein wildes Land. Und hier leben Bären, Wölfe und Pferde. Hierher fuhr ich, um mein Geschenk abzuholen – Inniskim, was in der Sprache der Schwarzfuß-Indianer »Heiliger Bison-Stein« bedeutet. Das ist der Stein, mit dessen Hilfe der Häuptling eines Stamms in Notzeiten den Bison zum Volk ruft.

Meine Freundin Hita begleitete mich auf dieser Fahrt. Sie ist eine gute Reisegefährtin, großherzig, mutig, und ihr Lachen klingt wie Glockengeläut. Hita ist Künstlerin und eine irre Frau. Außerdem ist sie die Mutter meiner Schülerin und Adoptivtochter Sarah. Sie ist groß und schlank, immer fröhlich und hat Haar, das dem mit Raureif bedeckten Wintergras gleicht.

Zwei Tage dauerte die lange Fahrt quer durch drei Staaten und über die Rocky Mountains hinweg zum Reservat der Schwarzfuß-Indianer in Browning, Montana. Für Mai war das Wetter ungewöhnlich warm. Über schnurgerade Straßen fuhren wir dahin; das Radio spielte nur Country-&-Western-Musik und Bibelsprüche. In typischer Turnierreitermanier fuhren wir zwanzig Stunden ohne Stopp. Junkfood und grobkörniger Kaffee aus Fernfahrerkneipen hielten uns bei Kräften.

In Wyoming, am Fuß der Rocky Mountains, fuhren wir durch Städte, die jetzt von Filmstars in extravaganten Häusern bewohnt werden. Dann ging es über Pässe durch die gezackten Gipfel mit ihren Kiefern- und Espenwäldern. Und schließlich hinaus auf die weite Prärie.

Browning liegt am Rand einer Prärie, die sich endlos in ihrer öden Schönheit erstreckt. Hier herrscht die Atmosphäre einer Grenzstadt, eine Mischung aus Stärke und Armut, Kampf und Macht. Verschiedene Religionen prallen in der klaren Luft von Browning aufeinander und schaffen eine fast greifbare Aura. Die Stadtbewohner suchen nach einer Vision, die der warme Chinook-Wind von den Bergen herunterweht. Dieser Ort lebt einen zeitlosen Traum, der gegen die Zivilisation der westlichen Kultur kämpft.

Bob lebt im Reservat zusammen mit seiner Freundin Darrell in einem wunderschönen Holzhaus mit einem blaumetallenen Dach. Freunde haben geholfen, dieses Haus zu bauen, nicht die Regierung. Gäste sind hier immer willkommen. Als wir ankamen, begrüßte uns Bob mit ausgebreiteten Armen und einem Funkeln in den dunklen Augen. Er lud uns sofort zum Abendessen ein.

Später, bei Einbruch der Dämmerung, gingen wir nach draußen und betrachteten Inniskim durchs Fernglas inmitten einer Herde Hengste, die am Ufer eines Sees graste. Wegen seiner weißen Flecke war er leicht zu erkennen. Die Pferde befanden sich auf Darrells etwa achtzig Hektar großem Land. Inniskims Fell war weiß und dunkel meliert, mit großen weißen Flecken und ein paar schwarzen Punkten.

Inniskim war mager; der strenge Winter in der Prärie hatte ihm zugesetzt. Sogar auf meiner kleinen Insel im Pazifischen Nordwesten waren die *madrona*-Bäume im eisigen Sturm geborsten. Inniskim hatte Narben von Kämpfen mit den Patriarchen der Prärie – den älteren Hengsten – auf dem Rücken, und seine Hufe waren von Verfolgungsjagden abgenutzt.

Wir beobachteten die kleine Herde, bis es dunkel wurde und Sterne am blauschwarzen Baldachin funkelten. Die Milchstraße erstreckte sich über den Himmel, und die Sterne waren so hell, dass wir sie über uns fast wie Glocken mit ihrem Licht läuten hörten. Wir holten unser zusammengerolltes Bettzeug und gingen zu dem Tipi hinunter, das für uns aufgestellt worden war. Die ganze Nacht im Zelt lauschte ich auf die Geräusche, die die Pferde in der Prärie machten.

Morgens wurden wir vom Gesang der Lerchen und von Bobs Hund, Browning, geweckt. Blutrot und gelb ging die Sonne auf, und ein merkwürdiges Gefühl der Unsterblichkeit glitt an Großvaters Sonnenstrahlen auf mich herab. Wir tranken Kaffee und machten uns sofort daran, die wilden Hengste zusammenzutreiben.

Zuerst lockten wir Inniskim mit Futter in den mit dicken Balken eingezäunten runden Pferch und brachten den zahmen

Wallach Yellow Bird zu ihm. Aus Respekt vor Inniskim hatte ich mir vorgenommen, ihn nur anzunehmen, wenn er freiwillig zu mir kam. Ich wollte seine Freundschaft und sein Vertrauen gewinnen. Als er mich mit seinen klugen, dunklen, argwöhnischen Augen ansah, erkannte ich von Herz zu Herz, dass er dieser Situation misstraute – eine Enttäuschung für mich.

Bob erzählte mir von Inniskims unglückseligen ersten Erfahrungen mit Menschen. Zwei Cowboys waren ins Reservat gekommen und hatten behauptet, junge Pferde zureiten zu können. Sie hatten Inniskim mit dem Lasso eingefangen und das Seil so fest angezogen, dass es ihn würgte. Getrieben von Angst und Überlebenswillen, war er dann über einen zwei Meter hohen Zaun aus massivem Holz gesprungen.

Wenn sich jetzt dem jungen Hengst jemand nähert, denkt er: Mir reicht's. Und wer könnte ihm das verdenken? Es stimmte mich traurig, dass Inniskim misshandelt worden war, und ich bat Bob, mir ein jüngeres, noch nicht mit Menschen in Berührung gekommenes Pferd zu schenken. Dann sagte ich Inniskim, dass er sich noch immer frei entscheiden könne, und marschierte davon.

Ich ging zu dem runden Pferch, aus dem Inniskim gesprungen war, als die Cowboys ihn mit dem Lasso eingefangen hatten. Bobs Freund Alex hatte diesen Sprung gesehen und erzählte mir von einer Vision, in der Inniskim alle Hindernisse auf seinem Weg übersprungen hatte. Deshalb war es für Bob selbstverständlich, dass Inniskim zu dem Halbblut »Wolffrau« kam, die ihren Lebensunterhalt mit dem Training und Reiten von Turnierpferden verdiente.

Nach ein paar Stunden ging ich zum Korral hinunter, um allein mit Inniskim zu sprechen. Zunächst schaute mich der Hengst ängstlich und misstrauisch an. Pferde sind aufrichtig und erinnern sich oft ihr Leben lang an Misshandlungen.

Ich redete laut mit dem wilden Hengst: »Inniskim, du entscheidest, ob du mit mir kommen willst oder nicht. Wenn ja, so kannst du uns allen helfen. Aber ich werde dich nicht zwingen.« Er wandte mir sein geflecktes Gesicht zu und sah mich an, als würde er sich meinen Vorschlag überlegen, und ging dann, um nachzudenken.

Im Westen färbte sich der Himmel rosa wie das Innere einer Muschel. Ich verließ die Pferde und ging ins Haus zum Abendessen. Darrells Haus war bekannt wegen der denkwürdigen Mahlzeiten, die Bob kochte: Büffel- und Elchfleisch und Weißfisch. Doch heute Abend gab es Hühnerragout. Gäste verschiedener Nationen hatten sich wegen einer Angelegenheit versammelt, die mehrere Stämme betraf. Eine deutsche Journalistin, die wie im Wilden Westen gekleidet war, schüchterte mich zunächst ein, da sie wie viele die Angewohnheit hatte, die Ureinwohner nicht als menschliche Wesen zu betrachten. Diesen Menschen ist nicht einmal bewusst, dass früher auch in ihren Kulturen der Glaube an die Heiligkeit der Erde und die Zyklen des Lebens vorherrschte.

Bob machte mich mit einer Indianerin bekannt, die junge Pferde zuritt, und wir unterhielten uns lange angeregt über Pferde, bis aus dem Gespräch eine Diskussion über Vorurteile wurde. Sie fragte mich, ob ich glaube, indianisch auszusehen. Ohne nachzudenken antwortete ich: »Ich sehe wie ein Mensch aus.«

Doch jedes Mal, wenn ich im Reservat bin, werde ich an den langen, harten Weg erinnert, den die Indianer zurückgelegt haben, diesen schwierigen Balanceakt zwischen Herz, Geist und Verstand. Dieser ständige Kampf zwischen westlicher Zivilisation und indianischer Tradition ähnelt dem Überqueren eines tosenden Flusses auf einem dünnen Baumstamm. Und diese Kluft kann nur überwunden werden, wenn eine Generation der nächsten hilft, wie ich wusste, denn mein

Großvater und ich hatten diesen Balanceakt allein durch unzählige Gespräche über unser indianisches Wesen geschafft.

Also erzählte ich der Indianerin, was mir während der Fahrt zum Reservat passiert war. An einer Tankstelle in Idaho hatte mich ein Sheriff lange und scharf gemustert und beim Wegfahren die an meinem Rückspiegel befestigte rote Schwanzfeder eines Falken mit noch mehr Argwohn betrachtet. Unter dem prüfenden Blick dieses Sheriffs waren meine Schritte auf dem dünnen Baumstamm unsicher geworden und hätten mich fast ins Wanken gebracht.

Was bedeutet es, Indianer zu sein? Immer wieder wird über dieses Thema diskutiert. Zu Beginn meiner Suche nach meinen indianischen Wurzeln habe ich eine Osage-Frau gefragt, was passieren würde, fände ich heraus, dass ich nicht von den Osage abstamme. Sie hat gelacht und geantwortet: »Dann würden wir dich adoptieren, Wolf! Wie wir es schon vor langer Zeit getan haben!«

Ist es das Land, das in Menschen den Wunsch weckt, wie ein Indianer zu sein, oder sind es die Komplikationen unserer zu schnelllebigen Zeit? Oder ist es der Wunsch, in einer Tradition zu leben, einer Kultur anzugehören, die uns Verständnis entgegenbringt?

Menschen sind wir alle. Irgendwie ist jeder von uns ein Ureinwohner. Ich glaube, wir bewegen uns in einem großen Kreis, so wie sich die Galaxie um den Polarstern zu drehen scheint. Vielleicht kommen wir wieder als Menschen auf die Erde, vielleicht auch nicht. Mit zunehmendem Alter sagt mir meine Intuition, dass ich nicht als Mensch wieder geboren werde. Und dass ich mein Leben nicht vergeuden darf. Wenn es jedoch wahr ist, dass ich aus anderen Leben zurückkehre, habe ich keine Erinnerungen an diese frühere Daseinsform. Und es gibt bestimmt einen guten Grund, dass dies ein Geheimnis bleibt.

Beim Abendessen erzählte Alex von der Flucht der Nez Percé nach Kanada und dem Verlust ihrer Pferde. Alex erzählte, die Nez Percé seien gezwungen worden »reinzukommen«. Anschließend, im Wohnzimmer vor dem prasselnden Kaminfeuer, dachte ich über diesen Ausdruck »kommt rein« nach. Wurde so die Gefangenschaft der Indianer beschrieben? Sie *in* ein zivilisiertes Leben bringen? Wilde zivilisieren? Doch die Indianer waren schon *drin*, zu Hause in ihrem Land. Ein freies, wildes Leben ist voller Not und Entbehrungen. Aber diese Härte ist Realität – das Land, das Wetter –, und Kampf ist Leben!

Während Alex redete, flackerte der Schein des Feuers über sein dunkles Gesicht. Ich staunte über die Geduld und Klugheit unserer Vorfahren, stellte mir ihre Wigwams aus Büffelhaut vor – gemütlich und warm in Schneestürmen – und die Klappen an den Rauchlöchern, damit der Qualm aus den Wigwams entweichen konnte. Unser Volk hatte »hereinkommen« müssen und dabei fast alle seine Pferde und seine Kultur verloren. Doch jetzt züchten die Nez Percé wieder Pferde. Und ein Teil ihres Stammes zieht zurück in seine ursprüngliche Heimat, das Tal Willamette in Oregon.

Nach dem Abendessen und dem Abwasch gingen Hita und ich durch Wind und Schneegestöber zu unserem Tipi. Wir zündeten ein Feuer an. Hita kniete sich aufgeregt wie ein Kind vor die Flammen. Ich ging nach draußen, um die Rauchklappen zurechtzurücken, damit der Wind den Rauch aus dem Tipi trieb. Manchmal blies er Schnee herein, doch es zog nicht, denn alle Löcher waren verhängt. Während der ganzen Nacht knatterten die Rauchklappen, doch ich schlief tief und fest und träumte von galoppierenden Bisons. Und in meinem Traum ritt ich den gefleckten Hengst, und er konnte mich nicht abwerfen.

Im Nordwesten am Pazifik hatte ich acht Monate lang in einem Wolfspferch in einem Tipi gelebt. Meine Mutter konnte das nicht verstehen, denn Tipis sind nicht für das feuchte Wetter am Meer, sondern für die Prärie gebaut worden. Doch mein Freund Dan, ein Chickasaw-Indianer, zeigte mir, wie man mit Stöcken eintretende Regentropfen nach draußen ableitet.

Aber eines Tages beschlossen die Wölfe, mein Tipi zu fressen. Als ich nach Hause kam, fand ich nur noch einen Haufen zerfetzter Zeltbahn vor, aus dem die Stangen wie Rippen aus einem Kadaver ragten. Hechelnd standen die Wölfe darum herum und schauten mich mit ihren spitzen Gesichtern grinsend an, sichtlich erfreut über ihr Werk.

Leuchtendes Weiß umgab am Morgen das Tipi. Bei dem Wintereinbruch im Mai fiel es mir schwer aufzustehen. Leise zog ich meine Schuhe an, um Hita nicht zu wecken, und schlüpfte durch die Türklappe ins Freie. Als ich durch das Schneegestöber zu dem runden Pferch hinuntermarschierte, um Inniskim zu besuchen, wandten mir beide Pferde die Köpfe zu und beobachteten mich aufmerksam. Yellow Bird und Inniskim standen, Wärme suchend, nahe beieinander. Ich nahm eine Handvoll Luzerne und hielt sie über den Zaun. Yellow Bird kam sofort zu mir.

Inniskim beobachtete, wie ich Yellow Bird streichelte, und kam dann langsam zum Zaun. Ich legte meine Hand an seine weiß gefleckte Wange. Da wurden seine Augen sanft, und ein verwunderter Ausdruck huschte über sein Gesicht. Meine Berührung und meine Haltung sagten ihm, dass ich ihn nicht zwingen würde, mit mir zu gehen. Und in diesem Augenblick wusste ich, dass ich Inniskims Vertrauen gewonnen hatte. Während ich den jungen gefleckten Hengst tätschelte, schmolz etwas in meinem Herzen. Inniskim gehörte mir auf eine Weise, wie ich nie zuvor ein Pferd besessen hatte. Er war die Brücke zu seinen und meinen Vorfahren, die zusammen geritten waren.

Nach wie vor herrschte dichtes Schneetreiben, und ich

machte mir Sorgen, ob ich mit meinem Pick-up und dem Anhänger nicht auf der Weide stecken bleiben würde. Ich weckte Hita, und wir fuhren den Pick-up rückwärts ans Gatter und verbarrikadierten mit den Pfosten die Seiten, damit sich die Pferde nicht am Anhänger vorbeizwängen konnten.

Während Hita und ich bei der Arbeit vor Kälte zitterten, kam Alex zu uns und verkündete, dass die Temperatur unter den Gefrierpunkt gesunken sei. Zuerst ging Yellow Bird in den Anhänger und dann Inniskim. Beide fingen sofort an zu fressen und waren froh, Schutz vor dem kalten Wind zu haben.

Nachdem sich die Pferde an den Transporter gewöhnt hatten, schlossen wir die Klappen, um zu sehen, wie sie reagieren würden. Inniskim machte große Augen, und wir duckten uns. Verängstigt drängten sich die Pferde aus dem Anhänger, zeigten jedoch keine Panik und lauschten mit aufgestellten Ohren meinen beruhigenden Worten. Wir beschlossen, die beiden allein zu lassen, und stapften durch das Schneegestöber zum Haus zurück.

Mit einem heißen Becher Kaffee in der Hand betrachtete ich mir Darrells Kunstgegenstände in Regalen und an Wänden: bestickte Stulpenhandschuhe, ein geschnitzter Speckstein, eine Maori-Kriegskeule, Gemälde von Kriegern mit ihren Pferden, deren Schweife für den Kampf aufgebunden waren, Bilder von Frauen mit langem oder geflochtenem Haar, die still dastanden und einem Falken nachsahen, von Kindern und Stammesältesten umgeben – Symbole für Frühling und Winter.

Im Schnee vor dem Fenster steckte ein Pferdeschädel auf einem Pfosten – ein Sinnbild des Geistes des Schlachtrosses. Der Schädel schimmerte weiß, war bunt bemalt und mit Adlerfedern und rot gefärbter Wolle geschmückt. Dahinter konnte ich Inniskim sehen, der jetzt im Anhänger stand und

friedlich Heu kaute. Es war Zeit, zu Inniskim zurückzugehen. Er war bereit, mich zu begleiten.
Hita und ich gingen langsam zum Pferch und zwängten uns durch die dicken Pfosten der Umzäunung. Vorsichtig scheuchten wir Yellow Bird aus dem Anhänger und schlossen die Klappen. Es gab nur einen Moment der Anspannung, als Hita nämlich Schwierigkeiten hatte, den Riegel der einen Klappe zu schließen. Doch ich hielt die Hände vor Inniskims Gesicht, und er blieb ganz ruhig im Anhänger stehen.
Die anderen Hengste umkreisten uns und suchten nach Inniskim. Den Blick prüfend auf den Boden gerichtet, um Dachs- und Präriehundlöcher auszumachen, in denen wir stecken bleiben könnten, ging ich übers Weideland. Pferde galoppieren über diese Mondlandschaft, ohne einen falschen Schritt zu tun. Bob stand vor dem Haus und betete in seiner Stammessprache. Ich konnte nur die Bewegungen seiner Lippen sehen, denn der Wind blies seine Worte fort. Als wir in den Pick-up stiegen, sah ich, dass meine Fingerspitzen weiß waren – erste Erfrierungserscheinungen. Dabei waren wir nur ein paar Minuten im Freien gewesen. Wir fuhren, von den Hengsten gefolgt, übers Weideland, den Hügel hinauf. Auf halbem Weg blieben wir stecken, die Räder drehten im Schnee und auf dem glitschigen Präriegras durch. Ich war ungeduldig, denn wir mussten die Rocky Mountains überqueren, ehe der Pass zuschneite und gesperrt wurde.
Alex kam in einem Schneeanzug aus dickem, isolierendem Hirschfell den Hügel herunter. Er hatte die Kapuze tief ins Gesicht gezogen, sodass wir nur seine dunklen Augen sehen konnten. »Ich hole meinen Truck und ziehe euch den Hügel hoch«, sagte er. Kurz darauf kam auch Bob zu uns, und Hita rückte zur Seite, damit er im Pick-up Platz hatte. Er sah mich bedächtig an, als wolle er meine Ungeduld zügeln,

und sagte: »Siehst du, auch das Wetter wird vom Großen Mysterium beherrscht.«
»Daran glaube auch ich, aber Pferde brauchen Zeit, Bob«, entgegnete ich.
Weise fügte er hinzu: »Und auch die Zeit unterliegt den Gesetzen des Großen Mysteriums. Kommt mit ins Haus und trinkt noch einen Kaffee.« Er wusste, dass wir vor unserer Abfahrt noch etwas erledigen mussten.
Ich nickte und schaffte es, den Pick-up samt Anhänger, zwar schlingernd und rutschend, vors Haus zu fahren. Erstaunlicherweise gab Inniskim keinen Laut von sich. Drinnen wärmten wir uns auf und tranken Kaffee mit geriebener Haselnuss, von dem Bob behauptete, *alle* Indianer bevorzugten dieses Getränk.
Nach einer Weile kam auch Alex herein, und wir gingen gemeinsam in Bobs Werkstatt, wo er seine Kunstwerke herstellt. Die Hütte war voll gestopft mit Häuten, Federn und Pferdepapieren. Er kramte lange in einer Schachtel voller Adlerfedern und zog dann eine fast sieben Zentimeter lange Feder heraus. »Das ist Inniskims Feder«, sagte er, als er mir die goldfarbene Feder in die Hand drückte.
Aus praktischen Gründen überschrieb mir dann Bob Inniskims Besitzurkunde, damit ich einen Beweis hatte, weil Pferdediebstahl noch immer an der Tagesordnung war. Ich habe mich oft gefragt: Kann jemand wirklich ein Pferd besitzen? Und braucht man dazu ein Stück Papier? Inniskim trug kein Brandzeichen, doch später entdeckte ich den Daumenabdruck Gottes auf seiner rechten Schulter. Er hatte auch einen großen weißen Punkt am linken Knie, das Zeichen für Schnelligkeit. Wir taten eine Prise Zedern-, Kräuter- und Salbeipulver in eine heiße Pfanne, wuschen uns die Hände im Rauch und wedelten ihn über unsere Körper und Füße, da wir eine lange Reise vor uns hatten. Bob mischte aus Büffelfett und roter Erde eine Paste, mit der er unsere Schläfen

färbte. Dabei sprach er Gebete in seiner Sprache. Für mich betete er: »Hab Erbarmen mit meiner kleinen Schwester und beschütze sie auf ihrer Reise.«
Für Hita, die älter als Bob war, betete er: »Beschütze meine Tante, beschütze sie auf all ihren Wegen.« Dann schaute Bob uns an und sagte: »Wascht die Farbe nicht ab.« Wir nickten.
Als wir losfuhren, musste ich flüchtig an den Sheriff in Idaho denken, der mich so kritisch gemustert hatte. Jetzt hatte ich auch noch Indianerbemalung im Gesicht! Mit einem echten Büffelpferd im Anhänger verließen wir das Reservat und fuhren in Richtung Westen zum Meer.
Bei starkem Schneegestöber überquerten wir die Rocky Mountains. Hita nahm die Situation gelassen und erklärte fröhlich: »T., wir fahren mit einem wilden Hengst im Anhänger bei einem Schneesturm im Mai über diesen Pass. Was für ein Abenteuer!« Unsere riskante und seltsame Reise machte Hita glücklich. Sie warf ihren Kopf mit dem kurzen, silbergrauen Haar in den Nacken, und ich sah die rote Farbe an ihrer Schläfe.
Die Schwanzfeder des Adlers lag auf dem Armaturenbrett. Alex hatte mich gewarnt: »Wenn die Bundespolizei dich anhält, sag einfach, das sei Inniskims Feder, damit du keine Schwierigkeiten bekommst.« Ich fragte mich, warum Adlerfedern und eine zeremonielle Bemalung für Menschen außerhalb eines Reservats eine Bedrohung darstellten. Ich lebte in einem Land, in dem angeblich Religionsfreiheit herrschte, dessen Beamte Indianer jedoch wegen ihrer Federn schikanierten. Das machte mir Sorgen, doch ich war fest entschlossen, meine indianische Kultur nicht zu verstecken. Dieses Mal würde niemand uns aufhalten.
Die ersten zwanzig Kilometer den Pass hinauf waren am schlimmsten, doch der eisige Wind blies den Schnee von der Straße. Teilweise war die Fahrbahn vereist, aber ich

machte mir keine Sorgen, denn wir wurden beschützt. Ich vertraute der Macht der Indianer und ihres großen Mysteriums, das mich immer wieder zurück ins Reservat der Schwarzfuß-Indianer führte. Da flog plötzlich direkt vor uns ein Falke quer über die Fahrbahn und erschreckte uns, doch ich sah darin ein Zeichen der Bestätigung für mein Vertrauen.

Nach zwei Stunden vorsichtiger Fahrt überquerten wir den höchsten Punkt des Passes und fuhren bergab. Die Sonne brach durch die Wolken, und es wurde wärmer. Auf dem Highway konnten wir die Fenster öffnen. Inniskim kaute noch immer Heu im Anhänger und war so entspannt und selbstsicher wie ein erfahrenes Turnierpferd. Während der nächsten zwanzig Stunden wechselten wir uns beim Fahren ab, denn wir wollten unbedingt den Hafen am Puget Sound erreichen, ehe die letzte Fähre um zwei Uhr morgens ablegte.

Ich hatte viel Zeit zum Nachdenken, und im Radio sang Emmylou Harris ihre ausdrucksstarken Lieder. So reise ich gern – nahe am Boden, wo ich jede Veränderung in der Landschaft bemerke. Niemand kann mir etwas vormachen, denn ich sehe mit eigenen Augen, wenn die Landschaft zerstört wird. Ich reise nicht gern in 10.000 Meter Höhe in einem Flugzeug, von der Erde getrennt und mit Menschen, die mich weder ansehen noch mit mir sprechen.

Es war nach zwei Uhr früh, als wir zu Hause ankamen. Ich parkte vor Hitas überdachter ehemaliger Tankstelle, die sie in ein Atelier verwandelt hatte. Der Hengst polterte im Anhänger, aber ich wollte ihn in der Dunkelheit nicht ausladen. Unruhig schlief ich ein paar Stunden auf dem Vordersitz, während Hita in ihrem Meerbett lag, mit Blick auf die dunklen klaren Gewässer des Puget Sound.

Die Vögel lockten mit ihrem Gesang die Sonne über den Horizont. An diesem stillen grauen Morgen klang es, als hätten sich alle Singvögel der Welt hier versammelt. Ich fuhr zu der kleinen Farm, wo ich meine Pferde unterstellte, und konnte es kaum erwarten, Inniskim endlich aus dem Anhänger zu holen. Der Hengst hatte mühelos im Reservat den ein Meter achtzig hohen Zaun eines Pferchs übersprungen, und ich fragte mich, ob meine Zäune ihn aufhalten konnten. Ich war zu müde, um darüber nachzudenken, wie ich ihn einfangen sollte, sollte er die Flucht ergreifen. Ich berührte Inniskims Adlerfeder und hoffte, er würde bei mir bleiben.

Als ich den Anhänger rückwärts an die Koppel rangierte, wieherte der lebhafte Connemara-Hengst Sterling Moss laut im Stall. Inniskim antwortete leise. Die anderen Pferde blieben still. Ich verbarrikadierte die Seiten des Anhängers und öffnete – gespannt, was mich erwartete – die Klappen. Der Hengst kam heraus und sah mich kurz an. Dann schritt Inniskim, der Bison-Stein, ruhig auf die Koppel und trat so in mein Leben. Und die Vorfahren flüsterten: Der Bison wird kommen.

Ein Jahr ist vergangen, und Inniskim unterrichtet Ocan – einen meiner Schüler, ein Schwarzfuß-Indianer – im Dressurreiten. Die Jungen waren aus dem Norden gekommen, um herauszufinden, was ihnen eine Halbblut-Osage-Frau beibringen kann. Die Schüler nennen mich *Muckqui Aki* – Wolf-Frau. Ich sitze auf meinem gefleckten Hengst, und aus meinen Augen lächeln meine Vorfahren. Inniskim hat mein Volk zu mir gerufen.

12

# *Die Unsterblichkeit der Stute Ice*

Eines der wenigen Restaurants auf Vashon, *Sound Food,* liegt direkt an einer Kreuzung der Insel vor der pazifischen Küste unseres Landes. Dort lebe ich. Im Frühling sind die Gärten voller duftender Glyzinien. Krähen, Rotkehlchen und andere Vögel picken im dichten, üppigen Gras. Sowohl Einheimische als auch Touristen sitzen auf massiven Holzstühlen an schweren Holztischen und genießen die gemütliche Atmosphäre und die frische, schmackhafte Hausmannskost.

An diesem himmlischen Ort essen meine Freunde und ich oft. Und meistens sitze ich schon am frühen Morgen an einem kleinen Tisch am Fenster und schreibe. Die Angestellten des Restaurants wissen, wie schwierig meine Lebensumstände sind, und wenn ich zum Essen komme, fühle ich mich bei ihnen wie in einer Familie willkommen. Sie servieren mir liebevoll zubereitetes Essen, und ich darf bleiben, so lange ich will.

Dieses gemütliche Restaurant ist – wenn auch größtenteils gezwungenermaßen – mein zweites Heim geworden. Denn in meiner kleinen Hütte habe ich weder Tisch noch Stuhl, und in meinem alten Airstream-Wohnwagen gibt es keinen Strom, einmal weil er so alt ist, und zum anderen, weil meine Wölfe ihn Stück für Stück zernagen. Das gefällt ihnen.

An einem sonnigen Morgen saß ich allein an meinem Schreibtisch, aber ich schrieb nicht. Das Restaurant war leer, es gab keine Gäste. Ich rührte meinen Kaffee um, der Löffel erzeugte ein helles Klingen. Dampf stieg auf, und die

Milch formte weiße Gebilde, wie Sturmwolken, mal heller, mal dunkler. Das war hübsch und erinnerte mich an Pop, an Trauer und den Tod.

Ellen, die Kellnerin, kam zu mir, legte mir die Hand auf die Schulter und drückte sie.

»Wie ich erfahren habe, hast du gestern einen schlimmen Tag gehabt. Als Summer Kaffee für dich holte, hat sie uns alles erzählt.«

»Ja, die schwarze Stute ist gestern gestorben«, sagte ich, dankbar für ihren Trost. »Sie hatte ein zwei Monate altes Fohlen.«

Dann starrte ich wieder in die Tasse, rührte automatisch darin herum und versuchte, mich in Gedanken zu trösten.

Das Mysterium von Leben und Tod umgibt uns alle, sagte ich mir.

Doch Wasser ist unsterblich. Man kann es nicht zerstören, es ändert nur seinen Aggregatzustand.

Ich nippte an meinem Kaffee und dachte über das Wasser nach. Durch welche Adern ist diese Flüssigkeit als Blut geflossen? Der Kaffee, dessen Hauptbestandteil Wasser ist, floss einst durch Schichten im Boden oder wurde von Pflanzen aus der Erde aufgenommen. Dieses Wasser war einst Blut, Urin, Saft, Schweiß, Nektar, Tränen, Milch. Wasser ist Dampf, Regen und Schnee und Eis.

Es muss schwer für ein Pferd sein, ein Pferd zu sein, denn es weiß nie, ob der Mensch ihm freundlich begegnet und seine Eigenarten versteht. Ein Pferd muss sich fragen: Werde ich geliebt oder geschlagen? Wird man mich füttern?

Ice war eine tiefschwarze Stute mit einem Stockmaß von über einem Meter sechzig, einer weißen Blesse auf der Stirn und einer weißen Hinterhand. Ich sah Ice – die von allen Icy genannt wurde – zum ersten Mal auf einem Gestüt in Alaska. Die Besitzerin des Gestüts, Julie, trainierte hochklassige Springpferde. Und Icy war die Tochter von Julies erster Stute.

Icy hatte ein so heißes Temperament, wie ihr Name die Kälte beschwor. Sie war wie schwarzes Eis. Ich liebte es, wie Icy mich ansah: Härte und Stolz waren in ihren Augen zu lesen. Julie hatte Icy zum Decken auf eine Farm mit Warmblütern geschickt, doch die Farmer hassten die Stute. Sie hatte einen schwierigen Charakter und war schwer einzustellen. Sie hatte die Unart, an Stalltüren zu knabbern oder sie mit den Zähnen zu packen und keuchend nach Luft zu schnappen. Das gefiel den Farmern überhaupt nicht, weil ihre Türen Schaden nahmen. Mir war das egal, denn eine angeknabberte Tür kann man reparieren, und Pferde, die auf der Weide gehalten werden, lassen normalerweise schnell von dieser Angewohnheit ab, da sie dort Freunde haben und ein viel geruhsameres Leben führen.

Julie beschloss, mir die Stute auf meine Farm im Staat Washington zu schicken, damit sie das Fohlen eines irischen Hengstes austragen konnte. Als Icy aus dem Transporter geführt wurde, schlug sie mit solcher Vehemenz aus, dass sich der Fahrer mit einem Sprung vor ihren Tritten in Sicherheit bringen musste. Als ich ihr Halfter nahm, tanzte sie wie eine Flamencotänzerin um mich herum. Laut wiehernd verkündete sie ihre Ankunft: Ich, die Eisfrau, bin jetzt hier. Dann lief sie, stolz den großen schwarzen Kopf schwingend, zum Stall.

Ich liebte ihre Stärke, ihr schwarzes, glänzendes Fell und ihre dunklen, intelligenten Augen, die mich an die dunklen, kalten Gewässer des Puget Sound erinnerten. Wenn ich sie ansah, fragte ich mich: Was für Gedanken sind in diesem Kopf verborgen? Und ich vermutete, dass ihre Gedan-

ken großen Walen glichen oder starken, entschlossenen Lachsen.
Zwei Tage später kam der Hufschmied und begriff sehr schnell, dass er sich vor ihr in Acht nehmen musste. Mit angelegten Ohren schaute sie ihn an. Als er nach einem Hinterbein griff, trat sie ihn zur Warnung. Und in ihren blitzenden Augen konnte ich lesen: Wenn du dich mit Ice anlegst, kriegst du Ärger.
Nach einer Weile fing ich an, Ice zu verstehen. Ich zwang sie zu nichts. Ich hatte als Überraschung für sie immer Karotten in meiner Tasche, und wenn sie wütend war, stellte ich mich entschlossen vor sie hin, schüttelte ihr Halfter und nannte sie grollend beim Namen. Doch das Wichtigste war: Ich liebte und bewunderte sie. Und Icy wusste das.
Je mehr sich Icy eingewöhnte, umso mehr blähte sie sich auf. Sie konnte richtig Gesichter schneiden, und es dauerte nicht lange, bis die Kids, die mir bei der Arbeit halfen, die Stute »Raketenkopf« nannten. Sie konnte die Ohren so flach an den Kopf legen, dass sie nicht mehr zu sehen waren, und dann bekam ihr Schädel eine aerodynamische Form wie eine Rakete – was völlig ihrem Charakter entsprach. Sie schubste mich mit ihrem Kopf aus dem Weg, wenn ich ihr Körnerfutter auf die Weide brachte. Wie eine Herrin blockierte sie mich mit ihrer Schulter. Dieses Benehmen war ihre Spezialität.
Nach einem Monat bei uns war es Zeit für die Befruchtung. Mit Hilfe von Blue, einem großen Wallach, den ich vorm Metzger gerettet hatte, hatten wir sie rossig gemacht. Nur in diesem Stadium ist sie empfängnisbereit.
Als sie rossig war, kam der Tierarzt, Mark, um die künstliche Befruchtung vorzunehmen. Der Samen stammte von einem Hengst aus Irland.
Während der Prozedur versuchte Ice den armen Tierarzt zu treten. Das konnte ich ihr nicht einmal übel nehmen. Die

künstliche Befruchtung ist ein seltsamer Vorgang. Ich weiß nicht recht, was ich davon halten soll, denn ich fürchte die vom Menschen getroffene Auswahl, so als wüssten wir allein, wie Pferde auszusehen haben. Wenn ich meine schönen Vollblüter anschaue und sie mit dem Wildpferd Inniskim vergleiche, stelle ich fest, dass die Natur ganz andere Auswahlkriterien als der Mensch hat.

Icy war jetzt trächtig und würde nach elf Monaten fohlen. Früher waren tragende Stuten zum Überleben von großer Bedeutung, denn eine trächtige Stute konnte noch immer geritten werden. Ein Fohlen bedeutete immer einen Gewinn, und nach der Geburt teilten sich Tier und Mensch die Stutenmilch. Und während ich Icys Bauch wachsen sah, wurde in mir das angeborene Gefühl, mich um Pferde kümmern zu müssen, noch stärker.

Während Icys Trächtigkeit wurde ein anderes Pferd auf der Farm, Sterling – ein kräftiger kleiner Hengst, mit fein gemeißeltem Kopf und einer Bürstenmähne, der wie eine griechische Skulptur aus Marmor aussah –, zu ihrem Beschützer. Sterling war zwar nicht groß, aber ziemlich anmaßend, denn er betrachtete die Farm, ihre Bewohner und Pferde – und vor allem Ice – als sein Eigentum. Auf ihre reservierte Art beantwortete Icy jedoch Sterlings lautes Wiehern mit einem leisen.

Mit dem Wechsel der Jahreszeiten wurde Ice runder. Sie sah überwältigend aus – eine schwarze Stute, die sich wie ein Scherenschnitt vom blendend weißen Schnee abhob. Sie wirkte jetzt mütterlicher, ein Zeichen, dass Leben in ihr wuchs. Inniskim, das Büffelpferd, beugte sich vor Sterlings älteren Rechten, aber er wachte über Icy wie ein Bruder.

Als die Zeit des Fohlens näher rückte, unterrichtete ich meine Schülerinnen über die Risiken einer solchen Geburt. Normalerweise fohlen Stuten ohne Komplikationen ab, aber wenn welche eintreten, sind sie gewöhnlich lebensbedrohend. Größtenteils deshalb, weil die Beine eines Fohlens so lang sind.

Unglücklicherweise musste ich zur Zeit, in der Ice voraussichtlich abfohlen würde, auf einer geplanten Reise ein neues Buch vorstellen. Natürlich gebar Ice ein paar Tage nach meiner Abreise ihr Fohlen mitten in der Nacht allein, während die Mädchen über ihr in der Dachkammer des Stalls schliefen. Die beiden Hengste, Sterling und Inniskim, schauten über ihre Boxentüren bei der Geburt zu.

Wie die beiden mir später erzählten, schliefen sie. Doch die Geburt war so schnell vonstatten gegangen, dass sie nur eine Minute gedauert habe. Summer und Caitlin waren dann in den Stall gegangen und hatten das kastanienbraune Fohlen versorgt, wie ich es ihnen vorher gesagt hatte. Doch Ice war nervös und ließ nur Summer an sich heran.

Am Morgen war dann der Tierarzt, Mark, gekommen und hatte Stute und Fohlen untersucht, da sein Assistent sich nicht getraut hatte. Insgeheim war ich auf Ices Verhalten stolz, denn nur wenn eine Mutter bereit ist, für das Leben ihres Jungen zu kämpfen, hat das Fohlen in einer Welt voller Raubtiere, die Nahrung für ihre Jungen brauchen, eine Überlebenschance. Wie oft schon hatte ich solche Kämpfe zwischen Wölfen und dem Rotwild beobachtet.

Als ich in den Stall kam, um mir zum ersten Mal das neue Fohlen anzuschauen, legte Ice die Ohren an. Doch dann erlaubte sie mir, näher zu kommen, und ich durfte das große Hengstfohlen umarmen. Als ich leise und bewundernd mit Ice sprach, beruhigte sie sich schnell.

Bald tummelten sich die beiden auf der großen Fohlenkoppel. Die beiden Schülerinnen – vor allem Summer – hatten versucht, beim Abfohlen anwesend zu sein. Aber gerade an jenem Tag hatten sie ihre Abschlussprüfung gehabt und waren deshalb eingeschlafen. Doch alle liebten das Fohlen.

Und die beiden scherzten oft und sagten: »Wer stammt aus Irland und lebt auf unserer Wiese? Paddy-O-Furniture.«
Also tauften wir das Fohlen Paddy. Wenn es erwachsen war, würde es wahrscheinlich einen großartigen Namen bekommen, aber jetzt riefen wir es liebevoll bei seinem Spitznamen.

In geistiger Hinsicht bin ich dem Adler verbunden, diesem heiligen Vogel, der sich in den Lüften Gott, dem Großen Mysterium, nähert. Der Adler ist heilig, aber einen Gottesdienst gibt es nicht. Der Adler hat auch keine Kirche und keine Missionare, nur den Himmel. Es gibt keine Bibel, allein das Land. Der Adler lebt in Freiheit, ohne Vergleiche anzustellen oder Kritik zu üben. Das Große Mysterium ist für mich die Gewissheit, dass ein jeder seinen eigenen Weg zu Gott finden kann.
Eines Tages fragte ich meine Schülerinnen: »Wollt ihr, dass wir den Pferden zu Ehren eine Zeremonie abhalten?«
Da wir eine Milch gebende Mutterstute hatten und ich nur Schülerinnen hatte, schien mir das eine gute Idee zu sein.
Die beiden nickten feierlich. Sie waren mit meinem Vorschlag einverstanden.
Von einer alten Frau, die Pferde großzog, hatte ich etwas über die Pferdezeremonie gelernt und fügte noch ein paar eigene Elemente hinzu. Obwohl ich keine Schamanin bin, wollte ich dieses Ritual mit anderen teilen.
Ich bat die Mädchen, Icy und Paddy kleine, eigens für die Pferde selbst gemachte Geschenke zu bringen. Als sie an jenem Morgen kamen, strahlten sie und waren fröhlich. Da Summer die Ältere war und schon länger für mich arbeitete, bat ich sie, als Erste zu den Pferden zu gehen.
»Was soll ich tun?«, fragte sie.
»Gib Icy dein Geschenk. Leg es auf den Felsblock, und er-

zähle ihr, wie viel es dir bedeutet, das Leben der Pferde zu teilen, und trink die Milch. Und nachdem du getrunken hast, gibst du Paddy sein Geschenk, weil du ihm etwas nimmst, was ihm gehört. Nämlich die Milch seiner Mutter.«

Weiter sagte ich den beiden, wie wichtig es sei, die Milch einer schwarzen Stute zu trinken. Denn für manche Europäer ist sie das Symbol der Erde. Und für manche Indianerstämme repräsentiert sie den Weg nach innen.

Unter Summers Geschenken war auch eine Venusmuschel. Ich musste lächeln, als ich sie sah, denn auch sie ist ein Symbol für die Erde als Mutter. Vielleicht hatte Summer tief in sich hineingehorcht und dieses alte Symbol gefunden, das sie mit dem Land verband. Die Geschenke beider Mädchen für das Fohlen waren selbst gemachte Puppenmöbel, weil sie es Paddy-O-Furniture (Möbel) getauft hatten. Und Caitlins Geschenk für Icy war ein Säckchen mit Würfelzucker, den sie sorgfältig Stück für Stück in bunten Stoff eingewickelt hatte.

Summer ging über die mit blühender Kamille übersäte Wiese zu Icy. Wie zu erwarten, lief die Stute weg, als sie jemanden kommen sah. Schließlich ging ich zu ihr und hielt ihren Kopf. Dabei sprach ich beruhigend auf sie ein. Dann zeigte Summer Ice ihre Geschenke und trank von ihrer Milch.

»Wie süß sie schmeckt!«, rief sie.

Daraufhin präsentierte Caitlin ihre Geschenke der Stute und dem Fohlen. Auch sie trank von der Milch und holte sich deren Süße.

Ice hatte den beiden Mädchen das älteste Geschenk gemacht, das Menschen je bekommen haben: Milch und somit Lebenskraft.

Wir ließen die Geschenke auf dem Felsblock liegen, den die Morgensonne bereits gewärmt hatte.

Ich zupfte ein paar Haare aus meinem Zopf und ließ sie als mein Geschenk zurück.

Als wir wieder zum Haus gingen, sagte ich zu den Mädchen: »So machen es die Frauen. Frauen teilen und stärken somit die Gruppe. Wir nähren unsere Kinder mit unserem Körper und riskieren bei der Geburt unser Leben. Ich weiß nicht, was Männer tun. Aber ich könnte mir vorstellen, dass sie mit einem Reiter zu einem jungen Hengst gehen und ihn ohne Zaum und Sattel reiten lassen.«

Julie war damit einverstanden, dass Ice ein Jahr lang auf meiner Farm blieb, damit auch ich ein Fohlen von ihr bekommen konnte. Mein geliebter Hengst Sterling sollte sie decken. Er war im zeugungsfähigen Alter, und Ice war nach dem Fohlen zum ersten Mal wieder rossig. Stuten sind pragmatische Geschöpfe und nur zur Paarung bereit, wenn sie rossig sind.

Ein Hengst geht jedes Mal, wenn er eine Stute besteigt, ein großes Risiko ein, denn in dieser Stellung kann er schwer verletzt werden, sollte die Stute auskeilen. Normalerweise halten Züchter bei der Paarung Stute und Hengst fest, um Verletzungen zu vermeiden. Zwischen beiden Pferden steht eine hohe solide Wand – die Reizwand. Ich kann mir vorstellen, dass Inniskim über diese Prozedur gelacht hätte, denn er war in der Wildnis aufgewachsen und kannte den natürlichen Verlauf der Dinge.

Sterling war noch Jungfrau und Icy eigentlich auch, denn die drei Fohlen, die sie geboren hatte, waren durch künstliche Befruchtung entstanden. Also gingen wir vorsichtig vor. Der junge Hengst reizte Ice und fragte auf Pferdeart, ob sie zur Deckung bereit sei. Er stand hinter der Reizwand in seiner Koppel und schnaubte laut. Mit gebogenem Hals posierte er, bäumte sich auf, um der Stute zu zeigen, wie stark und wundervoll er war.

Icy legte zunächst die Ohren an und peitschte ärgerlich mit ihrem Schweif, denn sie war zur Paarung noch nicht bereit. Mit hervorquellenden Augen reagierte sie auf Sterlings lautes Wiehern. Sobald sie rossig wäre, würde sie es uns alle wissen lassen. Icy würde Sterlings erstes Fohlen und insgesamt ihr viertes gebären.

Das waren schöne Tage damals. Der Regen hatte endlich aufgehört, und auf den Weiden leuchtete das sprießende Gras in hellem Grün. Jedes Jahr hielt ich Ausschau nach diesem ersten Anzeichen des beginnenden Frühlings. Gras bedeutet Futter für die Pferde und dient im Winter als Streu. Im Herbst gebe ich der Erde in Form von kompostiertem Pferdemist diese Gabe zurück und dünge das Land, damit der Boden Wasser aufnehmen kann und nicht erodiert.

Eines Nachmittags, zwei Monate nach Paddys Geburt, kam Summer angelaufen, als ich gerade die Auffahrt hinunterfuhr. Ihr Gesicht war gerötet. »Komm und sieh dir Icy an!«

Ich sprang aus dem Pick-up und lief zur Weide. Icy stand mit gesenktem Kopf da, und als sie aufschaute, sah ich, dass ihr Gesicht entsetzlich angeschwollen war. Die Nüstern waren beinahe gänzlich geschlossen und ihre Augen von Ödemen überwuchert. Ihr ganzer Körper war mit dollargroßen Beulen bedeckt.

»Das ist eine allergische Reaktion«, sagte ich zu Summer. Meine Gedanken rasten. Ich hatte Azium, ein Antihistamin, im Haus, wollte es Icy aber nicht geben, weil ich Angst hatte, damit ihren Fötus zu schädigen. Sie atmete nicht schwer und schien sonst keine körperlichen Beschwerden zu haben. Wir führten Icy in ihre Box, und der zwei Monate alte Paddy trottete hinterher. Ich rief den Tierarzt an, der meine Vermutung bestätigte, dass das Antihistamin schädlich für den Fötus hätte sein können. Wir beschlossen abzuwarten. Drei dicke Schwellungen auf Icys Nase führten wir auf Bienenstiche zurück. Wir legten kalte Packungen darauf. Icy war wahrscheinlich gestochen worden, als sie vom süßen Nektar des jungen Klees genascht hatte. Wir fütterten sie mit Kleiebrei. Mehr konnten wir nicht tun, also fuhr ich nach Hause zu meinen Wölfen.

Eine Stunde später rief Summer an und sagte, Icy gehe es gut, aber die Ödeme seien größer geworden. Ich sagte Summer, sie könne nach Hause gehen, und fuhr zum Stall zurück. Die Fahrt dauerte nur fünf Minuten.

Als ich dort ankam, wälzte sich Icy von Schmerzen gequält in der Streu. Alles deutete auf eine Kolik hin. Von einem Bienenstich? dachte ich und rief wieder den Tierarzt an. Dann half ich ihr auf die Beine und führte sie langsam auf und ab. Jedes Mal, wenn wir stehen blieben, streckte sie sich und stöhnte vor Schmerzen. Paddy trottete immer hinter seiner Mutter her.

Ice ließ kleine Bröckchen Mist fallen, konnte ihren Darm aber nicht entleeren. Ich dachte an andere kranke Pferde und wusste, dass diese kleinen Mistbröckchen ein sicheres Anzeichen für eine Darmverschlingung waren. Icy hatte sich wohl so heftig gewälzt, dass sich ihre Gedärme ineinander verschlungen hatten.

Pferde haben ein empfindliches Verdauungssystem, und manchmal verdreht sich ein Stück Darm oder verwächst mit dem Bindegewebe. Während ich langsam mit Ice auf und ab ging, machte ich mir große Sorgen. Sollte die Stute sterben, wäre das verheerend für Icys Besitzerin Julie, die einen schweren Schicksalsschlag erlitten hatte. Julie hatte sich vor drei Monaten bei einem Sprung einen Nackenwirbel gebrochen und war seitdem vom Hals abwärts gelähmt. Ice war die Tochter von Julies erster Stute, mit der sie auf ihrer Farm in Alaska eine Pferdezucht angefangen hatte. Und Julies finanzielles Überleben war von dieser Stute abhängig.

Ich schaute Paddy an, der seiner Mutter überallhin folgte. Icy bekam regelmäßig krampfartige Anfälle, und dann zitterte sie vor Schmerz am ganzen Körper. Wahrscheinlich war es zu spät für eine Operation. In diesem Augenblick bedauerte ich, auf einer Insel und weitab von chirurgischer Hilfe zu leben.

Mark kam und gab Icy eine Spritze gegen die Schmerzen. Er untersuchte sie und meinte, es sei keine Darmverschlingung, sondern eine schlimme Blähung. Wegen ihres Fohlens konnten wir Icy nicht mit dem Anhänger aufs Festland bringen. Und in ihrem Zustand war es zu gefährlich, auch Paddy im Transporter mitzunehmen. Bei dieser Art von Kolik kann es passieren, dass sich bei heftigen Bewegungen der Darm wieder umdreht. Und in diesem Zustand ist eine Operation oft nicht erfolgreich.

Der Tierarzt und ich beschlossen, erst einmal abzuwarten – ein schwacher Trost. Ich rief Julie in Alaska an, doch das Telefon läutete mit einem hohlen Klang. Niemand war zu Hause.

Mit einem starken Schmerzmittel ausgerüstet, verbrachten Summer und ich die Nacht im Stall. Wir legten eine alte Matratze auf den Boden, auf dem die Mädchen gelegen hatten, während sie auf die Geburt von Icys Fohlen warteten. Mit Pferdedecken, Stoats alter Abschwitzdecke und meinem bunt gestreiften Laken zugedeckt, lag ich im Dunkeln und betete inbrünstig, dass Ice überleben möge. Dann überkam mich eine große innere Ruhe, und ich wusste, dass Ice sterben würde. Voll Kummer dachte ich an Ice und Paddy und an Julie, die ohne ihre Lieblingsstute gelähmt in Alaska lag. Und an Summer, die noch nie mit dem Tod konfrontiert worden war.

Das Leben ist kurz und süß und schrecklich, voller Tragödien, die ungerecht sind, und Freuden, die sich wie Sonnenlicht über alle ergießen.

Der Morgen brach an, und Icy war aufgestanden. Die Ödeme hatten sich zurückgebildet, aber ihre Augen waren trübe, und nicht nur von den Medikamenten. Ihr Körper unter der Decke war schweißnass. Ich wechselte die Decke aus, umfasste ihren Kopf mit beiden Händen und flehte leise: »Stirb nicht, Ice.« Aber ich wusste, sollte sie nicht sterben, musste der Tierarzt sie einschläfern, um sie von ihrer Qual zu erlösen. Ich rief Mark an.

Während wir im fahlen Licht des Morgens dastanden – Summer, mit nackten Füßen und Beinen in mein bunt gestreiftes Laken gehüllt –, sagte ich zu ihr: »Jetzt kommt der härteste Teil, was Krankheiten und Tod betrifft. Jemand muss stark sein für denjenigen, der stirbt. Wenigstens, solange er helfen kann. Erst später, wenn alles getan ist, kannst du weinen.«

Summers Augen waren dunkel vor Schlaflosigkeit und Kummer. Sie sagte nichts. Paddy war auf der Koppel, weil ich vermeiden wollte, dass er verletzt wurde, sollte Ice vor Schmerzen ausschlagen. Summer fuhr zum *Sound-Food*-Restaurant, um starken Kaffee zu holen. Während sie fort war, bereitete ich den Abschied vor.

Langsam öffnete ich die Stalltür, damit sich Paddy und Ice voneinander verabschieden konnten. Icy begrüßte ihr Fohlen mit einem leisen Wiehern. Paddy antwortete mit einem lauten Ruf, und ihre Nasen berührten sich. »Mach dir keine Sorgen um ihn, Icy«, versicherte ich der Stute. »Ich kümmere mich um ihn.«

Behutsam schloss ich die Tür und holte Sterling. Er kam aus seiner Box und wieherte Ice laut an. Leise antwortete sie ihm, und dann verebbte ihr Wiehern, verstummte in ihrem Innern, wo der Schmerz sie quälte. Sterling war beunruhigt und wollte nicht wieder gehen. Ich musste ihn aus dem Stall zerren und auf die Weide bringen.

Schließlich kam der Tierarzt, und nach einer gründlichen Untersuchung stimmten wir überein, dass eine Operation unmöglich sei und Icy von ihrem Elend erlöst werden musste. Die Welt ist voller Euphemismen, was den Tod betrifft. Ansichten wie »Leben um jeden Preis« kann ich nicht teilen. Ich habe starke Schmerzen erlitten und weiß, dass die Befreiung von dieser Qual eine Erlösung ist.

Vorsichtig führte ich Ice aus dem Stall. Paddy lief in Panik auf der Koppel hin und her. Summer beruhigte ihn. Dieser Augenblick war unerträglich. Wie konnte ich das nur tun?

Diese kritische Situation rettete die siebenjährige Tochter des Tierarztes, die ihren Dad begleitet hatte, als sie die direkte, ehrliche Frage stellte: »Stirbt sie?«

»Ja, Schatz, sie stirbt«, antwortete ihr Vater.

Mark hatte keine Angst, sein Kind mit dem Tod zu konfrontieren.

Eines Tages folgen wir alle Ice diese dunkle Straße hinunter, von der niemand weiß, wohin sie führt. Deshalb sprechen die Indianer vom Großen Mysterium. Erwachsene halten ihre Kindern fern vom Tod, weil sie ihn selbst so fürchten. Doch dieses kleine Mädchen würde dem Tod an der Seite ihres Vaters begegnen.

Mark gab Ice eine Spritze. Kurz sah ich den Schrecken in den Augen der Stute. Ich streichelte sie und trat dann zurück, als sie langsam zu Boden sank. Ich kniete neben ihr nieder. Tränenüberströmt blickte ich zu Mark hoch. »Ich hasse den Tod.« Er antwortete leise: »Ich auch, Teresa. Tut mir Leid.«

Mein Geist wütete gegen das Große Mysterium: Warum muss das sein? Und das Große Mysterium antwortete mir: Das musst du für uns beide herausfinden, denn auch das Große Mysterium stellt sich diese Frage.

Ice, die schwarze Stute und Paddys Mutter, war tot. Der Tierarzt packte seine Instrumente ein und fuhr davon. Summer und ich setzten uns neben Ices Box. »Jetzt ist es vorbei.« Wir weinten. Summer klammerte sich an mich und schluchzte laut. Ich beugte mich über sie und vergoss heiße, stumme Tränen. Während ich um Ice weinte, erinnerte ich mich an die vielen geliebten Wesen, die gestorben waren. Meine Mutter und ich hatten um Granny und um Dad geweint. Ich sah Stoat vor mir, als er mich zum letzten Mal ansah und dann aus meinem Reitstall und für immer aus meinem Leben ging. Ich dachte an den Anruf, als mir gesagt wurde, dass B. B., mein erstes Pony, gestorben war.

Viele Nächte stehe ich mit meinen jagenden Wölfen in der Kälte der Wildnis und schreie die Sterne an. Was soll das? Warum ist das so? Und die Sterne ziehen ihre Kreise, blinken und verändern sich. Und das gibt mir Frieden.

Am schwersten fällt es mir, mich von Schuldgefühlen zu befreien. Hätte ich Icy retten können? Trauer ist nur schwer zu bewältigen, doch der Tod lehrt mich ebenfalls: Vergiss nicht zu leben! Ich erinnere mich an einen Spruch: Der Becher ist leer, aber er wird wieder voll sein. Wir fürchten uns vor dem Unbekannten, aber ich möchte immer imstande sein, mich der Gefahr auszusetzen. Allein durch die Gefahr erlange ich Weisheit. Und tiefe Trauer ist die Bestätigung für eine große Liebe.

»Schau«, sagte ich unter Tränen zu Summer, »Icy hat uns ein Geschenk gemacht, das jetzt für uns so schmerzlich ist, dass wir es nicht sehen können. Sie lehrte uns, das Leben als etwas Kostbares und Zerbrechliches zu betrachten. Noch vor ein paar Stunden hat Ice ihr Fohlen auf der Weide gesäugt, und jetzt ist sie tot.« Summer hatte Paarung, Geburt, eine feierliche Zeremonie und jetzt den Tod erlebt. Ice hatte ihr den ganzen Kreislauf des Lebens gezeigt.

Während wir so dasaßen, kam Brenda, eine sehr pragmatische Frau, in den Stall gestapft. Ihre Miene war besorgt. Sie hörte das schreiende Fohlen und sah Ice auf dem Boden liegen. Milch tropfte aus ihrem Gesäuge. Summer schmiegte sich an mich. Die sanften Worte, die Brenda in diesem Augenblick zu mir sagte, gaben mir großen Trost und besänftigen mich noch immer. »Es tut mir so Leid. Wie ist das denn passiert?« Nachdem ich ihr die ganze Geschichte erzählt hatte, fühlte ich mich erleichtert.

Brenda rief den Totengräber an und überließ uns dann einfühlsam unserem Kummer. Der Mann kam mit einem großen gelben Bagger, schaute uns betrübt an und hob dann eine große Grube im grünen Gras inmitten der weißen Kamille aus.

»Jetzt müssen wir den nächsten Abschnitt des Wegs zurücklegen«, erklärte ich Summer. »Das Gute und Böse in Icys Leben mit dem vereinen, was uns von ihr geblieben ist.« Wir standen auf und waren bereit, das Nötige zu tun. Summer rührte einen großen Eimer Brei für Icy an, weil sie gern gefressen hatte. Ich holte zwei Bündel Heu. Wir trugen die Dinge zusammen, die Ice in ihrem Leben gewonnen hatte – ihr hellrotes Tuch mit der Aufschrift »Champion« und ihr Halfter.

Vor Ices blicklosen, verschleierten Augen schnitt ich mit meiner Blechschere den Riemen in Stücke, der sie am Knabbern gehindert und den sie so gehasst hatte. Dann hob ich Ices noch warmen Kopf und entfernte das Stallhalfter. So wie sie auf die Erde gekommen war, würde sie gehen. Als ich für Julie eine Strähne aus Ices Mähne schnitt, flüsterte ich ihr zu: »Das nächste Mal komm als Wildpferd zurück.«

Der Baggerführer hob mit der Schaufel sanft Ices Körper hoch und brachte ihn zur Grube. Dieser Anblick beunruhigte mich wegen Summer kurz, doch dann sagte ich mir: Es ist besser, die Wahrheit zu wissen. Ich legte den Arm um ihre Schultern, und wir gingen zu Ices Grab.

Ice würde dreieinhalb Meter tief in der feuchten Erde liegen. Ein Aufflackern von Angst warnte mich davor, nicht mit ihr in dieses tiefe Loch zu fallen. Ich trat zurück, als Icy in die dunkle Erde rutschte. Nach einer Zeitspanne, so kurz wie ein Herzschlag, landete sie mit einem dumpfen Aufprall in der Tiefe.

Summer und Paddy standen etwas abseits von der Grube. Wir warfen Icys Sachen in ihr von Kamille umgebenes Grab. Die Schaufel voll Erde bedeckte Icys offene Augen. Summer und ich zuckten zusammen. Doch bald war Icy völlig mit Erde bedeckt. Auf dem frischen Erdhügel stand ein Fohlen und rief nach seiner Mutter.

Lass die Toten in Frieden ruhen, so heißt es seit Urzeiten. Als die Kinder am nächsten Tag von Ices Tod erfuhren, nahmen sie es mit großem Ernst auf. Dieser Tod war wohl ein noch größeres Mysterium für sie als die herannahende Pubertät, denn Kinder respektieren den Tod. Aber viele sprechen mit ihren Eltern nicht darüber, weil sie nicht wissen, dass auch ihre Eltern schon diese schmerzliche Erfahrung gemacht haben.

Einmal sah ich, wie ein Falke im Sturzflug seine Beute verfehlte und sich das Genick brach. Als ich den noch warmen Körper in die Hände nahm und in seine verlöschenden Augen blickte, fühlte ich, wie das Leben aus seinem Körper wich. Aber ich fühlte auch die Freude dieses Vogels, der bei der Jagd starb.

Deshalb schicke ich ein Gebet zum Himmel: Erspare mir ein ungelebtes Leben, ein Altwerden und dass ich nicht mehr fliegen kann. Ich fürchte nicht die Dunkelheit. Ich fürchte den Käfig.

Zwei Monate später ging ich an Icys Grab vorbei zu der höher gelegenen Weide, um Paddy sein Körnerfutter zu bringen. Er tollte um mich herum, stieß spielerisch nach mir und verstellte mir den Weg. Er legte die Ohren an wie seine

Mutter. Ich lachte und lachte. Dann liefen mir Tränen übers Gesicht, Tränen aus meinem

Herzen werden<br>
zu Tau<br>
zu Wasser<br>
zu Eis.

Jutta Beyrichen

# Die Pferdefrau

Die junge Tierärztin Christine geht nach Irland, um über eine unglückliche Liebe hinwegzukommen. Sie ahnt nicht, dass sie dort nicht nur das Vertrauen eines schwierigen, wertvollen Pferdes, sondern auch das Herz seines undurchschaubaren Besitzers erobern wird.

Ein Roman über die Liebe zu den Pferden und über eine Frau, die ihr ganzes Wissen in den Dienst dieser edlen Tiere stellt.

Die Frau, die mit den Pferden spricht …

Knaur

Daniela Schwegler | Vanessa Püntener

# Traum Alp

Daniela Schwegler
Vanessa Püntener

# Traum Alp

## Älplerinnen im Porträt

Rotpunktverlag

*Katia Boschi Mühleisen gewidmet*

FSC
MIX
Papier
FSC® C008457


www.rotpunktverlag.ch

Umschlagfoto: Vanessa Püntener
Gestaltung: Patrizia Grab
Bildbearbeitung: Teammedia GmbH, Gurtnellen
Druck: AZ Druck und Datentechnik GmbH, Kempten

ISBN 978-3-85869-557-4
3. Auflage 2013

# Inhalt

Alp de Lagh
im Val Cama im Misox (GR)

1279 m
Alpgenossenschaft
Verdabbio

120 Capra-Grigia- und Nera-Verzasca-Ziegen
4 Wollschweine
12 Pferde
1 Hündin Zita, Bergamasker-Bordercollie-Mischling

Auf der Alp de Lagh kann man übernachten: Das Steinrustico bietet Platz für 14 Gäste, in der Jurte hat es 12 weitere Schlafplätze; mit Halbpension oder Selbstversorgung in der modernen Küche mit Cheminée.

www.alpdelagh.net
www.valcama.ch

# Alp de Lagh

**Die Alp de Lagh im idyllischen Hochtal Val Cama war am Verganden, die Alphütte am stillen Bergsee verlotterte und die Spuren der einstigen Bewirtschaftung verblassten – als die bündnerische Gemeinde Verdabbio im Seitental des Misox einschritt und dem Alpbetrieb zu neuem Leben verhalf. Unterstützt von großzügigen Gönnern, wurde die Alp renoviert und um eine moderne Sennerei und eine gemütliche Gästehütte erweitert.**
**Heute ist die Alp ein kleines Paradies. Seit 2004 wird sie wieder bestoßen. Und seit 2006 bewirtschaften Katia Boschi, 37, und ihr Mann Robert Mühleisen sie auf eigene Rechnung. Zusammen mit ihren beiden Kindern Matilde, 4, und Lucia, 1, sind sie von Ende Mai bis Oktober hier oben. Unterstützt von zwei Helfern sömmern sie 120 Ziegen, 12 Pferde und 4 Wollschweine, und Hirtenhündin Zita wacht über die ganze Tierschar. Die Geißen melken sie von Hand, rund zwei Stunden am Morgen und am Abend. Aus der Milch macht Katia delikaten Alpkäse: den Halbhartkäse Formaggella und die beiden Frischkäse Formaggini und Büscion.**
**Gäste können die Käseköstlichkeiten auf der Alp verkosten. Eine Straße zur Alp gibt es zwar nicht, aber gerade diese Abgeschiedenheit macht den Reiz des kleinen Bergparadieses aus. Wer von Cama im Talkessel aus in gut drei Stunden hinaufwandert, bleibt am besten über Nacht, um ganz in den Alpzauber einzutauchen.**

## Katia Boschi Mühleisen

Biologin, Sennin

*Jemand mit Alperfahrung hätte wohl gar nicht erst angefangen.*

Als wir die Alp 2006 übernahmen, lebten wir drei Sommer lang auf einer Baustelle. Unsere Steinhütte hatte ein Blechdach und es regnete rein. Und wenn wir vor der Hütte frühstückten, klopften die Maurer nebenan Steine zurecht, der Generator knatterte den ganzen Tag, und ich käste im provisorischen Container. 2010 war endlich alles fertig, inklusive der topmodernen neuen Käserei.

Früher stand nur das unterste Haus, das zur Schutzhütte ausgebaut wurde. Darin beherbergen wir jetzt unsere Gäste. An die Hütte angebaut wurden, stufenförmig dem Gelände angepasst, die Sennerei und die neue Alphütte – mit Trockensteinmauern wie anno dazumal.

So provisorisch leben wie während des Umbaus könnte ich heute nicht mehr. Manchmal staune ich selber, wie wir das geschafft haben. Wir waren so damit beschäftigt, dass alles läuft, da fiel uns die Baustelle mit dem Lärm, Staub und Comedy gar nicht groß auf. Jemand mit Alperfahrung hätte wohl gar nicht erst angefangen. Doch wir hatten so unglaublich viel Energie. So, wow, jetzt packen wir's und bauen diesen Alpbetrieb auf! Die Mühe hat sich gelohnt.

Die Initiative zur Renovation und zum Ausbau kamen von der Gemeinde Verdabbio und von ProSpecieRara, einer Organisation, die alte Tierrassen und Pflanzensorten schützt. Dank öffentlicher Gelder und Sponsoren konnte die Alp restauriert werden. Ursprünglich sollte es schweizweit die erste Alp sein, die mit vom Aussterben bedrohten Tierrassen bestoßen wird, vergleichbar mit den sogenannten ProSpecieRara-Archehöfen im Tal, die für Gäste offen sind und Einblick in die Arbeit mit seltenen Tieren und Pflanzen bieten.

*Die Schweinchen sind super zu Fuß und passen sehr gut auf unsere Alp ohne Zufahrtsstraße.*

Aber es wurde schnell klar, dass man eine Alp nicht als Schaubetrieb führen kann, wenn sie wirtschaftlich sein soll. So halten wir jetzt zwar die beiden alten Ziegenrassen Capra Grigia und Nera Verzasca und betreiben die Alp als eine Art Zuchtstation, aber wir haben auch konventionelle Rassen. Dazu gesellen sich vier Wollsauen, ebenfalls eine ganz alte Rasse. Die Schweinchen sind super zu Fuß und passen sehr gut auf unsere Alp ohne Zufahrtsstraße. Zum Saisonbeginn müssen die Tiere gut drei Stunden hochlaufen und Ende der Saison auch wieder runter. Hochgezüchtete Mastschweine würden das nie schaffen.

*Katia steht, die kleine Lucia im Tragetuch auf dem Rücken, in der Küche am Abwaschtrog und spült das Geschirr vom Morgen. Beim Blick aus dem Fenster kommen die Schweinchen hergelaufen, um auf der Wiese vor der Hütte zu grasen.*

Am Nachmittag lassen wir sie aus dem Gehege und sie fressen, fressen, fressen und machen Blödsinn. Ein bis zwei Stunden pro Tag sind sie draußen. Dann erziehen wir sie, rufen »Suhli!« und verfüttern ihnen die Schotte, die beim Käsen übrig bleibt. Dadurch gewöhnen sich die Schweinchen an unsere Stimme und wissen, dass sie Futter kriegen. Dank der Konditionierung gelingt es uns, sie Ende des Alpsommers locker ins Tal runterzubringen.

Eine unserer Wollsauen hieß mal Suhli, daher der Ruf. Sie war unser einziges Schweinchen in jenem Sommer und ständig mit den Pferden unterwegs. Sie fraß ausschließlich Gras, die Schotte rührte sie nicht an. Dass Wollschweine Grasfresser sind, wusste ich damals noch nicht. Außerhalb des Geheges mampfen sie richtig Grünzeug.

*Und was die Ziegen verschmähen, knabbern die Pferde später weg.*

Unseren Pferden gefällt's auch hier. Wir hatten noch nie so viele wie dieses Jahr, zwölf Tiere. Das funktioniert prima. Die Ziegen interessieren sich nur im Juni fürs Gras rund um den See. Dann ziehen sie weiter bergwärts in den Talkessel hinein. Und was die Ziegen verschmähen, knabbern die Pferde später weg. Darum sind sie auch ideal für unsere Alp. Sie putzen die Weiden bis zum letzten Halm. Und da wir nicht zäunen, haben wir kaum Arbeit mit ihnen, sie bewegen sich frei wie die Ziegen.

Bis in die Achtzigerjahre weideten auf der Alp de Lagh noch Kühe. Familien der Dörfer Cama und Verdabbio im Misoxer Talgrund kamen mit ihrem Vieh hinauf. Rundherum liegen zehn weitere kleine Alpen verstreut: die Alp de Vazzola, die Alp Vec oder die Alp de Sambrog. Sie liegen auf einer höheren Geländestufe von zweitausend Metern und sind längst verlassen. Von hier bis zum Lagh de Sambrog zum Beispiel sind es gut zwei Stunden zu Fuß. Drei Stunden weiter gibt's noch drei andere Alpen – auch die aufgegeben. Das sind ganz kleine Fleckchen im stotzigen Gelände. Die Familien gingen zuerst auf die unterste Alp de Lagh, dann weiter hinauf zur nächsten Stufe, jede auf ihr eigenes Älpchen. Mit der Zeit war nur noch unsere als unterste Alp in Betrieb. Die Sennen und Hirten wechselten häufig und die Gebäude verfielen immer mehr. Bis die Alp ganz verlassen wurde. Eine Zeit lang weideten noch ein paar Esel hier oben. Erst mit der Renovation wurde der Alp ab 2004 neues Leben eingehaucht.

*Eine Zeit lang weideten noch ein paar Esel hier oben.*

Zwei Jahre später haben wir sie übernommen. Die Kombination von Berg und Vieh gefällt mir, auch dass der Prozess der Entstehung unserer Produkte von A bis Z in unserer Hand liegt, vom Hirten übers Melken bis zum Käsen. Bevor die Kinder da waren, habe ich noch mitgehirtet. Dann kam Matilde im April 2009 zur Welt und Lucia im Februar 2012. Seither konzentriere ich mich aufs Käsen.

Schon vor dieser Alp behirteten Robert und ich auf einer Bündner Alp bei Tinizong Ziegen. Davor arbeitete ich acht Monate im süditalienischen Kalabrien bei einem Bergbauern, der Geißen und Schafe hatte. Bei ihm lernte ich käsen. Die Theorie dazu eignete ich mir später im Sennenkurs der landwirtschaftlichen Schule Mezzana im Tessin an. Ich besuchte auch noch den Weiterbildungskurs im Plantahof in Landquart. Unsere Alp gehört nämlich trotz südlicher Ausrichtung und italienischsprachiger Bevölkerung im Tal noch zum Kanton Graubünden.

*Dabei hatte ich mit der Landwirtschaft zuerst gar nichts am Hut.*

Dabei hatte ich mit der Landwirtschaft zuerst gar nichts am Hut. Aufgewachsen bin ich in Manno im Tessin. Nach dem Gymnasium in Locarno studierte ich in Zürich Biologie. Und dann jobbte ich herum. In der Westschweiz zum Beispiel in einem Büro für Vegetation und Landschaft, wo ich Kartierungen machte. Dann wollte ich Deutsch lernen und weg vom Schreibtisch, liebäugelte mit dem Gartenbau oder einer Aufgabe im Forst.

Da ergab sich eine Gelegenheit bei der Landesanstalt für Wald und Forstwirtschaft in Freising bei München. Ich konnte draußen arbeiten und war unterwegs im Wald, wir errichteten Lawinenverbauungen, machten alles Mögliche. Ich blieb fünf Jahre und es gefiel mir sehr, auch Bayern und die Kultur dort. Mit der Forstreform kam allerdings der Stellenabbau, und als Ausländerin wurde es für mich immer schwieriger, jährlich wieder einen neuen Vertrag zu bekommen. Ich beschloss, mich woanders umzusehen. Aber dann lernte ich Robert kennen und blieb hängen *(lacht)*. Heute leben wir im Winter in Moosbach im Allgäu und im Sommer auf der Alp im Misox.

Dass uns die Arbeit mit Tieren gut gefällt, haben wir auf der Bündner Alp bei Tinizong gemerkt. Wir wollten mehr davon.

Für mich eröffnete sich dann dieser andere Weg in Kalabrien via Woofer, eine englische Organisation, die weltweit Einsätze auf Biobauernhöfen vermittelt. Robert ging auf Reisen. Und als wir uns danach nach einem Haus umschauten, besichtigten wir die Ziegen auf der Alp de Lagh. Diese war zur Pacht ausgeschrieben. Es war Liebe auf den ersten Blick. Ich bewarb mich als Pächterin und bekam die Alp. So tun sich ganz unverhofft immer wieder neue Möglichkeiten auf. Das ist faszinierend!

*Hier oben wirtschafte ich als Pächterin auf eigene Rechnung.*

Hier oben wirtschafte ich als Pächterin auf eigene Rechnung. Das ist reizvoll und befriedigt mich sehr. Während ich fürs Käsen und den Verkauf der Produkte zuständig bin, schaut Robert zu den Kindern. Am Anfang hatten wir noch einen Hirten angestellt, der mit den Geißen zog. Aber seit ein paar Jahren bewegen sie sich frei umher. Robert beobachtet die Tiere vormittags von der Hütte aus mit dem Feldstecher. Am Nachmittag holen wir die Geißen und bringen sie zum Melken zurück in den Stall.

Seit einigen Jahren haben wir Helfer. Dieses Jahr sind es vier. Meistens teilen wir die Saison auf, für zwei Monate finden wir eher jemanden als für einen ganzen Alpsommer. Unsere Hilfskräfte packen mit an, wo Not am Mann und an der Frau ist: bei der Gästebetreuung, bei Haushaltsarbeiten, beim Käsen in der Sennerei oder Melken und Misten im Stall. Die Ziegen melken wir von Hand, wie seit eh und je. Ich mag dieses »tschsch, tschsch, tschsch«, wenn die Milch in den Melkkübel schießt. Diese Ruhe. Ich kann ganz abschalten und muss an nichts mehr denken, außer an Mati, die mir um die Beine streicht, und an Lucia im Tragtuch auf dem Rücken.

Kommt dazu, dass das traditionelle Melken viel günstiger ist. Der Generator für eine Melkmaschine bräuchte Diesel, den wir mit dem Heli hochfliegen müssten. Und da wir nicht Hunderte von Geißen haben, sondern nur gut achtzig, die wir melken, geht's gut von Hand. Größer wollen wir auch gar nicht werden mit dem Tierbestand. Das Weidegebiet ließe das nicht zu.

*Ich mag dieses »tschsch, tschsch, tschsch«, wenn die Milch in den Melkkübel schießt.*

Ein zweites Standbein sind unsere Gäste und die WWF-Kinderlager. Anfangs wollten wir zwar nur alpen, aber wir merkten bald, dass die Rechnung mit dem Käseverkauf nicht aufgeht. Unsere Produktion ist einfach zu klein. Darum fingen wir 2010 an, Übernachtungen inklusive Frühstück und Nachtessen für Wanderer, Familien oder ganze Gruppen anzubieten. Wir halten es ganz unkompliziert. Die Gäste sitzen mit uns am Tisch wie in einer großen Familie. So kommen wir miteinander ins Gespräch, was ich sehr schätze. Einzelne Familien versorgen sich auch selber, was jederzeit möglich ist. In der Gästehütte ist mit der komfortablen Küche und dem Cheminée alles dafür eingerichtet.

In verregneten Sommern sind wir recht froh um die Übernachtungen, weil dann die Tagesausflügler weitgehend ausbleiben. Mit einer Zufahrtsstraße wäre das kein Problem. Ich könnte einmal die Woche ins Tal runterfahren, um unseren Büscion, Feta und die Formaggini zu verkaufen, total easy. Aber ohne Zufahrt verkaufen wir die Frischkäseprodukte praktisch ausschließlich an Wanderer, die hier vorbeikommen. Und das tun sie vor allem bei schönem Wetter. Ich richte die Produktion also ganz aufs Wetter aus. Wenn es schön wird, stelle ich aufs Wochenende hin Frischkäse her. Ist Regen angesagt, produziere ich den länger haltbaren Halbhartkäse.

Das Alpen ohne Zufahrtsstraße hat durchaus seinen Reiz, aber es ist eindeutig schwieriger. Nicht nur für die Bauern. Die Viecher zu Fuß raufzubringen ist mit viel Aufwand verbunden. Auch für uns als Familie, bis wir alles Material oben haben. Anfang des Sommers fliegen wir mit dem Heli drei-, viermal hoch, transportieren Esswaren, Kleider, Salz, Mehl zum Brotbacken für die ganze Saison. Und dann gehen wir den ganzen Sommer nicht mehr runter. Ich genieße die Zeit auf der Alp sehr.

Einzig Früchte vermisse ich manchmal: Aprikosen, Kirschen, Trauben, mh! Die mag ich so gerne! Oder frisches Gemüse wie Tomaten und Auberginen! Freunde und meine Eltern müssen darum immer frisches Obst und Gemüse mitbringen, wenn sie uns besuchen. Ein bisschen was können wir schon selber ernten im Garten, den ich neben der Hütte angelegt habe: Salat, Zucchini, Bohnen. Leider fehlt mir im Moment die Zeit zum Gärtnern. Daher schaut der Garten ein bisschen wild aus. Das macht nichts.

*Einzig Früchte vermisse ich manchmal: Aprikosen, Kirschen, Trauben, mh!*

Das Leben auf der Alp ist auch für die Kinder wunderbar. Sie finden überall Gelegenheit, sich zu verweilen, ohne dass wir Dutzende von Spielsachen hochschleppen müssen. Wenn Mati knatschig ist, geh ich mit ihr raus, hock mich hin, und schon versinkt sie ins Spiel mit Steinen, Dreck oder einem Blümchen. Hier lernt sie auch den Umgang mit Tieren. Berührungsängste kennt sie nicht. Oft schleppt sie eine Kröte zur Hütte und hält sie den Gästen stolz unter die Nase. Das Interesse an Lurchen und Käfern hat sie von mir. Einzig mit Schlangen hab ich meine liebe Mühe. Es gibt hier Schlingnattern, die nicht giftig sind, und die giftigen Kreuzottern und Aspisvipern – auch um die Hütte rum. Zum Glück ist noch nie jemand gebissen worden.

Ziegen dagegen erwischt es manchmal. Ich behandle sie meist mit Homöopathie. Einmal hatten wir richtig Glück bei einem Ziegenbaby. Robert fiel auf, dass sein Halsband ganz eng saß. Das Geißchen hatte bereits einen geschwollen Kopf vom Schlangenbiss und konnte den Mund nicht mehr öffnen. Ich verabreichte ihm Apis und päppelte es auf, indem ich ihm mit der Spritze tröpfchenweise Milch einflößte. So kam das Tierchen über den Berg, Gott sei Dank. Und für schwierigere Fälle kann ich unseren netten Tierarzt jederzeit anrufen und um Rat fragen. Aber hier rauf kommt er natürlich nicht. Da müssen wir uns schon selber durchschlagen.

Manchmal versteigen sich die Ziegen auch im stotzigen Gelände. In der Regel tauchen sie wieder auf. Irgendwie spüren wir immer, wo sie sind, und haben schon die verrücktesten Dinge erlebt. Einmal verhedderte sich eine Geiß in einem Baum, sie hatte sich die Äste der jungen Lärche um die Hörner gewickelt. Die wäre verhungert, wenn wir sie nicht gefunden und befreit hätten. Wir hatten richtig Mühe, sie wieder herauszuwickeln. Ein anderes Mal biss der

Hund eines Wanderers eine Ziege tot. So was kommt selten vor, aber es passiert.

Wer weiß, was das Leben uns noch alles bringt. Hier weiter zu alpen wäre schön. Den ganzen Sommer daheim zu sein und unter der Woche einer geregelten Arbeit nachzugehen, um am Wochenende mit den Kindern an einen See rauszufahren, wäre definitiv nichts für mich. Trotzdem ist es am Ende der Alpsaison dann schon auch so, ah, bald fertig! Es ist einfach streng. Man ist ständig auf Trab und trägt die Verantwortung für alle Viecher. Wenn alle Tiere heil unten sind, fällt mir jedes Mal ein Stein vom Herzen.

Hier im Talkessel wird's gegen Herbst sowieso ungemütlich, richtig kalt, weil immer weniger Licht einfällt. Mitte Oktober ist die Sonne schlagartig weg. Dann ist es definitiv Zeit, runterzugehen.

Für den Alpabzug bestellen wir wieder den Heli. Wir fliegen den Müll runter und den restlichen Käse, mit dem wir die Bauern auszahlen und weitere Kunden beliefern. Der Käse muss schnell weg, weil wir im Tal unten keinen Käsekeller zum Lagern haben.

*Wenn alle Tiere heil unten sind, fällt mir jedes Mal ein Stein vom Herzen.*

Doch kaum ist wieder ein halbes Jahr um, kommt mit den ersten Blümchen im Frühling wieder der Moment, wo ich finde: Ich will subito wieder auf die Alp!

Und zack ist die Energie wieder da für die nächste Alpsaison. Das ist ein Rhythmus, den die Natur und das Sonnenlicht im Talkessel vorgeben und der so auch für uns stimmt.

Längerfristig wär's schön, einen Ort zu finden, wo wir uns richtig niederlassen und gleichzeitig weiterhin z'Alp gehen können. Es müsste in der Nähe der Berge sein. Ohne sie kann ich nicht leben.

*Nachtrag vom August 2013:*
*Das Porträt über Katia Boschi Mühleisen von der Alp de Lagh zeigt eine Welt aus dem Sommer 2012, die es so nicht mehr gibt. Katia Boschi ist Ende Juli 2013 während des Alpsommers auf tragische Weise bei einem Felssturz ums Leben gekommen.*
*Geologische Untersuchungen werden zeigen, ob die Alp gemäß dem Wunsch der Gemeinde Verdabbio ihren Betrieb wieder aufnehmen kann.*

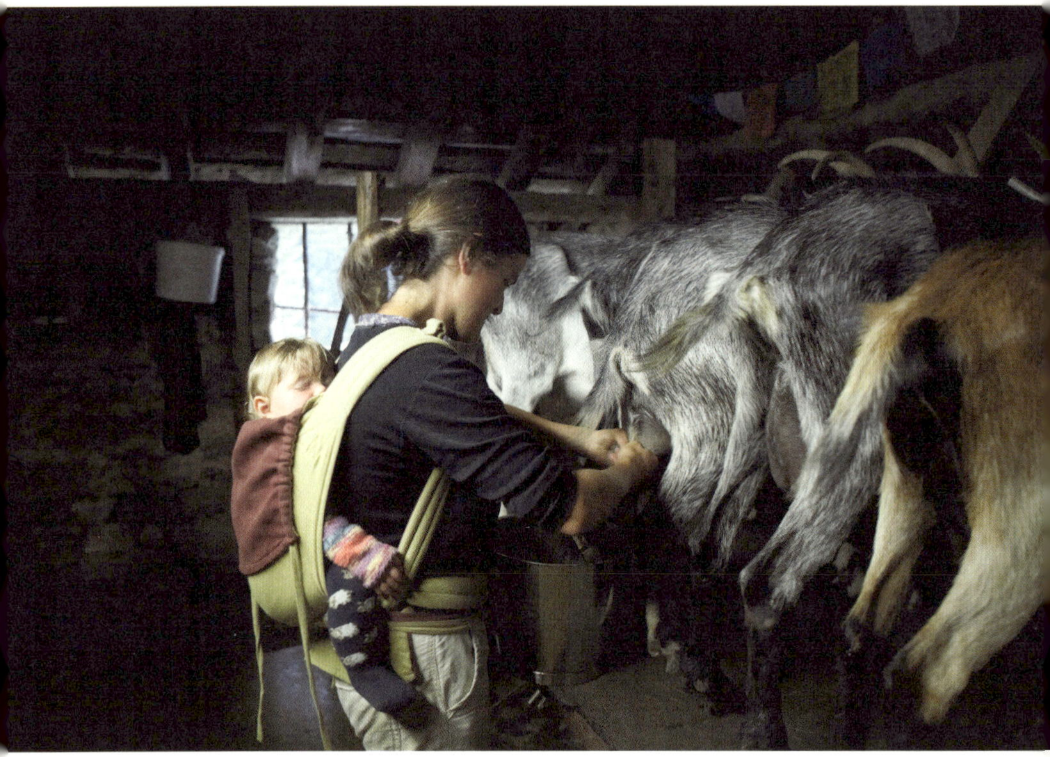

# Formaggino

Ein typisches Gericht aus dem Tessin und dem Misox

*Pro Person*

| | |
|---|---|
| 100 g Formaggino | den Ziegenfrischkäse in Scheiben schneiden |
| Öl, Essig | darüberträufeln |
| Pfeffer | darübermahlen |

Dazu eine Scheibe frisches Brot reichen, ein paar Tomaten und ein gutes Glas Wein.

### Produkte

Alle Produkte der Alp de Lagh – Formaggella (Halbhartkäse), Formaggini (Frischkäse), Büscion (Frischkäse), Feta und Joghurt – sind auf der Alp erhältlich, die Frischkäse zusätzlich in der Metzgerei in Grono.

# Durchs wilde, imposante Val Cama zur Alp de Lagh

Die Alp de Lagh (1279 m) liegt direkt am Bergsee im Val Cama (GR) inmitten des Waldreservats Val Cama - Val Leggia. Sie ist nur zu Fuß erreichbar. Ausgangspunkt ist das Dorf Cama im Misox. Von dort geht's 900 Höhenmeter durchs wilde, imposante Val Cama hoch zum See. Oben angekommen lockt ein erfrischendes Bad.

**Anreise:** mit dem Zug und Bus oder mit dem Auto über den San Bernardino oder Bellinzona nach Cama (344 m) im Misox
**Route:** Cama–Alp de Lagh
**Gehzeit:** 2 h 30–3 h
**Höhenmeter:** 930 m
**Karten:** Swisstopo 277, Roveredo (1:50 000), Swisstopo 1294, Grono (1:25 000)

**Weitere Wanderungen**
Die Wanderung kann über die Alp Vec (1794 m) und die Alp de Sambrog (1993 m) bis zum Bergsee Sambrog (2076 m) fortgesetzt werden (ca. 2 h 30). Von der Alp sind auch Überschreitungen in benachbarte Täler möglich, etwa via Val d'Arbola nach Lostallo, das Nachbardorf von Cama (6–7 h). Sehr schöne und sehr einsame Wanderung!
Hunde wegen der frei weidenden Alptiere bitte an die Leine nehmen.

**Weitere Wandervorschläge:** www.valcama.ch/alpinismus_de.html

Muttner Alp
oberhalb von Thusis (GR)

2126 m

45 Kühe
1 Stier
3 Hühner
7 Schweine
2 Lämmer
2 Hasen
1 Hund

# Muttner Alp

Valentin, 3, und seine Schwester Emilia, 4, setzen sich, nachdem die Kühe eingestallt sind, zur Mama vor die Alphütte, die ihnen aus Janoschs Buch *Papa Löwe und seine glücklichen Kinder* vorliest. Der Himmel über der Muttner Alp oberhalb Thusis ist blau, die Wiesen sind morastig grün, die Kuhglocken bimmeln. Und Anne Krüger, 37, ist froh, dass sie nicht ins Büro muss wie die Löwenmama in der Geschichte, die Geld verdient für die Familie, während der Löwenpapa daheim seine Kinder glücklich macht. »Und genau so muss das Leben sein, voll happy!«, liest Anne vor.

Die Kinder strahlen und auch Anne ist zufrieden, weil sie Emilia und Valentin hier immer um sich haben kann. Auch nach dem Alpsommer, in Patagonien auf dem Landwirtschaftsbetrieb, den sie zusammen mit ihrem Partner führt. Die Liebe zu Oskar hat Anne nach Südamerika verschlagen. Genauer nach Chile Chico, ein kleines 3000-Seelen-Dorf »am Ende der Welt«, wie sie sagt. »Kulturell ist dort noch immer Wüste, dafür ist der Boden äußerst fruchtbar.« Mit archaischen Bewirtschaftungsmethoden und einfachsten Maschinen beackern Anne und Oskar ihre Felder und renovieren ihr altes Lehmhaus Stück für Stück. Anne schlägt jetzt immer mehr Wurzeln in Südamerika und hat eigentlich zwei Zuhause: den Hof in Chile und die Muttner Alp in den Bündner Bergen.

Auf der Alp veredeln Oskar und sie die Milch von 45 Kühen, meist Braunvieh, zu Alpkäse. Die Agraringenieurin und Biobäuerin, die nicht nur sennt, buttert und Brot backt, sondern in Chile auch Gemüse einmacht, Konfitüren herstellt und Fleisch trocknet und verwurstet, ist ganz in ihrem Element. »Selber machen macht Spaß!«

## Anne Krüger

Agraringenieurin, Biobäuerin, Sennin

Oskar und ich leben unseren Traum. Wir sind beide von Herzen gerne Landwirte. Hier auf der Alp mit den Tieren und in Patagonien beim Obst- und Gemüseanbau. Aber das Pendeln zwischen den zwei Welten ist schon sehr anstrengend.

Dieses Jahr merke ich es besonders. Ich sagte schon zu Oskar: Obwohl wir weniger Kühe haben als sonst, hängt mir die Arbeit sehr an. Ich bin wirklich am Anschlag. Einerseits durch den strengen Alltag hier, andererseits wegen unseres Nomadenlebens mit dem mühsamen Einwintern, wenn wir unseren Hof in Südamerika für einen Alpsommer in der Schweiz verlassen.

*Wir haben uns hier oben kennengelernt.*

In einer Wohnung putzt man mal schnell den Kühlschrank, bevor man auf die Alp geht. Aber mit unserem ganzen Hof in Chile ist das viel komplizierter. Wir müssen nicht nur sicherstellen, dass unsere Tiere versorgt sind und das Saatgut mäusesicher verstaut ist, sondern auch die Bewässerungskanäle unserer Felder so herrichten, dass sie nicht überfluten.

Und einmal auf der Alp, kann ich nicht mal schnell zurück, wenn ich Emilias Regenhose vergessen habe. Würde ich im Aargau wohnen, ließe ich sie mir halt zuschicken. Aber in Patagonien muss ich die Sinne beieinander haben, wenn wir wieder für vier Monate mit Sack und Pack in die Schweiz reisen.

Allerdings habe ich inzwischen Übung. Ich gehe schon zum elften Mal auf die Muttner Alp und Oskar das sechzehnte Mal. Wir haben uns hier oben kennengelernt. Damals war ich noch mit Reiner verheiratet, mit dem ich die Kuhalp machte. Und Oskar hütete die Rinder auf der Alp nebenan.

*Nach dem Studium kaufte ich mir auf der Muttner Alp spontan zwei Kühe.*

In den ersten Alpsommern steckten Reiner und ich noch mitten im Agraringenieurstudium, Fachrichtung Biolandbau, im norddeutschen Witzenhausen. Nach dem Studium kaufte ich mir im Sommer 2003 auf der Muttner Alp spontan zwei Kühe. Mit denen konnten wir natürlich nicht zurück nach Deutschland reisen, ich hätte sie ja nicht im Zug mitnehmen können. Also zogen Reiner und ich in die Schweiz, erst ins Glarnerland und dann in die Region Viamala ganz in der Nähe der Muttner Alp.

Im Schams mieteten wir ein Haus mit Stall. Es war kein Landwirtschaftsbetrieb, aber über Beziehungen erhielten wir ein bisschen Land dazu, auf dem die Kühe weiden konnten. Das ganze kleine Dorf mit seinen 35 Einwohnern half mit, dass es ging mit unseren Kühen und dem Schwein und den Mastkälbern, die monatlich dazukamen.

Reiner und ich lebten vom Alplohn, der recht gut war, und unseren Jobs im Winter. Er arbeitete auf dem Bau und begann später selbständig als Webdesigner. Und ich war Haushaltshilfe bei der

Spitex und schrieb Artikel für Bauernzeitungen oder das lokale »Pöstli«. Dazu spielte ich Orgel für die Kirchengemeinde Donat. Eigentlich arbeitete ich, um diese Kühe durchzubringen. Wir mussten das Futter kaufen. Für Heu und Stroh ging ganz schön viel weg von meinem Verdienst. Aber wir kamen über die Runden. Und ich träumte davon, einen eigenen Hof zu haben und eine Familie zu gründen. Doch Reiner teilte meine Familienpläne nicht.

Und dann war da eben Oskar, der Rinderhirt von nebenan, der jeweils zum Kaffee zu uns rüberkam. Wir verliebten uns im Sommer 2006 Hals über Kopf, sodass ich mich von meinem Mann trennte und Oskar nach dem Alpsommer nach Chile folgte. Und seitdem im Oktober 2008 Emilia und im Februar 2010 Valentin zur Welt gekommen sind, pendeln wir zwischen unseren beiden Welten in Chile und der Schweiz hin und her.

Dass wir immer auf dieselbe Alp gehen, ist ganz praktisch. Wir haben viel Hausrat hier. Im Prinzip führe ich zwei Haushalte, so muss ich nicht allzu viel hin- und herschleppen. Nach Südamerika nehme ich alles mit, was ich dort nicht bekommen kann. Wir reisen mit 23 Kilo Gepäck pro Person. Vier mal 23 Kilo plus Handgepäck sind es, die ich im Jahr nach Südamerika importiere. Unsere größten Wünsche bringen wir in gut 100 Kilo unter, Bücher sind eben schwer.

Anstrengend ist natürlich nicht nur das ständige Hin- und Herreisen, auch die langen und harten Arbeitstage auf der Alp gehen an die Substanz. Oskar und ich stehen so um halb fünf auf, holen die Kühe in den Stall und binden sie an. Dann setzen wir uns kurz hin, trinken einen Kaffee. Und nach dem Melken, spätestens um acht Uhr, sind die Kühe wieder auf der Weide.

Danach geht es in die Sennerei. Am Anfang war ich die Käserin. In den zwei Sommern mit neugeborenen Kindern, als ich gestillt habe und wickeln musste, löste Oskar mich ab. Er hat sowieso ein wahnsinnig feines Gespür für Prozesse. Eigentlich käst er besser als ich. Hauptsächlich steht nun er am Kessi und ich senne ihm zu.

Gegen halb zwei, zwei Uhr sind wir im Käsekeller fertig. Dann gibt's Mittagessen, und später machen die Kinder nach Möglichkeit einen Mittagsschlaf. Um vier holen Oskar und ich die Kühe wieder in den Stall, melken sie zum zweiten Mal. Und abends um halb neun sind wir ungefähr fertig.

*Trotzdem sind wir keine Alpromantiker.*

Wenn's am Mittag zum Kochen nicht gereicht hat, essen wir abends warm. Die Kinder gehen oft erst mit uns ins Bett. Dann ist hier noch Tohuwabohu, bis alle die Zähne geputzt haben und wir uns so um halb zehn, zehn, halb elf hinlegen, je nachdem.

*Meine Mutter fand: »Die Alp ist ja ganz nett. Aber Kind, das kann man doch nicht für länger machen!«*

*Am nächsten Tag im Käsekeller arbeiten Anne und Oskar Hand in Hand. Er nimmt die Holzbretter aus dem Gestell, legt sie auf den Tisch. Und Anne pinselt die Laibe mit Wasser ein, damit die Rinde nicht austrocknet. Die geschmierten Käse schiebt Oskar wieder zurück ins Gestell. Dabei erzählen die beiden aus ihrem Älplerleben.*

*Anne:* Käse und Butter herzustellen ist einfach toll!

*Oskar:* Trotzdem sind wir keine Alpromantiker. Die Landwirtschaft ist unser Beruf, den wir gerne machen. Da gehört das Alpen dazu.

*Anne:* Mich befriedigt die Arbeit. Aber ich bin nicht mehr so euphorisch wie früher, als ich jeden Sommer aus dem Studium ausgebrochen bin, um auf die Alp zu gehen. Ich erinnere mich noch an meinen ersten Alpsommer, als meine Mutter die Hände verwarf und fand: »Die Alp ist ja ganz nett. Aber Kind, das kann man doch nicht für länger machen!« Und jetzt sind doch schon mehr als zehn Jahre daraus geworden.

*Oskar:* Wir verdienen hier einigermaßen gut. In der Schweiz wird die Alpwirtschaft ja kräftig subventioniert.

*Anne:* Ich finde es richtig, dass man das Alpen mit viel Geld unterstützt. Aber das Ganze als Heidilandidylle zu verkaufen und so zu tun, als würden auf der Alp alle über dem offenen Feuer käsen und inbrünstig im Kessi rühren, ist einfach falsch.

*Oskar:* Trotzdem gibt es viele Älpler, die das aus Nostalgie machen.

*Anne:* Na ja, vielleicht reagieren wir diese archaischen Menschheitsbedürfnisse ab, indem wir in Patagonien jeden Tag einfeuern, immer wieder Tiere schlachten und mit den Händen in der Erde graben, um unser Gemüse anzupflanzen.

*Oskar:* Die Alp ist Teil unseres Berufs. Wir gehen das nüchtern und professionell an. Im Unterschied zu vielen Älplern, die das einfach mal für ein paar Sommer machen.

*Anne:* Immer mehr Leute suchen die Grenzerfahrung Alp.

*Oskar:* Ja, weil viele dann an ihre körperlichen und seelischen Grenzen kommen. Die suchen das wohl.

*Anne:* Wir kommen auch an unsere Grenzen.

*Oskar:* Man könnte die Muttner Alp von der anfallenden Arbeit her sicher auch zu dritt machen. Aber dann rentiert es finanziell nicht mehr. Wir sind auf das Geld angewiesen. Und Leute, die einfach so z'Alp gehen, drücken oft das Lohnniveau. Für die Qualität, die wir mit unserer Arbeit sicherzustellen versuchen, sollten wir eh besser bezahlt sein, mit unserer Erfahrung und der Arbeitszeit, die wir da reinstecken.

*Anne:* Wir verdienen 165 Franken brutto pro Tag und Kopf.

*Oskar:* Mit den Zwölfstundentagen im Schnitt kommen wir auf einen Stundenlohn von 13 Franken brutto. Und das, ohne in eine Pensionskasse einzahlen zu können. Inklusive der erforderlichen neunzig Tage Präsenz am Stück, rund um die Uhr und an jedem Wochenende.

*Mit den Zwölfstundentagen kommen wir auf einen Stundenlohn von 13 Franken brutto.*

*Anne:* Mit romantischem Älplerdasein hat das rein gar nichts zu tun. Trotzdem bist du als Älpler immer ein bisschen Ballenberg! Viele Leute sind ganz euphorisch. Die finden es so toll, dass wir alpen. Dabei gibt's halt auch Dinge, die nicht so toll sind auf der Alp: das tiefe Lohnniveau, die geringe Wertschätzung unseres Produkts, die langen Präsenzzeiten. Aber von der Tourismusbranche wird munter das romantische Heidi-Alpleben verbreitet.

*Oskar:* Witzig ist ja, dass es so viele Menschen gibt, die sagen, eigentlich wäre ich auch so gerne Bauer, aber leider bin ich Banker.

*Anne:* Oder die sagen, sie würden auch so gerne z'Alp gehen. Aber warum tun sie es denn nicht?

*Nach dem Schmieren der Käselaibe im Käsekeller geht Oskar auf die Weide, um die Kühe zusammenzutreiben. Anne wäscht in der Sennerei das letzte Käsegeschirr ab und blendet in die Zeit zurück, als sie mit Oskar auswanderte.*

Als ich Oskar 2007 nach Chile folgte, war das für mich ein Sprung ins kalte Wasser. Ich erlitt den klassischen Kulturschock. Wir lebten erst auf Oskars Land in Cochrane am regenreichen Ufer des majestätischen Flusses Rio Baker und führten ein wirklich primitives Leben. Nicht mal eine richtige Hütte hatten wir, wir wohnten praktisch im Freien.

*Witzig ist ja, dass so viele sagen, eigentlich wäre ich auch gerne Bauer, aber leider bin ich Banker.*

Ich hatte so manchen Heulkrampf. Es war kalt und nass auf dem bloßen Erdboden und zog durch alle Ritzen rein. Dazu war die Nachbarschaft schlecht. Als ich nach anderthalb Jahren mit Emilia schwanger war, wollten Oskar und ich die Gelegenheit nutzen und anderswo neu anfangen. Wir hatten Glück. Ein Schutzengel meinte es gut mit uns und ruckzuck fanden wir fünfzehn Kilometer außerhalb von Chile Chico, dem »kleinen Chile«, vierzehn Hektar Land. Seither ist unser Leben in Patagonien vergleichsweise zivilisiert geworden: Wir haben Strom, fließendes Wasser und nette Nachbarn dazu.

Auf La Cepa, was aus Spanisch Weinrebe heißt, leben wir fast selbstversorgend und produzieren im größeren Stil Gemüse, Obst, Heu und Getreide für den Verkauf.

Ich bin wirklich stolz darauf, dass wir das Land abbezahlt haben. Es ist jetzt unser eigenes. Unser Haus, ein alter Adobe-Bau aus ungebrannten Lehmsteinen, richten wir uns nun schön her. Das Wohnklima darin ist super und der Standort sehr zentral und gut vor Wind geschützt.

Dank Bewässerung ist der Boden in Patagonien sehr ergiebig. Jeden Dienstag ernten wir, um mittwochs zum Verkaufen auf den Markt nach Chile Chico zu fahren. Ich denke jedes Mal, jetzt ist das Feld aber leergeräumt, und dann hebe ich irgendwo ein Blatt hoch und finde noch eine Zucchini. Das Land ist schier unerschöpflich.

Im Moment versuchen wir den Leuten im Dorf das System der Abo-Kiste beizubringen. Die Idee ist, dass sie uns sagen, was sie nächste Woche gerne haben möchten und wir sie dann beliefern. Bei einigen Kunden klappt das schon.

Bestellen tun wir unsere Felder mit recht alten Gerätschaften. Die entdecken wir in irgendwelchen Hinterhöfen und fragen, ob wir sie haben können. Die Leute sind meist überrascht und verkaufen sie uns billig. Für neue Maschinen fehlt uns das Geld.

Es wäre sowieso nicht einfacher mit neuen Maschinen, wenn man richtig rechnet. Erstens sind die Anschaffungskosten deutlich höher, und zweitens sind neue Geräte viel anfälliger und schwieriger zu reparieren. Die alten flicken wir problemlos selber. Ich finde, dass wir gut fahren mit unseren Uralt-Modellen. Sie erfüllen ihren Zweck.

Wir haben auch einige Tiere. Bis letztes Jahr waren's noch zwei Zugochsen, die wir unterdessen verkauft haben. Zwei Pferde sind da, dazu kommen unsere Milchkuh und die Schweine, Hühner und Gänse. Die Mutterkühe haben wir im Futtergeld. Vom Verkaufserlös der Kälber geht die Hälfte an uns. Zu tun haben wir nichts mit denen. Da können wir nur »ernten«, sprich den Erlös einkassieren.

Nun, da die Ochsen weg sind, ziehen wir den Pflug mit dem Auto übers Feld. Zum Ernten des Getreides haben wir einen Uralt-Mähdrescher erworben. Dazu hat sich Oskar noch einen Traktor gekauft, der in Europa ohne Weiteres als Oldtimer durchginge.

*Und jetzt steht da auch ein Klavier im Haus.*

Und jetzt steht da auch ein Klavier im Haus, das ist herrlich! Es kam auf ganz abenteuerlichen Wegen zu uns. Es muss noch im letzten Jahrhundert mit deutschen Missionaren nach Chile gekommen sein. Wir fanden es in Coyhaique. Es ist ein Irmler aus Leipzig, die Fabrik ist 1943 abgebrannt. Und das Klavier ist noch gut in Schuss. Ich kann jetzt endlich wieder musizieren!

Dank des Klaviers haben wir auch die Stube renoviert. Weil das sonst so komisch aussah in dem schäbigen Gebäude. Und jetzt verschönern wir Stück für Stück das ganze Haus. Eines Tages hätten wir gerne eine Badewanne und ein Sofa und solche Dinge, die man hier in Europa einfach hat.

Das Aussteigerleben haben wir jedenfalls gehabt. Zurück zur Natur will ich wirklich nicht mehr. Ich habe genug von nassen Klamotten, Rauch vom offenen Feuer in den Augen und dem Schlammfußboden bei Regen. Ich hätte es nun gerne ein bisschen schön. Im Grunde haben wir ja jetzt schon das absolute Paradies. Wir sind unser eigener Herr und können tun und lassen, was wir wollen.

Allerdings ist unser Leben auch mit großer Ungewissheit verbunden. Indem wir uns von der europäischen Zivilisation abkoppeln, sind wir vollkommen selbstverantwortlich für unser Leben. Wir haben weder eine Krankenkasse noch können wir uns eine Rentenversicherung leisten. Das ist wohl mit ein Grund, weshalb kaum jemand sein sicheres Leben in Europa abbricht, um seinen Träumen zu folgen. Die Leute fürchten die Unsicherheit. Und auch mich ängstigt das manchmal schon.

*Wir haben weder eine Krankenkasse noch können wir uns eine Rentenversicherung leisten.*

Auf der anderen Seite bin ich einfach froh, dass wir es gewagt haben und unseren Traum leben.

Und das Pendeln zwischen den Welten hat mich rückblickend auch demütig gemacht. Früher dachte ich als Agraringenieurin, dass ich doch wüsste, wie der Karren läuft in der Landwirtschaft. Ist doch logisch, wie man käst. Als mir in Patagonien eine alte Frau, mit der ich gut befreundet bin, mal beim Käsen zuguckte, sagte sie, so könne man nicht käsen, das könne nicht klappen. Mein Käse wurde dann auch wirklich schlecht.

Und wenn ich ihr zuschaue, sage ich, hey, so kann man nicht käsen. Und doch kommt sie zu ihrem Resultat. Sogar zu einem besseren als ich. Denn ich kenne das Käsen von der Alp her und verstehe den Prozess naturwissenschaftlich, mit dem ganzen chemischen Hintergrund. In Patagonien gibt es aber ganz andere Umweltverhältnisse und auch einen anderen Geschmack. Die alte Dame baut auf Tradition und Überlieferung – und ich laufe mit meinem akademischen Wissen auf Sand.

*Und als mir in Patagonien eine alte Frau mal beim Käsen zuguckte, sagte sie, so könne man nicht käsen.*

Das finde ich ganz, ganz spannend. Und so geht es mir mit vielem auf der Welt. Je länger ich Einblick habe in das Wirken um mich herum, desto stiller werde ich vor Staunen darüber, wie alles läuft und wie fantastisch sich eigentlich unser Leben regelt, nicht?

57

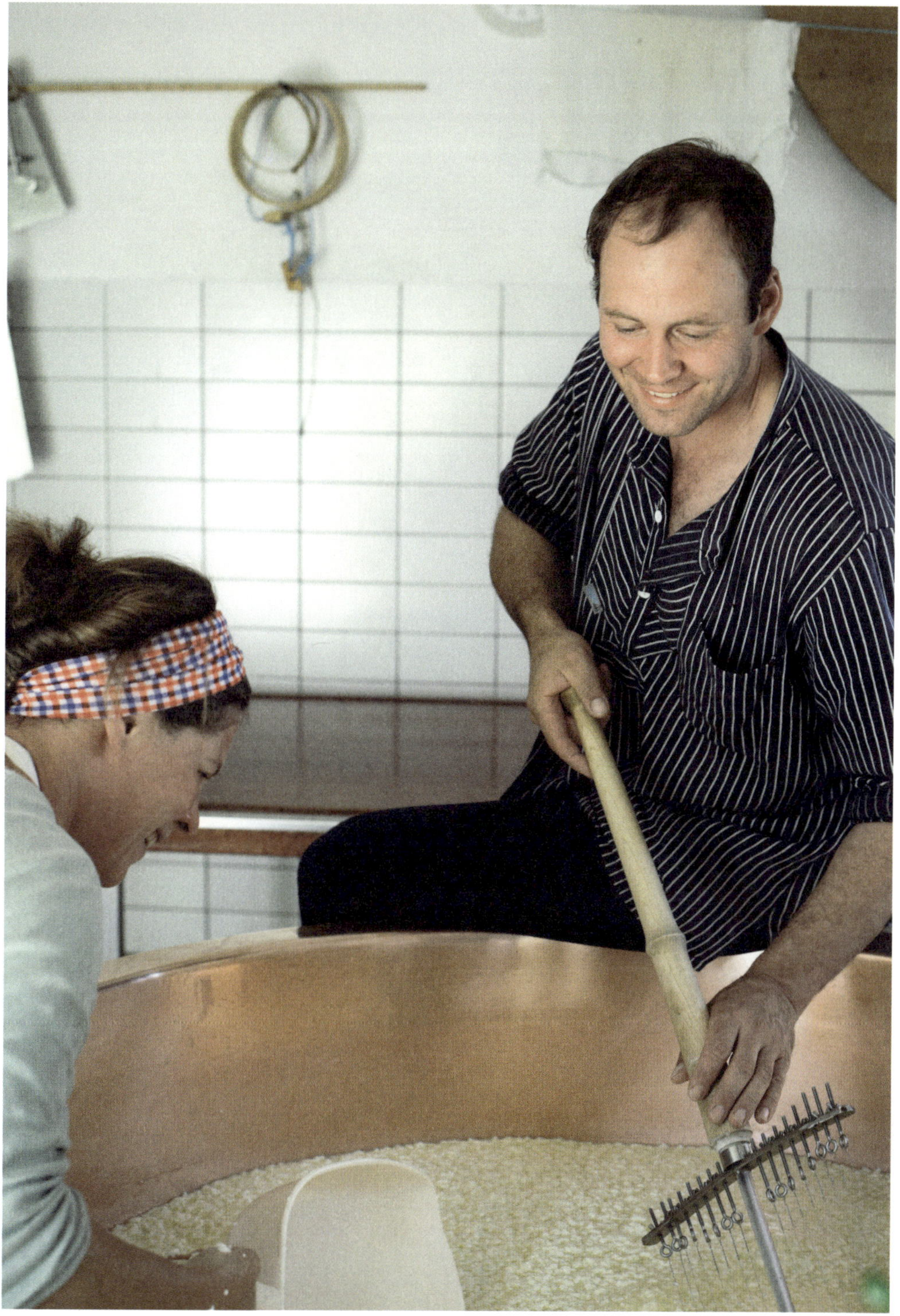

# Sergeant Peppermint

Mit einer Eismaschine kann man Glace spielend leicht selber machen. Mit ein bisschen Experimentierlust und Fingerspitzengefühl gelingen die feinsten Geschmacksrichtungen. Oskar zaubert für seine Tochter Emilia meist Erdbeer- oder Himbeereis. Und verrät uns hier sein Pfefferminzeis-Rezept.

*Für 4 Personen*

| | |
|---|---|
| 4 Eigelb | verquirlen |
| 80 g Zucker | unterrühren und die Masse auf 70 Grad erhitzen, bis sie eindickt. Nicht kochen, sonst fällt das Eigelb aus! |
| 1 dl Milch | |
| 2 TL Milchpulver | in die Milch einrühren, aufkochen |
| 2 Beutel Pfefferminztee oder frische Minzenblätter | in der warmen Milch ziehen lassen |
| 75 g helle und dunkle Schokolade gemischt | bei kleiner Hitze schmelzen, Milch zur Schokolade geben, Eigelb-Zucker-Masse dazugeben, kalt stellen |
| 2 dl Vollrahm | steif schlagen und unterheben und die Masse in die Gefriertruhe geben. Jede halbe Stunde durchrühren, damit sich keine Kristalle bilden. |

**Tipp:** Eiskünstler Oskar serviert die Pfefferminzglace-Kugeln in Eisschüsseln mit eingefrorenen Alpenrosenblüten darin. Zur Dekoration gibt er lange Schokoladenrollen aus Zartbitterschokolade dazu. Eine Augenweide und wahre Gaumenfreude für alle Naschkatzen!

# Zum Rundumpanorama aufs Muttner Horn

Eigentlich könnte man auch auf der Terrasse des Gasthauses Post in der hübschen Walsersiedlung Obermutten gemütlich sitzen bleiben und warten, bis der Rest der Gruppe zurück ist. Und sich davor vielleicht noch das höchstgelegene Holzkirchlein Europas anschauen. Denn die Sicht von der auf 1860 Metern gelegenen Sonnenterrasse über der Schynschlucht ist einfach wunderbar. Auf dem Muttner Horn ist das Rundumpanorama schlicht überwältigend. Darum lohnt sich der Aufstieg via Muttner Alp ganz bestimmt!

**Anreise:** mit dem Auto via A13, Ausfahrt Thusis, Richtung Albulapass nach Obermutten (1860 m). Oder mit dem Bus ab Bahnhof Thusis nach Obermutten.
**Route:** Obermutten–Muttner Alp–Muttner Horn (2388 m)–retour
**Gehzeit:** 3 h
**Höhenmeter:** 600 m
**Karte:** Swisstopo 1215, Thusis (1:25 000)

**Weitere Wandervorschläge:** Obermutten liegt am Walserweg und ist ein schöner Etappenrastplatz. www.walserweg.ch/obermutten-avers.html

Güner Alp
oberhalb von Gün
im Safiental (GR)

1995 m

48 Milchkühe
11 Schweine
4 Hühner
1 Hund
1 Katze
1 Murmeltier

Weiden von 1800 bis
2200 m

# Güner Alp

»Jetzt fahren wir in den Himmel«, sagt Anna, 42, auf dem kurvenreichen Weg hoch zur Güner Alp, als die steil aufstrebende Straße oben am Berg direkt in den blauen Horizont eintaucht. Vom Safiental aus schlängelt sich das Sträßchen in engen Schlaufen in Richtung Güner Horn, an dessen Fuß die schöne Alp mit dem modernen Stall und der komfortablen Sennhütte liegt. Von dort fällt der Blick über den Talschlitz auf den Heinzenberg vis-à-vis dem Beverin bis in die Berninakette und die Prättigauer Berge. Wahrlich ein erhabener Sitz!

Oben auf dem Vorplatz des Stalls ist gerade eine wilde Wasserschlacht im Gang. Die drei Kinder Braida, 9, Marchet, 7, und Jon, 4, spritzen sich mit dem Stallschlauch ab, kreischen, glucksen und springen herum.

Die Kühe weiden weiter oben im stotzigen Hang, die Schweine durchpflügen unterhalb der Sennhütte ihr Feld, und die Hühner laufen frei herum, picken hier einen Regenwurm und dort ein Korn.

Als es Abend wird, zieht ein zugiger Wind auf. Die Kinder sind zurück in der Stube, wo Anna Alpenblumen zu einem Sträußchen zusammenstellt und das Abendessen auftischt.

Anna und Riccardo haben sich die Arbeit auf der Alp aufgeteilt: Er käst und sie schaut zu den Kühen. Was bei den Bauern anfangs für Irritationen sorgte. Riccardo bekam in der Sennerei regelmäßig Tipps für die Kuhhaltung zugesteckt, worauf der Senn immer nur eine Antwort gab: Dafür ist Anna zuständig.

Nach dem Abendessen schleichen gegen 22 Uhr alle ins Bett. Morgen geht's früh wieder raus. Während Riccardo um drei Uhr schon aus den Federn steigt, schlafen Anna und Alpgehilfin Aita bis halb vier. Einzig die Kinder können liegen bleiben, bis es tagt und die Sonnenstrahlen sie am Morgen aus dem Schlaf kitzeln.

## Anna Mathis Nesa

Forstingenieurin, Naturpädagogin, Jägerin, Clown, Hirtin

*Am nächsten Tag scheint die Sonne. Einen Steinwurf neben der Sennhütte hat sich Murmeltier Frida aus seinem Bau gewagt. In der Männchenstellung hat es von seinem Logenplatz aus den Überblick. Unten tollen die Kinder mit den Schweinchen herum. Und Anna sitzt vor der Hütte auf der Holzbank mit dem Prachtblick ins Tal und berichtet.*

Was mich an der Güner Alp fasziniert, ist diese Sicht! Hier hab ich manchmal das Gefühl, ich sei eine Königin und das ganze Güner Alpenreich liege mir zu Füßen. Aber eigentlich sind wir hier alle Könige. Die Kinder machen, was sie wollen. Riccardo käst, wie er will. Und ich hab das Gefühl, ich sei ganz nah am Himmel. Hier fühle ich mich frei.

Andererseits sind wir auf dem Gebirgsrücken stark exponiert, wenn es blitzt und donnert. Im Frühling haben wir meist lange sehr starken Wind. Manchmal fast zu stark. Das ist der Nachteil unseres schönen Sitzes.

Aber wenn die Sonne am Morgen über den Prättigauer Bergen aufgeht, gibt es Augenblicke, wo ich beim Zusammentreiben der Kühe innehalte, staune, und ah! Manchmal unterbreche ich das Melken, fülle mir die Kaffeetasse mit warmer Milch, trete vor den Stall und genieße diese heiligen Momente in der morgendlichen Stille. Die Kinder schlafen meistens noch, und ich denke, dafür bin ich hier! Für mich, für die Momente, die man so tief unten im Tal nicht hat. Einfach faszinierend!

*Wenn man das Alpvirus einmal hat, wird man es nicht mehr los.*

Dass Riccardo und ich mit den Kindern auf der Güner Alp gelandet sind, ist ein purer Glücksfall. Ein Freund legte sie uns eines Sommers ans Älplerherz. Sie sei gut ausgebaut, sehr familienfreundlich und wunderschön gelegen. Bereits am nächsten Tag rief ich den Alpmeister an und zwei Wochen später besuchten wir die Alp. Wir waren sofort hin und weg. Und sind jetzt den vierten Alpsommer hier oben. Zuerst waren wir auf der Alp Pragiant bei Vnà im Unterengadin, damals noch ohne Kinder. Als unsere Kinder zur Welt kamen, legten wir drei Jahre Alppause ein, dann zog es uns wieder hoch. Es ist wirklich so: Wenn man das Alpvirus einmal hat, wird man es nicht mehr los.

Braida besucht jetzt schon bald die dritte Klasse. Damit sie den ganzen Sommer mit uns auf der Alp sein kann, musste ich beim Kanton ein Schuldispensgesuch stellen. Braida hat nun ihr Pflichtenheft und sie schreibt jede Woche einen Brief über ihre Erlebnisse auf der Alp an ihre Klassenkameraden. Im Juni habe ich sie noch selber unterrichtet, im August und September kommt eine pensionierte Lehrerin hoch, um den Schulstoff mit ihr zu lernen. Marchet geht in den Kindergarten, er muss noch nichts. Und Jon, unser Jüngster, sowieso nicht. Ich bin mir sicher, dass Braida nach fünf

Wochen Alp in der Schule schnell wieder den Anschluss findet. Auf der Alp lernen die Kinder enorm viel.

Das Unterrichten kenne ich aus meinem Berufsleben. Im Nationalpark im Unterengadin bin ich zu zwanzig Prozent als Naturpädagogin angestellt. Und seit zehn Jahren unterrichte ich an der Gewerbeschule Samedan Berufskunde für Forstwarte. Aber in erster Linie sind Riccardo und ich selbständig. Wir haben uns als angehende Forstingenieure an der ETH in Zürich kennengelernt. Riccardo ist aus Sorengo im Tessin und ich komme aus Scuol im Unterengadin. Kurz nach dem Studienabschluss begann ich frei zu schaffen. Als erste Forstingenieurin in Graubünden haben mich dann viele Zeitungen interviewt. Drei Jahre später stieg Riccardo mit ein, und 2001 haben wir unsere eigene Firma gegründet. Seither arbeite ich vor allem mit Kindern und Jugendlichen als Natur- und Umweltpädagogin. Oder wir übernehmen Aufträge für den Kanton und vermessen zum Beispiel den Wald fürs Landesforstinventar.

Den Wunsch, z'Alp zu gehen, hatten wir schon immer. Und nachdem wir einem Bauern über zwei Winter beim Melken ausgeholfen hatten, fanden wir, also, das machen wir jetzt. 2001 verwirklichten wir unseren Traum und übernahmen die Alp Pragiant, wobei eine deutsche Agronomin den halben Sommer mithalf und uns viel in Sachen Melktechnik und Tiergesundheit beibrachte. Riccardo hatte am Plantahof in Landquart die dreiwöchige Alpsennenausbildung absolviert, und die Älplerin vom Vorjahr half ihm am Anfang beim Käsen. So wuchsen wir langsam ins Älplerdasein hinein.

Mit den Kindern heute ist es wieder ganz anders. Zu zweit mussten wir zwar viel Neues lernen, aber wenn wir mal Pause hatten, hatten wir Pause. Heute hast du nie Pause *(lacht)*. Sobald ich eine Arbeit fertig habe, kommen die Kinder und wollen unterhalten oder getröstet werden oder sie erzählen ihre Erlebnisse.

***Wenn die Kinder am Abend sagen, wow, ist das schön hier oben!, bin ich frisch motiviert für den nächsten Tag.***

Dennoch sind die Momente, in denen ich merke, hey, wir sind ein Familienunternehmen, wir dürfen alles gemeinsam machen, besonders kostbar. Im Tal haben wir das nicht. Aber hier können die Kinder überall mit dabei sein, mit anpacken wie die Großen oder einfach für sich spielen, wenn sie keine Lust mehr haben. Diesen strengen Rhythmus als Familie durchzustehen, das gibt Kraft. Wenn die Kinder am Abend sagen, wow, ist das schön hier oben!, bin ich frisch motiviert für den nächsten Tag.

Da ich viel lieber draußen als drinnen bin, hüte ich die Kühe, während Riccardo käst. Mir ist es in der Sennerei zu feucht und zu warm. Käse herzustellen ist zwar etwas Schönes, aber das ständige Abwaschen des Geschirrs … Ich bin lieber mit den Kühen auf den

Weiden unterwegs, auch wenn es regnet, stürmt oder schneit. Selbst wenn es blitzt und donnert macht mir das nichts. Ich hab die Natur einfach gern, weil sie so ist, wie sie ist. Und als Menschen sind wir ein kleiner Teil davon. Ist das nicht wunderbar?

Da Riccardo doch auch ein bisschen etwas von den Kühen haben und ich auch mit dem Käsen zu tun haben will, helfe ich ihm am Morgen vor dem Melken in der Sennerei. Aita und ich sind auch fürs Butterkneten und -formen zuständig. Und Riccardo melkt am Abend zusammen mit ihr die Kühe. Für mich bleibt noch genug Arbeit mit der Wäsche, dem Haushalt und dem Kochen.

***Käse herzustellen ist zwar etwas Schönes, aber das ständige Abwaschen des Geschirrs …***

Aber lieber bin ich im Stall. Ich ging schon als Mädchen so oft wie möglich zum Nachbarn meiner Großmutter und half im Stall. Melken ist einfach eine schöne Arbeit. Der feine Geruch in der Falte neben dem Euter, die Milch! Und wenn ich mich am Morgen zwischen den dicken Bäuchen reinzwänge und anfange zu melken: das sind ganz besondere Momente! Sehr ruhig und meditativ, im Takt der Melkmaschinen. Also wenn am Nachmittag die Fliegen kommen und die Kuhschwänze durch die Luft schwirren, ist schnell Schluss mit dem Meditativen. Aber das Melken bleibt rhythmisch. Wir melken zweimal, am Morgen und am Abend, immer zur selben Zeit. Das strukturiert uns den Tag.

*Am Nachmittag kommt unerwarteter Besuch: Greta und Duri Janett vom Unterengadiner Musikerquintett Ils Fränzlis da Tschlin. Die Fränzlis haben auf der Hochzeit von Anna und Riccardo gespielt. Und kaum sitzt Duri auf der Holzbank vor dem Haus und beginnt zu singen, kommen die Kinder herbeigelaufen, strahlen ihn an und singen mit. Als Anna mit Speis und Trank aus der Küche tritt und zusammen mit Riccardo in den Gesang einstimmt, ertönt ein Lied:*

***Melken ist einfach eine schöne Arbeit. Der feine Geruch in der Falte neben dem Euter, die Milch!***

*L'inverno è passato*
*l'aprile non c'è più*
*è ritornato il maggio*
*al canto del cucù.*
*|: Cucù, cucù,*
*l'aprile non c'è più.*
*È ritornato il maggio*
*al canto del cucù …*

*Bis nach Chur hinunter trägt der Wind die Töne. Und als der Besuch sich zurück ins Tal aufmacht und die Kinder wieder ins Spiel versinken, erzählt Anna von ihrem Leben als Clown.*

Manchmal trete ich zusammen mit meinem Clownkollegen Christian auf. Mit unserem ersten eigenen Programm *Da Chans e linzöls,* zu Deutsch *Von Hunden und Leintüchern,* standen wir im Engadin schon viele Male auf der Bühne. Mit roter Nase bin ich die Deisi, die es gerne schick hat. Günter, mein Mann, ist ein Tüpflischiisser. Ich rege mich grausam auf über ihn, hab ihn aber trotzdem gerne.

*»Pula, pulapula, pulapula«!, ruft sie den Hühnern zu. Stattdessen kommt der Hund angewedelt und will gestreichelt werden.*

Christian kenne ich vom Theaterspielen, die Idee mit der Clownausbildung in Innsbruck kam von ihm. Das Clownspiel hat etwas Befreiendes! Es ist wie ein Ventil. Ich improvisiere – schon nach einem bestimmten Programm, aber meinen Gefühlen kann ich freien Lauf lassen und schreien, lachen oder weinen.

***Hier kann ich singen, hier kann ich fluchen, hier kann ich still sein.***

Ein bisschen bin ich auch auf der Alp der Clown. Hier kann ich singen, hier kann ich fluchen, hier kann ich still sein. Oder, wenn ich außer mir bin, weinen vor Wut. Das geht sonst nicht. Wenn ich in der Gewerbeschule singe, nerven sich die Schüler. Und fluchen darf man ja sowieso nicht. In Scuol bin ich die Schulratspräsidentin und die Forstingenieurin, die Ehefrau und die Mutter unserer drei Kinder. Wenn ich die Regeln nicht einhalte, heißt es, jetzt macht sie wieder das Kalb.

Allerdings erlaube ich mir auch im Tal immer öfter, unterwegs mit den Kindern zu singen. Oder wenn sie tanzen auf der Straße, tanze ich mit! Hemmungslos!

*Auf dem nachmittäglichen Gang zur Weide, um die Kühe zum Melken in den Stall zu holen, erzählt Anna von den Kühen.*

Nach zwei, drei Wochen kenne ich meine Kühe. Ein bisschen sind sie auf der Alp ja meine Kühe, gell. Die mit den Hörnern erkenne ich sehr schnell. Schwieriger wird's bei den hornlosen Brown-Swiss, die alle gleich aussehen. Da brauche ich spezielle Kennzeichen, um sie mir zu merken. Zum Teil sind sie so ähnlich, dass ich auf die Nummer im Ohr spienzeln muss oder auf die Glocke. Und wenn ich noch das Euter sehe, ist es definitiv klar. Schließlich halte ich das Euter jeden Morgen in der Hand. Wir melken von Hand vor und hängen dann die Melkmaschine an. Die Euter meiner 24 Kühe würde ich wohl blind erkennen.

Aita und ich melken immer dieselben Reihen im Stall, sie links, ich rechts. So weiß ich, das fleischige Euter ist normal bei jener Kuh und die langen Zitzen bei der anderen auch. Wenn Riccardo und ich

*Die Euter meiner 24 Kühe würde ich wohl blind erkennen.*

zusammen melken, übernehme ich Aitas Reihe. Sie ist übrigens Spezialistin im Erkennen der Kühe. Sie erkennt sie an den besonderen Merkmalen wie der rötlichen Mähne zwischen den Hörnern, den weit geschwungenen Augenbrauen oder dem Zottelschwanz. Aber unsere Tochter Braida übertrifft uns da alle: Eines Nachts sagte sie, oh, die Isabella, die ist vor der Hütte auf der Weide am Wiederkäuen. Sie konnte nicht einschlafen. Die Kuhglocke schwang so laut und klopfte: Tadong, tadong, tadong! Ich konnte es nicht fassen: Sie erkannte die Kuh nur am Glockenton! Das musste ich überprüfen. Ich ging mit der Taschenlampe raus, und tatsächlich, es war die Isabella.

Dass man die Kühe so gut kennenlernt, ist der Vorteil des Anbindestalls. Wir sehen sie jeden Tag zweimal, wenn wir sie zum Melken an- und später wieder losbinden. Dazwischen liegen sie zwei Stunden ruhig im Stall. Und wir haben Zeit, sie zu beobachten. Die Kinder können ganz nah an sie ran, sie streicheln, und auf einige können sie sich sogar drauflegen. Darum würde ich keinen Melkstand wollen, wo die Kühe nur kurz reinkommen, gemolken werden und wieder weitergehen. Der Anbindestall gibt zwar mehr Arbeit, dafür hat man während zwei Stunden den Frieden, sogar wenn es draußen regnet und stürmt.

Und so wächst auch eine Bindung zu den Kühen. Zu den einen mehr, zu den anderen weniger. Meine Lieblingskuh Mina erkennt man auf den ersten Blick. Sie trägt keine Nummer auf dem Rücken einrasiert, sondern ein Herz. Da weiß man sofort, dass die Hirtin was hat mit der. Eine ganz anhängliche ist auch die Heidi, eine richtige Schmusekuh. Auf der Galtviehweide kam sie zu mir, als ich in der Wiese saß, und legte ihren Kopf in meinem Schoß. Sie ist so ruhig, dass die Kinder auf ihr rumturnen und reiten können, ohne dass sie einen Wank macht. Und die Elster steigt dieses Jahr deutlich auf in meinem Favoritenranking. Mit ihrer speziellen Musterung und der schönen Fellfarbe ist sie eine sehr schöne Kuh, obwohl sie keine Hörner hat. Ich bin gegen das Enthornen. Das Verletzungspotenzial, mit dem die Bauern argumentieren, sehe ich nicht so dramatisch. Auch in der Herde ist es überhaupt nicht so, dass die Gehörnten die Starken sind, sondern die Hornlosen sind fast gemeiner, weil die einfach ihren ganzen Schädel in die Konkurrentin rammen.

Aus einem Grund hat eine Kuh doch Hörner. Sie sind innerlich durchblutet und gehören fest zur Kuh. Sogar auf die Milchqualität haben sie einen Einfluss. Die Struktur der Milchmoleküle verändert sich bei einer enthornten Kuh. Außerdem bewegen sich Kühe mit Hörnern ganz anders auf der Weide, würdevoller, die Spitzen gegen oben haben etwas. Nimmt man einem Hirsch das Geweih, ist er auch arm dran. Als Jägerin kann ich das sagen. Hirsche stoßen ihr Geweih einmal im Jahr ab. Dann wächst es wieder nach. Aber das Geweih ist der ganze Stolz des Tieres. Er kratzt oder verteidigt sich damit.

*Außerdem bewegen sich Kühe mit Hörnern ganz anders auf der Weide, würdevoller …*

Die Jagd spaltet ja auch die Geister. Dass ich als Frau jagen gehe, versteht wohl auch nicht jeder. Aber ich wuchs von klein an hinein. Meine Schwester und ich gingen immer mit dem Vater zur Jagd. Das Patent habe ich seit siebzehn Jahren. Als die Kinder zur Welt kamen, setzte ich ein paar Jahre aus wie mit dem Alpen auch. Diesen Herbst nun darf ich zum ersten Mal auf die Steinbockjagd. Im Sommer auf die Alp, im Herbst noch auf die Jagd! Das ist das Nonplusultra!

An der Jagd gefällt mir das Archaische. Ich bin ganz Teil der Natur. Und zu neunzig Prozent ist das Wild sowieso gescheiter als ich. Ich warte ja nicht auf einem Hochsitz auf die Gemsen, sondern pirsche mich an sie heran. Da das Wild feine Sensoren hat, wittert es mich sehr schnell. Bis auf hundert Meter an eine Gemse ranzukommen, ist eine hohe Kunst. Und wenn ich's doch mal schaffe, entscheide ich über Leben und Tod. Dessen bin ich mir bewusst. Es passiert auch hie und da, dass ich nicht schieße. So stimmt's für mich. Ich muss nicht zwingend jedes Mal ein Tier erlegen.

Das Schießen ist nur der Abschluss. Davor geht's um Spuren lesen, Tiere erkennen, sich gegen den Wind anpirschen. Und vor allem darum, sich der Natur zu fügen. Wenn ich einfach finde, buah, hey, ich geh jetzt und erlege ein Tier, hab ich keine Chance! Ich muss mich anpassen, genau wie auf der Alp.

*Im Sommer auf die Alp, im Herbst noch auf die Jagd! Das ist das Nonplusultra!*

Als ich sagte, ich hätte hier manchmal das Gefühl, ein Alpreich zu regieren, war das also nur die halbe Wahrheit. Regieren hat für mich mit Geld und Macht zu tun. Aber damit kommt man hier nicht weiter. Auf der Alp muss man mit dem Rhythmus der Natur gehen. Auch bei den Tieren. Wenn man sie mit Gewalt anfasst, geht gar nichts. Eine unserer Kühe stand mal mit ausgestreckten Beinen vor dem Anbindeplatz im Stall. Sie tat keinen Schritt, weder wenn ich sie von hinten stieß und ihr mit dem Stock aufs Hinterteil klopfte noch wenn ich sie vorne am Halsband zog. Sie blieb stocksteif! Erst als ich sie streichelte und sagte, komm Freia, jetzt gehen wir an den Platz, ging sie wie ein Hündchen brav in die Reihe.

Darum wäre ich natürlich eine grüne Regentin, welche die Natur darin unterstützt, was sie sowieso schon macht. Denn schlussendlich regiert hier oben die Natur und nicht der Mensch.

*Denn schlussendlich regiert hier oben die Natur und nicht der Mensch.*

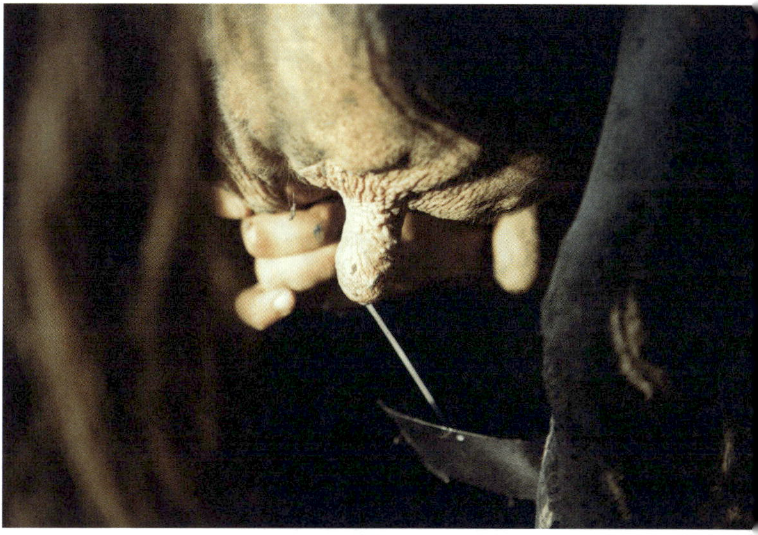

# Put in gromma

Romanisch »put« heißt Brei und »gromma« Rahm. Put in gromma wurde im Unterengadin an Älplerfesten in riesigen Pfannen zubereitet, die mit einem Löffel dann einfach von einem zum anderen weitergereicht wurden.
Das traditionelle Älplergericht aus Rahm und Mehl braucht ein wenig Geduld, bis sich die schönen Ribel bilden. Doch dann hat man ein währschaftes Gericht, das nach wenig ausschaut, aber trotzdem auch den großen Hunger stillt. Nur für gute Mägen!

*Für 4 Personen*

| | |
|---|---|
| 1 l frischer Vollrahm | in die Bratpfanne geben |
| 12 EL Mehl | unterrühren |
| 1 Prise Salz | dazugeben |

Rahm-Mehl-Mischung auf mittlerer Flamme unter stetem Rühren ¾ bis 1 h einkochen, bis sich das Fett von den Ribeln trennt, diese goldbraun braten.

**Dazu Apfelkompott**

| | |
|---|---|
| 6 Äpfel | in Schnitze schneiden |
| Zitronensaft | darüberträufeln |
| 1 EL Zucker | dazugeben |
| 1 l Wasser | darin die Schnitze mit dem Zucker zu Kompott kochen |

**Tipp:** Unbedingt frischen Vollrahm nehmen. Mit UHT-Rahm wird das traditionelle Gericht nur halb so gut.
Schmeckt gut mit Milchkaffee. Und für die Kinder kann man Alpenrosensirup oder Alpenblumentee dazu servieren.

**Alpenrosensirup**

Viele Alpenrosen sammeln. Die Blüten ins Wasser legen und 2 Tage an der Sonne stehen lassen. 1 l Alpenrosenwasser mit 1 kg Zucker und 10 g Zitronensäure aufkochen und heiß in Flaschen füllen. Das gibt einen schönen rosa Sirup.

# Via Güner Lückli zum Güner Horn

»Gün« stammt vom romanischen »cuogn«, was Keil bedeutet. Und vom Heinzenberg aus auf der anderen Talseite sieht's tatsächlich so aus, als schöbe sich ein Keil bis fast unters Güner Horn hoch, auf dessen Keilspitze die Alp Gün hockt. Und auf diesen »Keilspuren« gibt's auch eine Wanderung bis zum Gipfel, die mit einer kleinen Kletterei endet.

Dazu folgt man von Ober Gün (1600 m) dem Alpweg bis zur Güner Alphütte (1995 m). Dann direkt gegen Westen hoch zum Güner Lückli. Der Pass bildet den Übergang ins Valsertal zum Dorf Duvin. Vom Pass aus folgt man dem Grat über steile Wiesen hinauf zum Vorgipfel des Güner Horns (2851 m). Bis zum Hauptgipfel geht's über eine Kletterei im Grad II bis III. Ein Fixseil erleichtert den Anstieg. Und oben einfach die fantastische Fernsicht genießen!

**Anreise:** mit dem Auto oder dem öffentlichen Verkehr ins Safiental. Nach der Haltestelle Gün hinter Neukirch entweder mit dem Auto die Serpentinenstraße hoch bis nach Ober Gün. Oder vom Talboden direkt zu Fuß den Alpweg hinauf.
**Route:** Haltestelle Gün–Ober Gün–Alp Gün–Güner Lückli–Güner Horn–retour
**Gehzeit:** 7–9 h
**Höhenmeter:** 1250 m ab Ober Gün, 1580 m ab der Postautohaltestelle Gün
**Karten:** Swisstopo 1214, Ilanz (1:25 000); Swisstopo 257, Safiental (1:50 000); Swisstopo 1215, Thusis (1:25 000)

Alp Mora
oberhalb von Trin (GR)

unterer Stafel
Tegia Sut, 1943 m
oberer Stafel
Tegia Culm, 2249 m

350 Hektar Weidefläche

120 Mutterkühe und rund
60 Kälber
2 Stiere
1 Hündin

# Alp Mora

Es ist sieben Uhr früh. Die Kuppen des Flimsersteins gegenüber sind noch in mildes Morgenlicht getaucht und die Weiden darunter liegen im schattigen Kontrast. Frost bedeckt die Wiese. In der kühlen Hütte der Bündner Alp Mora südlich des Ringelspitz sitzen Johanna, 56, und ihre Tochter Julia, 26, am Tisch und trinken dampfend heißen Kräutertee. »Essen mag ich frühmorgens noch nichts«, sagt Johanna. Kurze Zeit später stapfen beide barfuß los, die Mutterkühe zu zählen – es sollten 120 sein – und ihre neugeborenen Kälber zu markieren.

Es ist Johannas siebzehnter Alpsommer. Ihre drei Kinder begleiteten sie früher immer. Heute bleibt nur noch Julia den ganzen Sommer. Für sie ist die Alp neben dem Studium ein willkommener Ferienjob.

Johanna, die die Abwechslung liebt, geht immer wieder auf eine neue Alp. Auf der Alp Mora war sie schon nach kurzer Zeit gleicher Meinung wie ihre Vorgängerin: »Mora ist die schönste Alp Graubündens! Diese Weite! Ein Rundumpanorama zum Abheben!«

Und das Einvernehmen mit den Bauern könne nicht besser sein. »Ich wüsste nicht, weshalb ich nächstes Jahr nicht wieder kommen sollte.«

Am späten Nachmittag, als die Sonne längst über den Zenit gewandert ist und sich im Westen Richtung Horizont neigt, kommen Johanna und Julia vom Weidekontrollgang zurück. Zeit für einen Sprung ins kühle Nass!

Mutter und Tochter packen das Badetuch, spazieren an den Kühen vorbei über die Blumenwiese zu ihrer Naturbadewanne, den der Gebirgsbach in jahrhundertelanger Arbeit in den Kalkfelsen geschliffen hat. Splitternackt hüpfen sie ins klare, türkis schimmernde Wasser. »Das ist so erquickend!«, strahlt Johanna, als sie wieder aus dem Becken steigt, »wirklich quellfrisch!«

## Johanna Glas

Krankenschwester, Heilerin, Hirtin

RESISTA

Dass eine Kuh richtig auf mich losgegangen ist, gab's noch nie. Natürlich kommen einige aus Neugierde auf einen zu. Manche drohen auch. Aber wenn ich mich von der Seite her nähere und sie am Hals streichle, finden sie das ganz angenehm und hören meistens auf. Im Zweifelsfall bin ich trotzdem lieber vorsichtig. Wenn sie um ihr neugeborenes Kalb Angst haben, sind sie zum Teil unberechenbar, und wenn man näher kommt, werden sie nervös und rennen wie wild um einen herum. Dann muss ich aufpassen, dass sie mich nicht umstoßen – das wären immerhin 600 Kilo, wenn sie auf mir herumtrampeln würden.

Auf unseren Weidekontrollen vormittags und am Nachmittag schauen Julia und ich nach, ob alles in Ordnung ist, ob es neugeborene Kälber gibt und ob noch alle da sind: Hat sich ein Tier verletzt? Ist eins abgestürzt? Alle 120 Muttertiere haben wir auf einem Zettel aufgelistet. Wir erkennen sie anhand der beiden Marken im Ohr. Die eine ist nummeriert und die zweite, farbige ordnet die Kuh einem der sechs Bauern zu, die ihre Tiere hier sömmern. Fast täglich kommen neue Kälber zur Welt. Die Neugeborenen markieren wir frisch mit Marken, deshalb schwärmen wir immer mit der Knipszange im Rucksack aus.

*Fast täglich kommen neue Kälber zur Welt.*

Meist lassen mich die Mutterkühe an ihr Junges ran, und das Kleine lässt sich knipsen. Am einfachsten geht's, wenn ich mich rittlings auf das Kälbchen setze, damit es nicht wegrennt. Julia hält währenddessen mit dem Hirtenstock die Mutterkuh fern. Die könnte mich sonst aus Angst um ihr Junges umrennen. Ein gesunder Respekt ist schon angebracht. Aber, wie Julia sagt, wenn man die Zeichensprache der Tiere liest und auf Distanz geht, wenn sie spinnen, passiert nichts.

Nur zwei Kühe gab's, bei denen kamen wir echt nur zu zweit zurecht. Julia hielt die Mutterkuh mit dem Hirtenstecken in Schach, während ich das Kalb markierte. Und bei einer dritten Kuh getraute ich mich gar nicht hin. Ich wartete, bis sie zum Wassertrog trottete. Als das Kalb allein dalag und döste, ging ich zu ihm hin und konnte ihm die Marken durch den Knorpel ins Ohr stanzen.

Obwohl ich zum siebzehnten Mal auf der Alp bin, habe ich die Kühe noch nie markiert. Ich lerne jedes Mal wieder Neues dazu. Auf den bisherigen Mutterkuhalpen machten das die Bauern selber. Und ich muss ja nicht auf Teufel komm raus beweisen, dass ich an jedes Kalb herankomme. Wenn es mir zu gefährlich wird, rufe ich den Bauern.

Aber eigentlich habe ich keine Angst vor Kühen. Den Hirtenstock nehme ich als reine Vorsichtsmaßnahme mit auf die Weide.

Und weil Julia mich immer ausschimpft, wenn ich ihn nicht dabeihab. Ich vergesse ihn oft einfach. Die Schuhe hingegen lasse ich bewusst in der Hütte. Ich laufe auf der Alp barfuß, auch bei Frost. Seit ich jenem Bergbauern begegnet bin, schwöre ich aufs Barfußlaufen: Der alte Mann erzählte mir von seinen Eltern, die so arm gewesen seien, dass sie ihren Kindern nur Winterschuhe kaufen konnten. Im Sommer ging er immer barfuß – auch am Berg. Die Familie bewirtschaftete eine dreistaflige steinige Alp. Als Kind musste er den Käse vom obersten Stafel zum Käsespeicher runtertragen. Auf dem Rückweg schleppte er Holz zum Einfeuern des Käsekessis mit hinauf. Das hieß zwei Stunden Aufstieg barfuß über Stock und Stein. »Aber wir waren immer gesund«, sagte er zum Schluss. Diesen Satz habe ich nicht vergessen.

*Ich laufe auf der Alp barfuß, auch bei Frost.*

Und als ich wegen eines Zeckenbisses an Borreliose erkrankte, erinnerte ich mich wieder an die Geschichte des Bauern. Die indianische Naturmedizin geht ja davon aus, dass in der Fußsohle sämtliche Organe widergespiegelt sind. Darum kann man mit Druck auf den Fuß alle Organe stimulieren. Barfußlaufen ist also die einfachste und natürlichste Form der Fußreflexzonenmassage. Ich hab das einfach ausprobiert. Zwei Alpsommer lang lief ich nur barfuß, selbst wenn es bitterkalt war. Danach war die Borreliose weg.

Dass ich auch mal in einen Kuhdreck reinsteige, ist egal. Das ist ja nur verdautes Grünzeug. Eklig find ich das nicht. Im Gegenteil, mit eiskalten Füßen ist es richtig angenehm, wenn der warme Kuhfladen zwischen den Zehen durchquillt. Problematisch sind höchstens die Schlangen. Auf meiner letzten Alp im Lugnez gab's Kreuzottern. Aber hier leben keine Schlangen, was schade ist. Ich mag sie nämlich, sie sind so ästhetisch. Und als mir mal jemand sagte, dass die Schlange mein indianisches Krafttier sei, war mir klar, wieso ich mich ihr schon als Kind verbunden gefühlt habe.

*Mit eiskalten Füßen ist es richtig angenehm, wenn der warme Kuhfladen zwischen den Zehen durchquillt.*

Seit dem Erfolg mit der Borreliose schwöre ich jedenfalls aufs Barfußlaufen. Zusätzlich hatte ich mir die Hände aufgelegt, was sicher zur Heilung beitrug. Zum Handauflegen kam ich wie die Jungfrau zum Kind. Ich besuchte ein Seminar in einem Kloster, und seither praktiziere ich es – bei mir selber, bei meinen Kindern, bei Freunden und bei den Jugendlichen, mit denen ich arbeite. Als Krankenschwester halte ich Nachtwache in der Kinder- und Jugendpsychiatrie im bayrischen Rosenheim.

Dass mir die Oberärztin die Erlaubnis zum Handauflegen erteilt hat, erstaunte mich selber. Heiler sind an Krankenhäusern in Deutschland selten. Aber den Kinder und Jugendlichen, die mit Depressionen, Schizophrenie, Hyperaktivität oder sozialen Verhaltensstörungen zu uns kommen, hat es schon geholfen. Wenn die Gefahr besteht, dass sie andere oder sich selbst verletzen, gelingt es manchmal, sie zu beruhigen. Dann bleibt ihnen der Timeout-Raum erspart.

Für mich selber ist die Alp wie eine Therapie. Seit ich auf die Alp geh, bin ich ruhiger geworden. Früher flippte ich viel mehr herum. Ich war unzufrieden und getrieben, immer unterwegs und auf der Suche. Wonach, wusste ich selber nicht. Und heute habe ich das Gefühl, meine innere Mitte und Ruhe gefunden zu haben. Das Alpleben bringt mich auf den Boden. Meine Nervosität ist wie weggeblasen, hier bin ich mit der Welt im Reinen.

*Als ich nach drei Monaten zum ersten Mal wieder ins Dorf runterging, kam ich mir vor wie von einem andern Stern.*

Auf die Idee mit der Alp hat mich meine Schwester Bärbel gebracht. Nach dem Abitur machte sie die Ausbildung zur Landwirtin und ging auf die Alp. Mich interessierte diese Welt erst gar nicht. Aber da Bärbel so bewundert wurde für ihre Alpeinsätze, dachte ich irgendwann, jetzt mach ich das auch mal einen Sommer und zeige allen, dass ich das auch kann. So landete ich zusammen mit Bärbel auf der Bündner Alp Sezner im Lugnez. Für sie war es der letzte Alpsommer und für mich der Start in eine richtige Alpkarriere.

Als ich nach drei Monaten auf Sezner zum ersten Mal wieder ins Dorf runterging, kam ich mir vor wie von einem andern Stern. Mein Gott, warum regen sich die Leute so über Dinge auf, die völlig unwichtig sind, fragte ich mich.

Ich war angekommen. Und dieser Alpsommer war der zweite große Einschnitt in meinem Leben – nach der Geburt meiner Kinder, die ich immer mitnahm. 1991 auf der Alp Sezner waren Johanna, Julia und Konstantin noch ganz klein. Ich war liiert mit Walter, dem Vater von Julia und Konstantin. Ein Jahr später ließen wir uns scheiden. Mit Erich, dem Vater meiner ältesten Tochter Johanna, war ich nie verheiratet. Obwohl er der einzige Mann war, bei dem ich dachte, das sei fürs Leben. Aber als Johanna zur Welt kam, passte das nicht mehr mit uns. Es war, als ob sich ein Graben aufgetan hätte. Ich wurde Mutter, er aber nicht Vater.

Dann kam Peter, den ich auf der Bärentalalp kennenlernte. Er war der Alpmeister und so verliebt, dass er alles für mich aufgab: seine Familie, seinen Bauernhof, sein altes Leben. Fünf Jahre waren wir glücklich – vor allem während der Alpsommer. Nur unten im Alltag funktionierte das nicht. Heute weiß ich, dass es schlecht ist, einen Menschen, der so verwurzelt ist, aus seiner Umgebung herauszureißen. Der verliert seinen Halt. Darum mein Rat an jede deutsche Älplerin: Lass die Finger von den Schweizer Bauern!

Heute wäre es natürlich schön, wieder einen Menschen zu haben, mit dem ich es aushalten und alles teilen kann. Es darf nur nicht zu eng werden. Sicher kann ich selber auch anstrengend sein. Aber ich kann mir zum Beispiel nicht vorstellen, einen Mann zu haben, der raucht oder der bei mir zu Hause auf dem Sofa sitzt und den ganzen Abend in die Glotze schaut. Das Fernsehen halte ich für Volksverdummung. Ich bin auch nicht bei Facebook oder irgend so einem Quatsch. Ich habe eigentlich auch kein Handy, nur für die Alp kauften mir die Bauern eins, weil ich in Notfällen erreichbar sein muss.

*Darum mein Rat an jede deutsche Älplerin: Lass die Finger von den Schweizer Bauern!*

Ich geh übrigens auch ganz gerne alleine auf die Alp. Tenna war die erste, die ich selber gehütet habe. Mit Jungvieh. Zwei Sommer lang. Und die beiden Sommer dort waren die schönsten. Das würde ich gerne wieder machen. Aber ich hab kaum eine Chance. Meine Kinder kommen so gerne mit, da kann ich als Mutter doch nicht Nein sagen.

Außerdem möchte ich nächsten Sommer wieder Gäste beherbergen und ein bisschen was dazuverdienen. Denn vom Verdienst her lohnt sich die Alp nicht. Julia und ich bekommen die vier Monate zusammen zwanzigtausend Franken. Wegen der Mutterkühe und den Stieren müssen wir aus Sicherheitsgründen zu zweit sein. Die Zwanzigtausend sind brutto. Nach den Sozialversicherungsabzügen bleibt nicht mehr viel übrig. Der niedrige Lohn ist sicher mit ein Grund, weshalb so viele Ausländer auf Schweizer Alpen arbeiten. Ein Einheimischer reißt sich kaum darum.

Das mit den Gästen hat sich so ergeben. Als die Kinder noch klein waren, half es mir, über die Runden zu kommen. Damals wohnten bis zu fünf Leute bei uns. Das wurde mir manchmal fast zu viel. Deswegen biete ich jetzt nur noch einer Person einen Platz an, so kann ich ihr besser gerecht werden.

Wenn die Gäste mögen, sind sie bei den Arbeiten auf der Alp mit dabei. Auf Wunsch machen wir auch was Spezielles, eine Bergtour oder die Gletschermühlen in der Nähe besichtigen. Es gibt so viele Möglichkeiten. Die meisten Besucher wollen aber hauptsächlich reden. Dank der Ausbildung in Erlebnispädagogik hab ich jetzt einen besseren Hintergrund für solche oft sehr persönlichen Gespräche.

*Man hat sehr viel Zeit zum Nachdenken. Manche verkraften das nicht und kriegen die absolute Krise.*

Früher war ich manchmal leicht überfordert mit den Geschichten, die sie mir anvertrauten. Wenn die Menschen aus ihrem Alltag raus sind und der ganze Trott wegfällt, können sie sich nicht mehr ablenken. Man hat sehr viel Zeit zum Nachdenken auf der Alp. Manche verkraften das nicht und kriegen die absolute Krise.

Für mich ist der Austausch jedenfalls sehr bereichernd. Zum Teil entstehen enge Freundschaften. Eine Begegnung mündete sogar in einem Buch. Eine Autorin war bei mir zu Gast. Sie fand, ich solle doch über mein Älplerinnendasein schreiben. Ich setzte mich also jeden Tag zwei Stunden hin und schrieb, und das Buch kam später unter dem Titel *Alpfieber* heraus.

Unterdessen wäre es bereits um einige Alpkapitel dicker. Und es kommen sicher noch mehr Alpsommer und Geschichten dazu. Es sei denn, ich mache mal was ganz anderes. Wer weiß, was das Leben noch bringt. Eine Freundin erzählte mir von einer Frau in Marokko, deren Kind sie finanziell unterstützt, damit es zur Schule gehen kann. Die marokkanische Familie hat Ziegen und zieht mit ihnen im Sommer ins Atlasgebirge. Sie übernachtet im Zelt. Die gehen also auch auf die Alp, aber auf marokkanische Weise. Dort mal mit dabei zu sein, würde mich sehr reizen.

*Der Stier riecht genau, wenn eine Kuh aufnahmebereit ist.*

Aber erst einmal gehe ich weiterhin auf die Alp. Hier geht's mir einfach gut. Und manchmal ist es so lustig! Neulich beobachtete ich Stier Elvis, wie er eine Kuh decken wollte. Sie zeigte kein Interesse. Dann holte er Anlauf, rannte auf sie zu, sprang auf sie drauf und alle seine Viere hingen in der Luft. Das hat vielleicht ausgeschaut!

Der Stier riecht genau, wenn eine Kuh aufnahmebereit ist, das geht nur ganz kurz, einen halben bis maximal anderthalb Tage. Wenn du künstlich besamst, klappt es manchmal nicht, weil es vielleicht nicht der richtige Moment war. Wenn ein Stier eine Kuh umwirbt, müssen Julia und ich Abstand halten. Der mag es nicht, wenn wir ihr zu nahe treten. Da macht er schon mal ein paar Schritte auf uns zu.

Mein absoluter Liebling in der Herde ist die Tigerkuh. Sie ist schon alt und will ihre Ruhe haben. Es dauert immer eine Weile, bis sie da ist, wo die anderen sind. Sie lässt sich gar nicht gern anfassen und hat ihren eigenen Charakter. Schon möglich, dass ich Parallelen seh zu mir. Alte Kühe gefallen mir.

Dass Bauern sie lange behalten war früher üblich. Aber heute werden Hochleistungskühe vielleicht noch fünf, sechs Jahre alt. Die älteste Kuh, die ich kennenlernen durfte, war achtzehn – eine richtige Charakterkuh mit ganz langen Hörnern.

Aber jetzt muss ja alles Profit abwerfen. Wenn eine Mutterkuh alt ist und nicht mehr trächtig wird, rentiert sie nicht mehr. Bei den Hochleistungs-Milchkühen ist es genauso. Deren Milchleistungskurve steigt erst steil nach oben, dann sinkt sie ebenso schnell wieder ab. Bei einer normalen Kuh verläuft die Kurve viel kontinuierlicher. Am Anfang gibt sie nicht so übermäßig viel Milch, aber wenn sie älter wird, fällt sie auch nicht so ab in der Leistung.

*Auf dem Platz fährt Julia mit dem Auto vor. Sie ist vom Einkaufen aus Trin zurück und setzt sich vor der Hütte zu ihrer Mutter auf die Bank. Julia mag auch die alten Kühe mit den richtigen Hörnern lieber, obwohl ihr als vierjähriges Mädchen mal eine Kuh ein Horn ins Gesicht schlug.*

*Julia (lacht):* Ich ging zu der Kuh hin, um mit ihr zu schmusen. Sie lag auf der Weide und war friedlich am Wiederkäuen. Kaum war ich bei ihr, stieß sie den Kopf zur Seite und rammte mir das Horn ins Gesicht. Sie hat mich einfach umgehauen. Aber weiter passiert ist mir nichts dabei, zum Glück. Und komischerweise sind mir heute die Kühe mit Hörnern immer noch lieber als die ohne. Ohne Hörner sind sie so unvollständig.

Der Kuhstoß hat mich jedenfalls nicht ferngehalten von der Alp, ganz im Gegenteil. Wenn ich unterwegs bin und Kuhglocken höre, kriege ich ein Kribbeln im Bauch und denke, ach, wäre ich jetzt bloß auf der Alp! Später will ich unbedingt mal selber eine bewirtschaften.

*Johanna (schmunzelt):* Meine Kinder haben das Alpfieber alle ein bisschen geerbt.

*Meine Kinder haben das Alpfieber alle ein bisschen geerbt.*

*Julia:* Ja. Nach dem Studium suche ich mir eine Teilzeitstelle, damit ich im Sommer auf die Alp kann. Am liebsten auf eine Milchkuhalp, ich melk so gerne. Darum möchte ich auch noch den Senninnenkurs machen. Denn hier oben, weit weg vom ganzen Luxus und den elektronischen Spielzeugen, fühle ich mich frei. Ich hab hier kein Internet, kein iPhone, und es geht mir blendend dabei.

Schön find ich, dass hier viele Arbeiten so sinnvoll sind. Zu Hause geh ich oft ganz kaputt ins Bett und fühle mich fast hirntot. Aber auf der Alp bin ich zufrieden und erfüllt. Abends bin ich körperlich müde und hatte einen guten, ausgefüllten Tag – meistens wenigstens.

*Johanna:* Das geht mir auch so, für mich ist die Alp Energiequelle pur. Hier kann ich auftanken für den Rest des Jahres und so tun, als wäre die Welt noch in Ordnung.

*Hier kann ich auftanken für den Rest des Jahres und so tun, als wäre die Welt noch in Ordnung.*

# Guter Heinrich

Der Gute Heinrich sprießt auf der Alp Mora wie wild um die Hütte herum. Während die älteren Blätter bitter schmecken, sind die jungen zart und fein. Johanna Glas kocht das Wildgemüse wie Spinat.

*Für 4 Personen*

| | |
|---|---|
| 1 Sieb Guter Heinrich | waschen |
| 1 große Zwiebel | klein schneiden |
| 2 Knoblauchzehen | hacken |
| Olivenöl | in der Pfanne erhitzen, Zwiebel und Knoblauch darin dünsten, bis sie goldgelb sind, und den Guten Heinrich dazugeben |
| 1 dl Gemüsebouillon | dazugeben und das Gemüse gar kochen |
| Pfeffer und Curry | zum Würzen |
| 1 Esslöffel Mehl | zum Binden |
| 1 dl Rahm | zum Verfeinern |

Das wilde Spinatgemüse schmeckt wunderbar als Omelettfüllung. Es lässt sich aber auch gut mit Salzkartoffeln oder Reis servieren.

# Alpine Badefreuden bei den Gletschermühlen

Die Gletschermühlen nahe der Alp Mora sind einen Besuch wert! Urzeitliche Eismassen schliffen mit Sand und Geröll käsekesselgroße Vertiefungen ins Kalkgestein. Gleich dutzendweise liegen die Gletschermühlentrichter im Val Maliens nebeneinander, fast weiß der Fels und türkis und klar das Wasser. Badekleid mitnehmen für den Sprung ins kühle Nass!

Für die Rundwanderung ab Trin Quadris folgt man dem Alpweg zur Alp Mora. Dort quert man westlich der Lawinenverbauungen zum Hochtal Muletg und geht hoch zum Aussichtspunkt Plaunca Dira (2138 m). Auf dem Gipfelpunkt der Wanderung hat man einen überwältigend schönen Blick bis zum Oberalp und hinein ins Lugnez. Via ehemaligen Schäferweg geht's nun an wildromantischen Felspartien vorbei zur Alp Lavadignas und steil runter nach Bargis.

**Anreise:** mit dem Auto oder ab Chur mit dem Postauto bis Trin Quadris
**Route:** Trin Quadris–Alp Mora–via Hochtal Muletg zur Plaunca Dira–Alp Lavadignas–Bargis
**Gehzeit:** 6 h 30
**Höhenmeter:** 1620 m
**Rückreise:** mit dem Postauto nach Flims und weiter zurück nach Trin
**Karten:** Swisstopo 1195, Reichenau (1:25 000); Swisstopo 247, Sardana (1:50 000)

**Weitere Wandervorschläge:** www.trin-verkehrsverein.ch

Alp Malschüel
oberhalb von Buchs (SG)

Untersäß, 1487 m
Mittelsäß, 1777 m

360 Hektar Weidefläche

www.ziegenfreunde.ch
> Alp

256 Ziegen
25 Schweine
1 Hirtenhund Fly

# Alp Malschüel

Es regnet an diesem Frühsommertag. Die Wolkenfetzen hängen tief im Gebirgskessel, der von Alvier, Chrummenstein und Fulfirst umgeben ist. Die Geißenalp Malschüel bei Buchs im Rheintal ist in dichte Watte gepackt. Richtiges Gummistiefelwetter für die Sennin Renate, 43, und die Hirtinnen Mel, 28, und Manuela, 22.

Ein buntes Frauenteam: Renate aus Südtirol ist Politologin, legt in ihrer Freizeit als DJane auf und hat schon manchen Alpsommer hinter sich. Mel, Landmaschinenmechanikerin aus Südfrankreich, träumt vom Leben als Selbstversorgerin und war letztes Jahr zum ersten Mal auf der Alp. Und Manuela aus dem Zürcher Oberland will einmal den Bauernhof der Eltern übernehmen, aber vorher wollte sie unbedingt z'Alp.

Tags darauf reißt der Himmel auf und der Blick öffnet sich bis ins Rheintal und nach Buchs hinunter. Nun hört man nicht nur die Glocken der Rinder durch den Nebel hindurch bimmeln, sondern sieht sie auch zwischen den Alpenrosen weiden.

In den Holzregalen im Käsekeller liegt, wie Goldstücke aufgereiht, schon eine Tonne kostbarer Geißenkäse. Ende der Saison werden es dreieinhalb Tonnen sein. Spitzenqualität. Die Frauen errangen bei den St. Galler und Appenzeller Alpkäseproduzenten für ihren Käse die Maximalpunktzahl und dazu die Goldmedaille bei der Flumser Alpkäseprämierung. Für die Alpdelikatesse legen sie sich voll ins Zeug.

## Renate Telser

Politologin, DJane, Sennin

## Mélanie Charles

Landmaschinenmechanikerin, Landwirtin, Hirtin

## Manuela Gentner

Hauswirtschaftsfachfrau, Familienhelferin, Bäuerin, Hirtin

*Renate ist in der Sennerei beim Käsen und sieht nach den ersten vier Wochen gestresst und müde aus. Von wegen Alpidylle!*

*Renate:* Ich drehe im roten Bereich. Mein häufigster Satz lautet: Ich muss noch schnell … Als ich kürzlich in die Stadt zum Einkaufen fuhr, hatte ich ein Auto vor mir und kroch eine halbe Stunde lang Haarnadelkurve um Haarnadelkurve bis nach Buchs hinter ihm her, ohne überholen zu können. Ich kochte innerlich. Fahr schneller, du Schnecke!, hätte ich ihn gerne angeschrien. Jede Minute würde mir später im Käsekeller fehlen.

Das ist mein neunter Alpsommer. Und bisher war immer die Stadt der hektische Ort mit dem Stress, dem Lärm und den vielen Menschen überall. Aber dieses Mal ist es andersrum. Unten ist die Entschleunigung und oben die volle Beschleunigung. Als zwei Frauen an der Kasse miteinander plauderten, wurde ich fuchsteufelswild und dachte: Müsst ihr gerade hier quatschen? Schneller! Mein dünnes Nervenkostüm gibt mir echt zu denken .

Natürlich ist jeder Alpsommer streng. Dieser Mythos der Alpidylle, der den Leuten vorgaukelt, man komme in die Berge an die frische Luft und mache ein bisschen Urlaub, das ist Humbug! Alpen ist harte Arbeit. Die ersten zweieinhalb Wochen arbeitete ich siebzehn Stunden durch. Jetzt packen Mel und Manuela mit an: Sie nehmen mir am Abend das Schweinefüttern ab, spülen Geschirr, kochen und holen Gasflaschen aus dem Schuppen fürs Einheizen des Käsekessis. Immerhin konnte ich so über Mittag schon zwei Mal eine Stunde pausieren.

Von der Logistik her ist Malschüel die totale Herausforderung. Früher war das eine Kuhalp, und als der Verein Ziegenfreunde die Alp übernahm, stellte man auf Ziegen um. Den Melkstand bauten sie auf dem Mittelsäß, dreihundert Meter weiter oben. Doch die Verarbeitung der Milch blieb auf dem Untersäß. Wegen dieser Zweiteilung müssen Mel und Manuela täglich eine Stunde hin- und herpendeln.

*Gegen zehn fallen wir alle todmüde ins Bett.*

Die beiden Hirtinnen stehen um vier Uhr auf und fahren zu den Geißen zum Melken hoch. Für die 256 Ziegen brauchen sie rund drei Stunden. Danach putzt die eine den Stall, während die andere mit den Ziegen auf die Weide vorauswandert. Um drei Uhr geht's zurück in den Stall. Gegen halb fünf werden die Ziegen zum zweiten Mal gemolken. Um acht gibt's Abendessen, und gegen zehn fallen wir alle todmüde ins Bett. Sieben Tage die Woche, dreieinhalb Monate lang.

Die Milchkannen stellen Mel und Manuela am Abend auf dem Mittelsäß in den Brunnen vor dem Ziegenstall. Am nächsten Morgen hole ich die Kannen zusammen mit der am Morgen frisch gemolkenen Milch oben ab. Ungefähr 440 Liter jeden Tag.

Ich selber stehe um halb fünf auf und nehme in der Sennerei als Erstes die Käselaibe vom Vortag aus den Käseformen, gebe sie ins Salzbad, putze die Formen, die Wanne und richte alles her für den nächsten Käsegang.

Dann geh ich in den Stall und füttere die fünfundzwanzig Schweine. Um sieben Uhr wandere ich zu Mel und Manuela hoch, und zusammen locken wir die letzten widerspenstigen Ziegen trickreich in den Melkstand. Nach dem Melken karren wir den Mist auf den Misthaufen, und Manuela spritzt die betonierte Fläche vor dem Stall mit dem Schlauch ab.

Mit der Milch fahr ich runter zur Sennerei und lade die Kannen mithilfe der Rampe ab. Dank des elektrischen Hebekrans kann ich die mordsschweren Dinger alleine ins Käsekessi ausleeren. Ohne Kran ging's nur zu zweit.

Die abgekühlte Abendmilch erwärme ich auf 58 Grad. Das Thermisieren tötet viele Keime. Ich setze die Käsekulturen an und richte das Lab her. Bis die Milch temperiert ist, geh ich schnell duschen. Fürs Frühstück reicht die Zeit nicht, aber ein Kaffee muss sein. Weiter geht's: Die Morgenmilch zur thermisierten Abendmilch gießen, abkühlen auf 32 Grad, Kannen spülen, die Milchsäurekulturen und später das Lab dazugeben, kurz rühren, mit der Käseharfe die eingedickte Milch zu Bruchkorn schneiden, um die Molke abzutrennen. Je feiner das Korn, desto mehr Wasser tritt aus und desto härter wird der Käse. Gegen eins oder halb zwei bin ich fertig. Jetzt noch im Käsekeller den Käse vom Morgen aus dem Salzbad fischen und zum Abtropfen auf Brettern in die Regale schieben.

*Fürs Frühstück reicht die Zeit nicht, aber ein Kaffee muss sein.*

Jetzt ruft der Haushalt. Nebenbei gibt es immer allerlei zu reparieren. Beim Abfüllschlauch platzten jüngst die Manschetten, sodass die Molke rausfloss und die ganze Sennerei überflutete. Später war der Heißwasserschlauch kaputt, dann zündete der Brenner zum Heizen fürs Käsekessi nicht, und beim Traktorfahren hielt ich plötzlich den ganzen Ganghebel in der Hand. Zum Glück ist Mel Mechanikerin.

Später geh ich wieder in den Käsekeller, um die reifenden Käse sorgfältig zu pflegen. Das dauert einige Stunden. Jetzt nochmals die Schweine füttern und den Stall putzen, bevor es schon ans Abendessenkochen geht.

*Es ist bald acht Uhr. Mel und Manuela kommen vom Melken zurück und Renates Ratatouille mit Kartoffeln, Bohnen, Kürbis und Rüebli duftet durch die Stube. Die Frauen setzen sich zu Tisch. Nachbar Köbi von der Rinderalp gesellt sich dazu. Und die Frauen erinnern sich an ihre erste Begegnung im Mai auf der Alp.*

*Manuela:* Auf dem Untersäß lag meterhoch Schnee.

*Renate:* Den Stall sah man gar nicht. Er lag unter der Schneedecke. Wir trafen uns an jenem Nachmittag mit dem Alpmeister und seinem Stellvertreter, um einander kennenzulernen.

*Manuela (scherzhaft):* Dann dachten alle, ui, nein, mit den beiden soll ich dreieinhalb Monate auf der Alp sein!

*Renate:* Der Alpmeister erklärte uns kurz die Abläufe.

*Mel:* Als Französin verstand ich fast gar nichts. Dank meinem Freund Jockl habe ich zwar Deutsch gelernt, aber die sprachen Schweizerdeutsch und ich verstand nur Bahnhof. Ich tat trotzdem so, als sei mir alles klar.

*Renate:* Wir unterschrieben die Verträge, verabschiedeten uns und trafen uns im Juni, als es losging, wieder.

*Ich fragte manchmal, wer eigentlich auf die Idee gekommen war, hierher zu kommen.*

*Manuela:* Die erste Woche regnete es ununterbrochen. Wir hatten ewig mit Melken zu tun, dreieinhalb Stunden am Morgen wie am Abend. Nach ein paar Tagen schafften wir es in drei. Damit dauerte das Melken gleich lange, wie das Schlafen: sechs Stunden. Ich pfiff aus dem letzten Loch und fragte manchmal, wer eigentlich auf die Idee gekommen war, hierher zu kommen.

*Mel:* Letztes Jahr war ich aushilfsweise einige Wochen auf der Bündner Kuhalp Tschegn Dadens bei Brigels. Das war viel lockerer.

*Köbi:* Das Melken dauert bei euch einfach zu lange.

*Manuela:* Es geht schon deutlich besser. Wir kommen jetzt in fünf bis sechs Stunden durch.

*Köbi:* Und 256 Geißen sind zu viel. Es bräuchte einen größeren Melkstand und mehr Melker. So warten die letzten Geißen zweieinhalb Stunden, bis sie an der Reihe sind.

*Mel:* Mit ihrem prallvollen Euter verrecken sie fast auf dem Vorplatz, wenn es heiß ist.

*Dann fällt das Stichwort Pipeline. Man könnte die Milch vom Mittelsäß durch ein Rohr zum Untersäß leiten. Der Transport mit einer Viertelstunde Fahrt hinunter zur Sennerei und eine Viertelstunde Kannen auf den Transporter laden fielen weg. Eine Alternative wäre, weniger Ziegen zu behirten. Vor fünf Jahren waren es 170, unterdessen sind es fast 100 Tiere mehr.*

*Manuela:* Am dominantesten sind die Nera Verzasca, sie beanspruchen den ganzen Platz für sich. Neben ihnen haben die Toggenburger, Saanen, Appenzeller, Pfauen und Strahlen nichts zu melden.

*Mel (lacht):* Wir haben auch eine »Asthma«-Geiß. Sie atmet wie ein Nilpferd.

*Manuela (lacht auch):* Wir führen hier einen Kurort für kranke Geißen.

*Mel:* Immerhin finden wir Asthma immer als erste im dichten Nebel.

*Mel (grinst):* Aber Wölfe haben sich noch nie hierher verirrt. Vielleicht wären sie die Lösung! Oh, schade, sie haben wieder die Hälfte der Herde gerissen!

*Renate:* Solche Räubergeschichten fantasieren wir jeden Tag zusammen. Jedes Mal halbiert sich die Herde. Manchmal stürzen die Ziegen im Nebel von der Felsklippe oder sie verirren sich im unwegsamen Gelände und verhungern elendiglich.

*Köbi:* Ja, bis hier mal alles richtig läuft, ist es meist schon Herbst. Wenn ihr einen zweiten Alpsommer macht, wird es bereits viel einfacher gehen. Ihr kennt dann die Abläufe.

*Renate:* Immerhin sind wir ein super Team. Das hilft. Ich werfe die Flinte schon nicht gleich ins Korn.

*Kurz nach zehn Uhr verabschiedet sich Köbi und geht zu Bett.*

*Renate:* Ich brauche jetzt zwei Wecker. Sonst schaff ich es um halb fünf nicht aus den Federn.

*Tags darauf erzählt jede Älplerin aus ihrem Leben.*

*Wir haben auch eine »Asthma«-Geiß. Sie atmet wie ein Nilpferd.*

## Mel

Ich wuchs in Frankreich an der Côtes d'Azur auf, später lebten wir in den Hautes Alpes bei Grenoble. Dort ist's ähnlich wie hier, nur mit Sonne. Mit siebzehn Jahren zog ich in eine Kommune. Nach dem Baccalaureat wollte ich etwas Handwerkliches machen. Da mich das Leben als Selbstversorgerin reizt, interessierte ich mich schon früh fürs Bauern.

In der Auvergne fand ich mit Freunden ein kleines Stück Land in einem Dorf bei Vichy. Wir probten als Kollektiv die Landwirtschaft und hielten Ziegen, Schafe und Schweine. Ich steckte in der Ausbildung zur Landmaschinenmechanikerin, als sich unser Selbstversorgerexperiment in eine ungeahnte Richtung entwickelte. Als Aussteiger waren wir den einheimischen Bauern ein Dorn im Auge. Das Leben wurde uns richtig madig gemacht und wir fanden uns bald inmitten eines Krimis wieder. Unsere Ziegen wurden erschossen, die Scheune brannte ab und wir wurden mit Todesdrohungen eingeschüchtert. Die Zeichen waren deutlich: Wir sollten den Platz räumen. Die Bauern hatten es auf unser Land abgesehen. Am Ende standen wir unter Polizeischutz und ich schlief nur noch mit dem Revolver unter dem Kopfkissen. Nervlich war ich am Ende. Und irgendwann war das Maß voll. Die Bauern hatten ihr Ziel erreicht: Wir räumten das Feld. Zum Glück ist dieses dunkle Kapitel abgeschlossen.

Meine Freunde zogen in die Bretagne, und ich ging nach Norddeutschland in die Kooperative Longo Maï, eine der ersten Kommunen, die in den Siebzigerjahren gegründet wurden. Auf einem Sommer-Meeting in Berlin lernte ich meinen Freund Jockl kennen, mit dem ich nach Lindau an den Bodensee zog. Deutsch habe ich mir selber beigebracht. Schweizerdeutsch wäre als Nächstes dran.

*Ich ging nach Norddeutschland in die Kooperative Longo Maï.*

Jockls Eltern besitzen in Lindau einen Pferdehof und wir überlegten, den zu übernehmen. Aber es zieht mich zurück nach Südfrankreich. Und Jockl kommt für die neun Monate, in denen ich mich zur Landwirtin weiterbilde, mit.

## Renate

Als Kind verbrachte ich in Südtirol jeden Sommer bei meiner Oma auf dem Bergbauernhof. Sie freute sich riesig, weil sie dachte, dass ihr Lebenswerk weitergehe. Doch es zog es mich nach Innsbruck, wo ich statt Agronomie Politikwissenschaft studierte. Das feministisch ausgerichtete Studium mit dem einzigen Frauenlehrstuhl Österreichs prägte mich stark und veränderte mein Leben. Noch während des Studiums landete ich auf einer Weiberalp im Pitztal in Tirol.

Ich hatte Angst vor den riesigen Kühen und konnte weder melken, hirten, zäunen noch sennen, gar nichts! Dafür stimmte die Chemie im dreiköpfigen Team. Das sei das Wichtigste, fanden meine Kolleginnen. Wir hatten drei Kühe, vierzig Rinder und führten ein kleines Gastgewerbe mit Übernachtungsmöglichkeit und Alpsauna. Die Milch verarbeiteten wir zu Quark, Joghurt, Frisch- und Schnittkäse. Das war lustig.

Dann zog es mich und meinen damaligen Freund auf die nächste Alp im Osttiroler Defreggental. Wir waren richtig erfinderisch bei der Milchverarbeitung und kreierten Joghurt mit Crème Caramel, Preiselbeer, Fichtenwipfel oder Minzensirup mit Schokoladeblättchen – quasi die Alpvariante von After Eight. Dazu stellten wir Grau- und Hartkäse sowie Butter her und probierten Neues aus: etwa die verschiedenfarbigen Quarkbällchen mit frischen Kräutern, Paprika, Safran und Pfeffer. Das gab irrsinnig viel zu tun, aber die Bällchen gingen weg wie warme Semmeln. Die Leute kamen extra wegen unserer Produkte hoch und schleppten sie in Kühlboxen zurück ins Tal.

Meist konnte ich die Alpzeit mit meinen Jobs verbinden. Sieben Jahre arbeitete ich bei der Denkmalpflege als Leiterin von wissenschaftlichen Bibliotheken, später als Geschäftsführerin der Südtiroler Bäuerinnenorganisation. Danach war ich Ermittlerin im größten europäischen Bioskandal: Futtermittel aus Rumänien im Wert von 220 Millionen Euro waren damals mit gefälschten Biozertifikaten verkauft worden.

Nach dem Studium wollte ich eine Weile eine Dissertation über Rollenbilder auf der Alp schreiben. Sind es dieselben wie im Tal? Lösen sie sich auf? Gibt es typische weibliche und männliche Aufgaben? Wenn jedenfalls hier auf Malschüel der Traktor kaputt ist, muss er repariert werden. Da stellt sich die Frage nach einem Mann nicht, sondern es gilt das Motto »Selbst ist die Frau«.

*Im Gasthaus lachten sie bestimmt über die Weiber da oben.*

Auf der ersten Alp war das nicht anders. Den Lawinenzug, der im Winter neben der Hütte niedergegangen war, mussten wir Frauen Anfang des Sommers selber räumen. Um die Baumstämme im Schneeschutt zu zerkleinern, brauchten wir eine Motorsäge. Die Männer schauten uns erst nur ungläubig an. Dann gaben sie uns ein ausrangiertes Modell. Im Gasthaus lachten sie bestimmt über die Weiber da oben. Aber wir brachten das Ding zum Starten. Und als eine Tante uns besuchte, fand sie, boah, ihr habt eine Motorsäge! Sie wolle so gerne auch mal damit holzen, ihr Mann lasse sie nie. Und schon sägte sie uns zwei Steer Holz. Gestrahlt hat sie!

Es ist schön, den Frauen bewusst zu machen, dass sie genauso gut Traktor fahren oder mit der Motorsäge hantieren können wie Männer. Man wird zum Vorbild und andere getrauen sich dann ebenso. Darum war mir auch mein Amt als Vorsitzende des Südtiroler Frauenarchivs sehr wichtig. Wir machten dort Frauengeschichte sichtbar.

*Boah, ihr habt eine Motorsäge!*

Ich find's spannend, den Intellekt und das Technisch-Handwerkliche genauso zusammenzubringen wie das Ländliche und das Urbane. In Innsbruck, Wien, Bozen und München hab ich Engagements als DJane und gab Workshops für junge Frauen. Wie die als DJanes auflegen, ist super. Sobald sie die Angst vor der Technik überwinden, geht die Post ab. Das macht richtig Spaß!

Und sonst? Ich träum von einem kleinem Biobauernhof kombiniert mit Kunst und Kultur. Ähnlich wie auf unsrer ersten Alp, wo uns viele Tiroler Szeneleute besuchten. Wir organisierten Konzerte und Ausstellungen, zeigten alternative Filme und spielten damit ein Drittel des Verdiensts ein.

Weiter sennen würde ich auch gerne. Milch ist so ein toller Rohstoff! Um zu verstehen, was beim Käsen genau vor sich geht, habe ich einen Sennerei-Intensivkurs in Südtirol besucht.

*Längerfristig will ich einen Hof, aber keinen Bauern.*

Längerfristig will ich einen Hof, aber keinen Bauern. Ich sah bei den Bäuerinnen, wie ungünstig die Strukturen für einheiratende Frauen sind. Die Schwiegermutter oder Schwägerin dominiert und die Frau hat nichts zu sagen. Das erspar ich mir. Ich will meine eigene Chefin sein. Und gerne mit drei, vier Leuten einen Betrieb übernehmen. So kann ich auch mal weg ins Kino und jemand anders übernimmt das Melken.

## Manuela

Dass ich Bäuerin werden will, wusste ich schon als kleines Mädchen. Ich wuchs auf einem Bauernhof im Zürcher Oberland auf. Und da meine zwei Geschwister andere Pläne haben, werde ich den Hof unserer Eltern übernehmen. Vater ist jetzt 52 Jahre alt.

Ins Berufsleben eingestiegen bin ich als Hauswirtschaftsfachfrau. Im ersten Lehrjahr arbeitete ich in einem Bauernhaushalt, im zweiten und dritten an der landwirtschaftlichen Schule Strickhof in Wülflingen.

Dann half ich ein halbes Jahr zu Hause auf dem Hof aus und arbeitete stundenweise auf dem Strickhof, bis ich die Bäuerinnenschule absolvierte. Danach war ich Familienhelferin. Und im Frühling 2012 schloss ich die Berufsprüfung als Bäuerin ab. Als solche bin ich nun direktzahlungsberechtigt. Ohne Subventionen kann man heute kaum noch überleben.

Aber bevor ich den elterlichen Hof übernehme, wollte ich unbedingt auf eine Alp. Wir haben neben 25 Milchkühen selber sechs Ziegen auf unserem Hof. Da machte mich das Malschüeler-Alp-Inserat neugierig. Ziegen finde ich lustig: Sie tragen immer ein Smilen im Gesicht und sind auf Zack, viel vifer als Schafe. Wenn man Zeit hat, sie zu beobachten, sieht man haargenau, was sie gerade aushecken.

*Ziegen finde ich lustig: Sie tragen immer ein Smilen im Gesicht und sind auf Zack, viel vifer als Schafe.*

Hier auf Malschüel sind die Arbeitstage streng, aber man gewöhnt sich daran. Und mit einem Power-Nap tagsüber geht es. Schön ist, dass der Puls anders schlägt als im Tal. Wir müssen zwar vorwärtsmachen, aber nach unserem eigenen Rhythmus und dem, den Wetter und Arbeit uns vorgeben.

Allerdings fehlt mir hier manchmal das Gesellschaftliche mit der Musik, die Stubeten, wo ich Schwyzerörgeli spiele. Ich mag es, den Menschen mit der Musik eine Freude zu bereiten. Das Handörgeli hab ich zwar mit auf der Alp, aber Mel mag die Musik nicht, sie hört lieber Rock oder Heavy Metal. Und ich will ihr nicht die ganze Zeit auf die Nerven gehen.

*Am Nachmittag hieven Mel und Manuela vor der Sennerei die leeren Milchkannen auf den Transporter, setzen sich die Kopfhörer auf, um sich vor dem mörderisch lauten Rattern des Vehikels zu schützen, und tuckern los ins Obersäß zum Melken.*

*Oben angekommen, holen sie die Geißen von der Weide und treiben sie über Stock und Stein zum Stall zurück ins Gatter, wo die Tiere auf ihren großen Auftritt im Melkstand warten. Dort reihen sich die Ziegen einen Meter über dem Boden vor den Hirtinnen auf, Bürzel an Bürzel, den Kopf vorne in den Futtertrog gestreckt, wo sie gierig Gerste und Hafer habern, während die Frauen ihnen das Melkzeug an die prallen Euter setzen.*

Zwei, drei Ziegen humpeln immer.

*Nach fünf Minuten ist die Aufführung beendet. Die Melkerinnen hängen die Sauger ab und die Geißen machen rechts einen Abgang. Während von links schon die nächsten durchs Törchen auf die Bühne trippeln. Das Spektakel beginnt von Neuem. 22-mal, bis alle 256 Ziegen gemolken sind.*

*Manuela:* Hier geht alles zack, zack, wie im Industriebetrieb. Es bleibt kaum Zeit, aufs einzelne Tier einzugehen. Es sind so viele. Doch auf der Weide sucht schon hin und wieder ein krankes Tier unsere Nähe. Zwei, drei Ziegen humpeln immer. Vor allem bei feuchtem Wetter bekommen sie geschwollene und eiternde Füße. Gegen Panaritium behandeln wir sie mit einem Medikament und baden ihre Füße in Schmierseifenwasser. Das zieht den Eiter raus.

Nach dem Melken versuchen wir, die Tiere auf jene steilen Wiesenhänge zu führen, auf die es die Rinder nicht schaffen: ins Schöntobel, zum Alvier oder zum Barbielergrat.

*Mel:* Das braucht Geduld. Am Anfang dachte ich, dass ich die Tiere dorthin führen kann, wo ich will. Aber keine Chance. Du kannst ihnen höchstens die Richtung vorgeben. Köbi sagt, dass wir uns entspannen sollen, die Tiere wüssten schon, wo sie das beste Futter finden. Und das stimmt, sie stöbern immer die schönsten Plätze auf.

Am Anfang dachte ich, dass ich die Tiere dorthin führen kann, wo ich will. Aber keine Chance.

*Zweieinhalb Monate später, Anfang September. Mel ist am Hirten, Renate setzt in der Küche Kaffee auf. Am frühen Nachmittag kommt Manuela kurz von den Böcken und Ziegen ins Untersäß und setzt sich an den Tisch.*

*Manuela:* Wenn Mel nach dem Melken mit der Herde auf die Weiden zieht, decke ich die Ziegen. Wir sondern die böckigen Tiere aus der Herde aus und behalten sie im Stall zurück. Sie würden eh keinen Schritt weg tun.

Die Böcke teile ich gemäss der Liste der Alpkommission den Ziegen zu. Wenn ein Bock mehrere Ziegen pro Tag decken muss,

*Wenn ein Bock mehrere Ziegen pro Tag decken muss, achte ich darauf, dass er Pausen hat.*

achte ich darauf, dass er Pausen hat. Sonst springt er nicht mehr schön. Für den Akt stecke ich die Tiere zusammen in die Box, eine richtige Sexbox *(lacht)*. Er springt, ich nehme die Ziege raus, und die nächste ist dran. Ein Akt dauert knapp zwei Minuten. Und ich führe Buch darüber, welche Ziege wann von welchem Bock gedeckt wurde. Sie gehen alle trächtig heim, außer der Besitzer wünscht es anders.

*Dann ruft schon wieder der Stall. Manuela geht zurück ins Obersäß, um zusammen mit Mel zu melken. Und Renate zieht Bilanz über den Alpsommer.*

*Renate:* Trotz harter und intensiver Arbeit haben wir sehr viel gelacht, richtig herzhaft, endlos, wir haben uns wirklich gut verstanden. Aber als Frauen mussten wir mehr leisten, um respektiert zu werden. Jetzt, wo wir bei der Alpkäseprämierung als Einzige die Maximalpunktezahl erreicht haben, hab ich das Gefühl, dass wir vom Alpmeister ernst genommen werden. Bei der Taxierung wird ja nicht nur die Sennerei bewertet, sondern alles spielt eine Rolle: wie es den Geißen geht, wie gemolken wird, wie die Milchqualität ist. Und wir haben zwanzig Punkte erzielt. Genial! Wir bekamen von allen Seiten Komplimente: »Super Käse!« Das zeigt, dass es sich gelohnt hat, sauber, sorgfältig und sehr hygienisch zu arbeiten. Das dauert zwar entsprechend länger, aber professionelle Arbeit schlägt sich in Spitzenresultaten nieder! Die Auszeichnung sehe ich als Dank für unsere harte Arbeit und als Beweis, dass wir wirklich einen super Job gemacht haben.

Sargans 2014
65

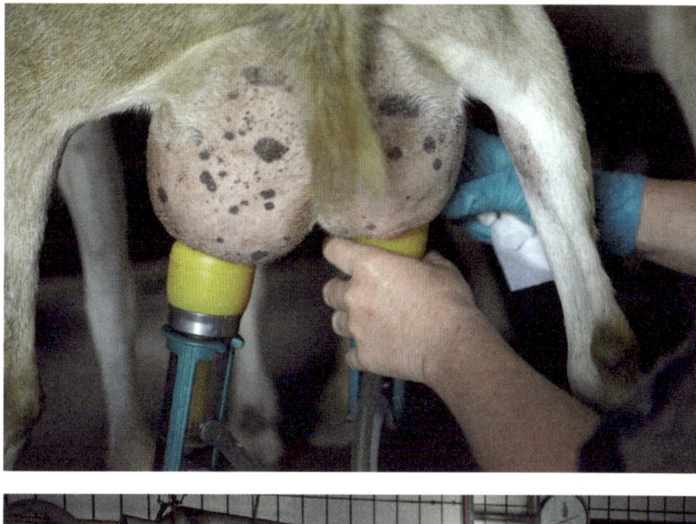

AEBI
TRANSPORTER TP20
SG 13105

# Spaghettini al formaggio di capra, rucola e pomodorini

In einer Viertelstunde ist der knackige, italienisch inspirierte Znacht, der nicht nur dem Gaumen schmeichelt, sondern auch das Auge erfreut, zubereitet.

*Pro Person*

| | |
|---|---|
| 150 g Spaghettini | in Salzwasser al dente kochen |
| Cherry-Tomaten | halbieren |
| 1 Handvoll Rucola | waschen |
| 50 g Ziegenkäse | in Würfelchen schneiden |
| 1 EL Mandelsplitter | anrösten |
| | Spaghetti damit anrichten |
| Olivenöl | darüberträufeln |

**Produkte**

3,5 Tonnen vollfetter Halbhart- und Hartziegenkäse

# Via Alp Malschüel auf den Aussichtsberg Alvier

Vom Berggasthaus Malbun auf dem Buchserberg aus erreicht man zu Fuß in einer guten Stunde die Alp Malschüel auf einem bequemen, leicht ansteigenden Forstweg.

Wer die Tour zu einer ausgiebigen alpinen Wanderung mit wunderbarem Blick übers Rheintal ausbauen möchte, wandert von der Alp weiter auf den Alvier bis zur Gipfelhütte. Der Panoramablick von dort runter auf den Walensee, die flankierenden Churfirsten und ins Sarganser Heidiland ist fantastisch!

**Anreise:** mit Bahn und Bus oder mit dem Auto via Buchs bis zum Berghaus Malbun
**Route:** Berghaus Malbun–Malschüel–Barbiel–Zwingler–Alvier (2342 m)
**Gehzeit:** 2 h zur Alp und retour, 5 h zum Gipfel des Alvier und retour.
**Höhenmeter:** gut 100 m bis zur Alp, 1050 m bis zum Gipfel
**Karte:** Swisstopo 1135, Buchs (1:25 000)

**Weitere Wandervorschläge:** www.verkehrsverein-buchs.ch/freizeit

Bödmerenalp
oberhalb von Muotathal (SZ)

untere Alp
Mittenwald, 1300 m
obere Alp
Bödmerenalp, 1635 m

11 Mutterkühe mit
11 Kälbern
26 Rinder
3 Hühner
1 Güggel
3 Schweine
3 Pferde: Stute Züsi
mit Fohlen Shaleika
und Stute Meilea
16 Ziegen
1 Bock
5 Gitzi
3 Lämmer

# Bödmerenalp

Wie ein Pfannendeckel streckt sich das Silberenmassiv von einem zum anderen Ende des Mattenbodens der Bödmerenalp. Oberhalb des Walds duckt sich das vom Wetter gezeichnete Holzschindelhüttchen in eine Landschaftsmulde, als warte es schon auf den nächsten Sturm. Die windschiefe Alphütte bietet links im Stall Platz für die Ziegen, während rechts im Haus die Älplerinnen mit den Kindern wohnen. Auf der Bödmerenalp scheint die Zeit vor einigen Hundert Jahren stehengeblieben zu sein: In der Hütte gibt's keinen Strom und kein fließendes Wasser, dafür einen Holzherd in der Küche und einen Tränkebrunnen vor dem Haus. Einzig das Klo im Schopfanbau ist topmodern! Marisa Heller, 30, die Alpchefin, ist mit ihren beiden Buben Rajas, 5, und Julani, 3, hier. Zur Hand geht ihr Rosina Schaffner, 23, sie hütet die Kinder, melkt Geißen oder trägt die Milch auf dem Rücken in die kleine Privatsennerei Ober Roggenloch hinunter. An diesem Vormittag ist Marisa auf die Weide gegangen, die Rinder zu zählen. In der Hütte wirft die Sonne Lichtstrahlen auf den Boden. Heute ist Badetag. Als Rosina die erste heiße Wasserladung in den Tränkezuber leert, steigt Wasserdampf auf. Dann füllt sie kaltes Wasser hinzu und setzt die Buben hinein und gleich spritzen sich die beiden quietschfidel nass. Von fern hört man Ziegenglöckchen bimmeln. Einige Geißen klettern auf dem Goldplänggli umher, der Kalkschratte, die sich wie ein Katzenrücken aus der Wiese wölbt. Die Mutterkühe und Kälber sind nicht in Sichtweite, die Pferde hingegen grasen hinter dem Haus. Als Marisa zurückkommt, setzt sie sich an den Tisch.

## Marisa Heller

Bäuerin, Hirtin

## Rosina Schaffner

Schneiderin, Hirtin

*Natürlich muss stets klar sein, dass ich das Alphatier und die Chefin bin.*

Ich gehe lieber mit einer Frau auf die Alp. Gerade mit den Kindern und dem Kochen und Haushalten ist das einfacher. Und auch wenn man sich am Abend waschen will. Ich war zwar auch schon mit Männern auf der Alp, aber die arbeiten mit viel größerem Krafteinsatz. Ich hab dann immer das Gefühl, ich müsse genauso anpacken und fürschimachen wie sie, und überfordere mich damit selber.

Einige Männer hatten auch einen groben, ja aggressiven Umgang mit den Tieren. Ein Mann, der Antibiotika spritzen muss, kann ein Rind einfach um den Hals herum oder an den Hörnern packen. Aber ich möchte nicht mit Kraft und Gewalt arbeiten, die Tiere sollen mir vertrauen können. Wobei natürlich trotzdem stets klar sein muss, dass ich das Alphatier und die Chefin bin.

Das erreiche ich mit einem bestimmten, aber liebevollen Umgang mit den Tieren. Mit einer selbstbewussten Körperhaltung und meiner Erfahrung signalisiere ich ihnen, dass ich den Ton angebe. Um ihr Vertrauen zu gewinnen, braucht's viel Fingerspitzengefühl und einen feinen Draht zu den Tieren.

Auf meiner ersten Alp im Greyerzerland zum Beispiel habe ich mit meiner Islandponystute Züsi gebastet, also alles Gepäck mit ihr zur Alp hochtransportiert. Mehr als fünfzig Kilo lud ich nie auf ihren Rücken, lieber lief ich zweimal. Was wiederum meinen Mitälpler ärgerte, weil er fand, dass er selber vierzig und sein Maultier nochmals hundert Kilo oder mehr trügen. Warum ich meine Stute nicht stärker belasten würde. Doch als er sein Maultier bepackte, stand diesem die Angst ins Gesicht geschrieben. Es hatte Schmerzen, riss die Augen und das Maul auf und schlug mit den Hufen um sich, damit es nicht noch stärker bepackt werde.

Manchmal muss ich als Hirtin aber auch sehr deutlich werden, wie bei der Leitkuh vorletzten Sommer: Als wir die Mutterkuhherde auf die obere Alp führen wollten, schubste und drängte sie mich mehrmals zur Seite, weil sie selber vorneweg gehen wollte. Irgendwann war meine Geduld am Ende und ich wurde dermaßen wütend, dass ich mich zu ihr umdrehte, sie anschaute und mit dem Stock voller Wucht auf den Boden klopfte, ihr unmissverständlich zeigend: Jetzt ist genug! Wenn du noch einmal überholst!

Mit ihr blieb die ganze Herde stehen und sie selber kam zu mir hin. Sie berührte mich sanft, indem sie den Kopf an meinen Bauch schmiegte. Und zeigte mir damit, okay, jetzt bist du akzeptiert. Erst auf mein Umdrehen hin setzte sich die Herde wieder in Bewegung. Die Leitkuh versuchte kein einziges Mal mehr, mich zu überholen.

*In einer guten Viertelstunde sei das Essen fertig, kündigt Rosina an. Und Marisa kommt auf ihren Tagesrhythmus zu sprechen. Sie melken die Geißen zweimal täglich, am Morgen und am Abend. Wie üblich auf der Alp beginnt ihr Tag früh.*

Wir stehen um viertel nach sechs auf, melken die Ziegen, waschen das Melkgeschirr am Brunnentrog und behandeln danach die Tiere. Zurzeit haben wir einige mit Panaritium, einer Krankheit, bei der sich die Klauen entzünden. Ihre Füße waschen wir mit Schmierseife ab und reiben die Klauen mit Honig ein. Im fortgeschrittenen Krankheitsstadium spritzen wir Antibiotika. Die Milch dieser Geißen verwenden wir nicht, der Käse würde sonst aufblähen. Wir gießen sie auf den Miststock, genauso wie die von Tieren mit schlechten Zellzahlen. Die Milch der übrigen Tiere bringt Rosina nach dem Melken zur Alp Ober Roggenloch runter in die Privatkäserei, wo sie der Senn alle zwei Tage verkäst.

*Nach dem Essen gibt's ein Mittagsschläfchen.*

In der Zwischenzeit wecke ich die Kinder, und nach dem Morgenessen geht eine von uns beiden die Rinder zählen, während die andere die Hühner und Schweine füttert, die Hütte putzt, Kleider wäscht und wie jetzt das Mittagessen kocht. Um halb zwölf holen wir auf der Nachbaralp Schotte für unsere drei Schweinchen. Nach dem Essen gibt's ein Mittagsschläfchen. Und am Nachmittag machen wir wenn möglich etwas mit den Kindern. Wir kontrollieren auch die Zäune, bringen den Rindern Salz oder misten bei den Schweinen und Pferden aus. Bei den Geißen tun wir das meist schon am Morgen. Und dann geht es schon wieder von vorne los mit Melken, Behandeln und Milch ins Roggenloch bringen.

*Dass die Buben hier im Dreck oder besser gesagt in der Erde spielen, gehört dazu.*

*Rajas kommt schnaufend von draußen angerannt:* Mami, eine Geiß schaut ganz traurig drein.

*Marisa:* Ja, wir müssen ihr den Fuß behandeln. Er tut ihr weh.

*Rajas:* Gehen wir jetzt in den Stall?

*Marisa:* Wir müssen noch die Schweinchen füttern.

*Rajas:* Das habe ich schon gemacht.

*Marisa:* Die Kinder auf der Alp mit dabei zu haben, ist eine Bereicherung. Sie sind hier viel ausgeglichener. Und ich bin dankbar, dass das möglich ist. Die Alp tut uns allen gut.

Dass die Buben hier im Dreck oder besser gesagt in der Erde spielen, gehört dazu. Und wenn sie in einen Kuhfladen treten und sich die Kleider vollschmieren, kann ich die ja waschen. Ich glaub, die Alp ist gesünder als das Leben in der Stadt, wo die Kinder in einer total hygienischen Wohnung aufwachsen. Jeden Tag duschen und eincremen – im Unterland übertreiben wir es mit unserem Hygienewahn.

Krank macht dort auch der Stress. Auf der Alp fällt der weg. Natürlich ist die Arbeit körperlich anstrengend, aber ich hab keinen Zeitdruck wie unten, wo ich mich ständig an der Uhr orientieren muss: Dann aufstehen, dann die Zähne putzen, bis dann im Kindergarten sein, dann einkaufen, bis um zwölf Uhr, wenn Rajas heimkommt, muss gekocht sein. Ich renne ständig gegen die Uhr an. Das finde ich extrem anstrengend.

*Es ist Abend geworden. Rosina steht am Waschtrog und kocht Znacht: Sie wäscht Salat, rüstet Kartoffeln, feuert den Holzherd ein und brätelt die Kartoffeln in der Bratpfanne.*

*Rosina:* Ich bin zum ersten Mal auf der Alp und wollte das schon lange mal machen. Das Abgeschiedensein hier gefällt mir, auch das raue, unzivilisierte Leben, bei dem nicht immer alles selbstverständlich ist. Und die Landwirtschaft sowieso. Aber später mal ganz Bäuerin sein will ich doch nicht. Da würde mir das Handwerkliche und Künstlerische fehlen.

Die Ausbildung zur Damenschneiderin habe ich zwar abgebrochen, weil ich mit der Schule nicht klarkam. Die war mir zu konservativ und engstirnig. Aber ich arbeitete doch drei Jahre lang als Schneiderin, erst am Theater in Berlin und später bei einer Gewandmeisterin in Dresden. Zurück in der Schweiz half ich auf verschiedenen Bauernhöfen mit, zuletzt auf einem Demeterhof im Zücher Oberland. Und jetzt bin ich auf der Alp gelandet, was mich ein bisschen amüsiert, weil ich als Kind die Berge überhaupt nicht mochte. Wandern fand ich nur anstrengend.

*Der Lichtschalter, warmes Wasser im Bad, ein Herd in der Küche …, wenn das mal wegfällt …*

Aber mir gefällt dieses einfache Leben hier. Ich könnte mir gut vorstellen, längerfristig so zu leben. Vielleicht nicht gerade als Selbstversorgerin. Aber mit ein paar Tieren, einem Gemüsegarten und einem Handwerk dazu, das wäre schön.

Denn ich mag es, wenn nicht einfach alles da ist und ich mich um die Dinge kümmern muss. Das hat eine ganz andere Qualität. Der Lichtschalter, warmes Wasser im Bad, ein Herd in der Küche …, wenn das mal wegfällt, bekommt man ein anderes Verhältnis zur Welt und zu sich selber. Man wird bewusster, geht sorgsamer mit der Natur und den Dingen um und schätzt viel mehr, was man hat.

*Marisa hat die Kinder ins Bett gebracht und kommt wieder in die Stube, wo sie aus dem Vorratsschrank eine Tafel Schokolade hervorzaubert.*

Sobald die Kinder im Bett sind, gibt's Süßes. Sie bekommen schon manchmal auch ein Stück zum Zvieri. Aber heute nicht, weil sie Blödsinn angestellt haben.

*Am nächsten Morgen, als Marisa zu den Rindern unterwegs ist, räumt Rosina das Morgengeschirr weg und kommt ins Erzählen.*

Mir hat mal jemand gesagt, dass alle verrückten Witwen in Italien Rosina heißen. Aber in der Schweiz ist der Name selten. Na ja, vielleicht treibt es mich ja selber mal in den Süden. Ich würde mich dort möglicherweise freier fühlen als hier in der kleinen und manchmal engstirnigen Schweiz. Jedenfalls möchte ich nach der Alp gerne bei einem Sattler arbeiten. Leder fasziniert mich als Material, wie auch Knochen, Felle und Hörner. Ich sammle alles, zum Leid meiner Mitbewohnerin, die solche Dinge gruselig findet.

*Mir hat mal jemand gesagt, dass alle verrückten Witwen in Italien Rosina heißen.*

*Am Nachmittag war Marisa mit den Kindern auf der Nachbaralp, um Schotte für die Schweinchen zu holen. Wieder zurück gerät sie ins Schwärmen.*

Der Käseinspektor war zu Besuch. Ich hab mich selber dabei beobachtet, wie ich den anstarrte. Oh Mann, ich hab schon so lange keine fremden Leute mehr gesehen! Und der Inspektor hatte Augen wie ein Rind.

*Die Frauen gehen in den Stall, um die Geißen zu melken – wie immer von Hand. Die Kinder klettern über die Leiter auf den Heuboden und toben herum.*

*Marisa:* Die Alp macht mich glücklich. Sie gibt mir Kraft und Lebensfreude. Darum will ich immer wieder hoch. Das ist mein fünfter Alpsommer jetzt und mein zweiter auf der Bödmerenalp. Die erste Alp lag im Greyerzerland, die nächsten beiden im Tessin. Rajas, mein älterer Sohn, war schon auf der Welt und mit sechs Monaten auf seiner ersten Alp. Raj ist Russisch und bedeutet Paradies, und auf Hindi heißt das König.

*Rajas schnappt Gesprächsfetzen auf und guckt durch die Deckenluke runter in den Stall.*

*Rajas:* Ich bin zu Hause geboren.

*Marisa:* Ja, genau, im damaligen Häuschen in Rehetobel. Ins Spital wollte ich nicht. Als Schwangere bin ich ja nicht krank. Darum kam Rajas zu Hause zur Welt und Julani drei Jahre später im Geburtshaus. Julanis Namen habe ich damals geträumt. Offiziell gibt es den nicht. Er erinnert an Jules, was auf Schwedisch himmlisch heißt. Und Lani bedeutet, auf Hebräisch, glaub ich, »jenseits des Horizonts«.

*Auf dem Heuboden poltert es, dass sich die Balken biegen.*

*Marisa:* Hey, Rajas und Julani, hört mal zu, ihr seid viel zu laut da oben. Wenn das nicht aufhört, müsst ihr runterkommen. Die Geißen erschrecken sonst.

*Später, beim Abendessen, tischen Marisa und Rosina Geschichten über die Einheimischen im Muotatal auf, die fast alle miteinander zerstritten sind, einander beargwöhnen, beneiden und ihre Revierkämpfte sogar vor Gericht ausfechten. Trotzdem hat es Marisa ein zweites Mal hochgezogen.*

*Marisa:* Diese Alp gefällt mir sehr. Auch wenn wir wegen des Karstgesteins und den vielen Löchern darin immer wieder Rinder und Geißen verlieren. Die meisten Tiere finden wir zum Glück wieder, aber der Senn vom Roggenloch verlor letztes Jahr neun Geißen. Zwei davon sind bestimmt in Spalten gefallen. Und alleine schaffen sie es nicht mehr hinaus. Leider hören wir die Tiere oft nicht, weil sie nicht laut genug rufen oder ihre Glocke eingeklemmt ist. Zudem ist das Gebiet riesig und es gibt Tausende von Löchern.

Letztes Jahr war sogar ein großes Rind verschwunden. Es regnete in Strömen. Und am nächsten Morgen schlugen wir Alarm und informierten den Alpmeister. In der Nacht träumte ich dann, wo es liegt. Als ich am nächsten Tag nachschaute, fand ich es nah beim Wanderweg in einer Spalte, die ganz mit Gras und Farn bedeckt war, sodass man nicht nach unten sehen konnte.

Wir konnten auch dieses Tier retten, dank sechs Männern und einem Dreibein aus Holz mit einem Flaschenzug. Unser Nachbar kletterte runter und fixierte einen Gurt um den Bauch des Tiers – er legte sich voll ins Zeug. Der Vater meines Göttibuben, der zu Besuch war, half ebenfalls mit. Immer, wenn er hier ist, gibt es Action.

Aber eigentlich verliert man auf dieser Alp nicht so viele Tiere. Im Tessin mussten wir deutlich mehr Schafe und Geißen lassen. Ein Schaf verfing sich mal im Elektromaschenzaun. Es stürzte, fiel über den Felssporn und blieb mit dem Hals im Zaun hängen. Als ich es über dem Abgrund baumelnd fand, war es viel zu schwer, um es raufzuziehen. Ich hatte keine Wahl und schnitt den Zaun durch, sodass es nochmals zwanzig Meter runterstürzte. Als es unten aufschlug, lebte es noch.

*Rosina:* Robust.

*Der Tod gehört auf der Alp dazu.*

*Marisa:* Ja. Aber ich musste es seinem Schicksal überlassen. Um runterzusteigen, war es viel zu steil. Drei Menschen sind dort schon tödlich verunglückt. Und ich verlor mehrere Schafe. Eines, das mal ausrutschte, rannte erst noch den Steilhang hinunter. Es wurde schneller und schneller, bis die Beine nicht mehr konnten. Dann überschlug es sich und rollte wie ein Stein den Berg hinunter. Mit dem Feldstecher entdeckte ich es dreihundert Meter weiter unten. Ein Bein stand raus. Der Rücken war voller Blut. Am liebsten hätte ich ein Gewehr genommen und ihm den Gnadenschuss gegeben.

Der Tod gehört auf der Alp dazu. Auch, dass Tiere vom Bären oder Wolf gerissen werden. Aber auf der Bödmerenalp kam das noch nie vor. Obwohl wir vorletztes Jahr Wolfsspuren im Lehm entdeckten. In einem Magazin las ich später, dass der Wolf durchs Muotatal gewandert sei. Aber selbst wenn er etwas gerissen hätte: Ich bin eine absolute Wolfsbefürworterin und finde, dass auch er ein Recht auf ein Stück Fleisch hat, nicht nur wir.

Er jagt mir auch keine Angst ein. Wir sind ja bis auf die Zähne bewaffnet mit den Holzschwertern und -messern von den Buben *(lacht).* Damit können wir uns gegen allerlei Bösewichte wehren. Im Notfall wird sowieso alles zur Waffe. Wenn nun ein Übeltäter käme, hätte ich keine Hemmungen, ihm die Glasvase über die Rübe zu ziehen.

*Rosina:* Und ihn in einem Karstloch zu entsorgen.

*Marisa:* Genau! Wenn man Kinder hat und ständig Kasperli-CDs hört, weiß man eben, wie man sich verteidigt *(beide lachen).* Aber im Ernst, ich mache mir keine Gedanken über Übergriffe auf der Alp.

*Rosina:* Nein, ich auch nicht.

*Marisa:* Wobei, auf der Weide unten im Delti ist es mir heute ein bisschen mulmig geworden, als ich Fußspuren sah. Ich stellte meinen Fuß in den Abdruck und sah, dass er um einiges größer war als meiner. Dann griff ich zum Gurt und stellte fest, ah, das Messer ist da, und schaute mich um.

*Wenn nun ein Übeltäter käme, hätte ich keine Hemmungen, ihm die Glasvase über die Rübe zu ziehen.*

*Rosina:* Gestern ist der Jäger hier am Morgen vorbeigekommen. Vielleicht waren das seine Spuren?

*Marisa:* Nein, da waren keine Hundespuren. Und die Jägerspuren fand ich weiter oben auf dem Wanderweg. Ich weiß halt, dass hier öfters Jäger auf der Pirsch sind. Aber ich hoffe, dass die keine Frauen jagen. Es hat sich natürlich rumgesprochen, dass wir zwei Frauen die Alp alleine machen. Aber wir werden respektiert. Die Bauern haben sich längst daran gewöhnt.

# Knuspriges Brot vom Herd

Brot selber backen geht auch ohne Backofen! Dazu rührt man einen Hefeteig an, lässt ihn aufgehen und backt ihn auf kleiner Hitze zwischen zwei Bratpfannen wie einen etwas zu dick geratenen Pfannkuchen. Regelmäßig wenden! Mit ein bisschen Übung gibt das prächtige Brotlaibe!

| | |
|---|---|
| 500 g Dinkelmehl | |
| 500 g Ruchmehl | |
| 1 Prise Salz | mischen |
| 1 Päckchen Trockenhefe | beimischen |
| 1 Tasse Dinkel- oder Haferflocken | beimischen |
| 6 dl Wasser | dazugeben |

Die Masse zu einem sämigen Teig kneten.
Bei Zimmertemperatur mindestens eine Stunde aufgehen lassen.

Zwischen zwei Bratpfannen – entweder mit Öl oder gut bemehlt – unter mehrmaligem Wenden etwa 1,5 Stunden bei schwacher Temperatur backen.

**Tipp:** Mit einem Vorteig wird das Brot aromatischer. Dazu einen Teil der Hefe in 2 dl lauwarmem Wasser auflösen und mit der Hälfte des Ruchmehls und dem restlichen Wasser verrühren. Den Vorteig mit einem Küchentuch abdecken und 2 bis 3 Stunden gehen lassen. Dann mit den restlichen Zutaten verkneten und nochmals gehen lassen, bis der Teig Blasen wirft.

# Durchs Urwaldreservat zur Bödmerenalp

Im Muotatal unterhalb des Pragelpasses wächst ein besonderer Fichtenwald. Der etwa 450 Hektar umfassende Bödmerenwald gilt als größter echter Fichtenurwald der Alpen. Entdecken kann man das Urwaldreservat auf einer Rundwanderung von Eigeliswald aus an der Pragelpassstraße über die Bödmerenalp. Dort trifft man statt kreischender Affen und plappernder Papageien auf meckernde Ziegen und muhende Kühe und taucht ein in eine urige Waldlandschaft mit imposanten Felskarren und seltenen Farnarten in stetig wechselnden Lichtstimmungen. Ein Urwald – naturbelassen, wild und schön, einzigartig in ganz Westeuropa.

**Anreise:** mit dem Auto via Muotathal in Richtung Pragelpass bis Eigeliswald oder mit Bahn und Bus bis Muotathal und von dort zu Fuß zum Ausgangsort Eigeliswald (1 h 30) oder mit dem Bergtaxi (Tel. 041 830 11 81)
**Route:** Eigeliswald–Stägen–Bödmeren–Äbenenmatt–Obersaum–Eigeliswald
**Gehzeit:** 3 h
**Höhenmeter:** 470 m
**Karte:** Swisstopo 1172, Muotatal (1:25 000)

**Weitere Wandervorschläge:** www.muotathal.ch

Alp Oberberg
oberhalb von Isenthal (UR)

oberer Stafel, 1800 m
unterer Stafel, 1300 m

105 Hektar Weidefläche

400 Fleischschafe
2 Geißen
2 Hirtenhunde, Dave und Sämeli, beide Bordercollies

# Alp Oberberg

Dichter Nebel umhüllt die Urner Alp Oberberg über dem Chlital. Der imposante Gitschen hinter der Alphütte steckt genauso im Wattemeer wie der Urnerseezipfel in der Ferne. Aus dem Nass, dem Kalt und dem Grau taucht Josi Jauch auf, zuerst schemenhaft, dann mehr und mehr Kontur annehmend. Die 74-jährige Älplerin geht am Hirtenstab, gebeugt wie eine Bergföhre, über die jahrzehntelang der Sturm hinweggefegt ist.

Den fünfzigsten Alpsommer konnte Josi 2012 auf der Schafalp Oberberg feiern. Die Zeitungen berichteten breit über die tapfere Bergbäuerin auf dem kleinen Berggehöft in der Gemeinde Isenthal. Sogar Bundesrätin Evelyne Widmer-Schlumpf gratulierte in einem Brief: »Ich bewundere Sie, wie Sie trotz allem Schweren, das Sie durchmachen mussten, Ihre Zuversicht und Lebensfreude nicht verloren haben; wie Sie, obwohl Sie selbst unendlich viel Kraft brauchten, immer wieder anderen Kraft und Halt gegeben haben.«

Josi erzählt stolz vom magistralen Brief. Unter ihrem silbernen kurzen Haar leuchten hellblau-klare Augen. Dass es ohne gegenseitige Hilfe nicht geht im Leben, hat sie das Schicksal gelehrt. Ihr Mann Hans war nach einer Hirntumoroperation ins Koma gefallen und daraus als ein anderer Mensch erwacht: invalide und zu hundert Prozent auf Hilfe angewiesen. Sie pflegte ihn 25 Jahre lang bis zu seinem Tod. Daneben zog sie sieben Kinder groß, mit einer Invalidenrente, die zu wenig zum Leben und zu viel zum Sterben war.

Einen kleinen Zusatzverdienst brachte der Alpbetrieb mit der Schafsömmerung. Vor zehn Jahren verkaufte sie die Alp an Felix, einen ihrer Söhne. Doch für sie ist sonnenklar, dass sie noch so viele Sommer wie möglich oben verbringen will. »Ich gehe so lange rauf, wie ich kann.«

## Josi Jauch

Bäuerin, Wursterin, Schafhirtin

*Durchnässt vom Nebel draußen tritt Josi in die Hütte, zieht sich trockene Kleider an und feuert den Ofen im Arventäferstübchen ein. »Der ist Gold wert«, sagt sie. Und beginnt zu erzählen.*

Auf den Weiden muss ich bald die Brennnesseln mähen. Auch der Eisenhut und die Gerbelen müssen weg. Weder die Schafe noch die beiden Ziegen fressen das Kraut. Würden wir es nicht mähen, wüchse bald die ganze Alp damit zu. Dasselbe beim Holz, die Alpenerlen und Tännchen sprießen überall. An sehr steilen, abrutschgefährdeten Stellen lassen wir sie stehen. Die Wurzeln geben dem Boden Halt und verhindern Murgänge. Aber auf den Weideflächen sägen wir die Bäumchen rigoros ab. Ließen wir sie frei wachsen, würde sich die Alp bald in einen Wald verwandeln.

Die Alpenarven sind eine Ausnahme. Der Wind hat ihre Samen vor einigen Jahren auf die Alp getragen, sodass sich der Nadelbaum inzwischen im unteren Teil der Alp prächtig vermehren konnte. Wir schonen ihn extra, da unsere Schafe unter seinen ausladenden Ästen bei Regen, Hagel und Sturm einen guten Unterschlupf finden.

*Ich geh jetzt über fünfzig Jahre z'Alp und hab über die Jahrzehnte sicher gegen zwanzigtausend Schafe gesömmert.*

Nicht zu unterschätzen ist auch der Unterhalt der Alpwege. Sobald der Schnee im Frühling weg ist, sichern wir die Pfade an abschüssigen Stellen mit Holzstämmen, füllen die Löcher mit Schotter auf und jäten das Gras aus.

Ich geh jetzt über fünfzig Jahre z'Alp und hab über die Jahrzehnte sicher gegen zwanzigtausend Schafe gesömmert. Dieses Jahr haben wir vierhundert Schafe von fünfzehn Besitzern auf der Alp, darunter Innerschweizer Alpenschafe, Engadiner Fuchs- und Walliser Schwarznasenschafe. Wir bestoßen die Alp immer in vier Etappen. Auf jeder Weidefläche lassen wir die Tiere rund vierzehn Tage grasen, bevor wir sie an einen neuen Flecken mit frischem Gras schicken. Und die Lämmlein mit ihren Müttern behalte ich vor der Hütte in der eingezäunten Weide, damit der Fuchs sie nicht holen kann.

Auf unserer Schafalp Oberberg sind wir wahrscheinlich die einzigen im ganzen Kanton Uri, die die Tiere im Frühling so einer rigorosen Klauenkontrolle unterziehen. Schafe mit Klauenfäule schicken wir gleich zurück zu den Haltern. Und die gesunden Schafe lassen wir Anfang der Saison durchs Fußbad laufen, damit sie gegen die Klauenkrankheit geschützt sind.

Wir müssen so strikt sein, sonst greift die Klauenfäule im Sommer auf die ganze Herde über. Die Tiere fressen dann nicht mehr richtig und setzen zu wenig Fleisch an. Außerdem kann die Krankheit die Gemse und Steinböcke anstecken. Für das Steinwild endet das tödlich: Wenn sie sich wegen der Schmerzen nicht mehr bewegen können, verhungern die Tiere elendiglich.

Mitte Sommer kontrollieren wir die ganze Schafherde nochmals, neben der Klauenfäule auch auf Gemsblindheit und Lippengrind. Der Lippengrind ist eine Viruserkrankung ähnlich dem Herpes beim Menschen. Die Schafe bekommen Rufen ums Maul und können kaum mehr fressen. Wir reißen ihnen die Hautfetzen weg und desinfizieren die Wunde. Auch andere Verletzungen verarzten wir, so gut wir können, etwa wenn ein Schaf durch Steinschlag verletzt wird, einen Fuß vertrampt oder ein entzündetes Euter hat. Wir salben, sprayen und spritzen – im Notfall auch Antibiotika, damit die Schafe wieder auf die Beine kommen.

Jetzt mit dem Nebel ist es gerade eine strube Zeit für die Tiere. Dafür ist es im Herbst umso schöner, wenn die Herde sich um die Hütte versammelt oder abends hier vorbeikommt. Es freut mich jedes Mal irrsinnig, wenn die Schafe vorbeischauen.

*Im Frühling, wenn die Schafe auf die Alp kommen, übergebe ich sie stets dem heiligen Antonius, dem Patron der Schafe …*

*Später, als der Ofen im Stübchen eingeheizt ist, das Holz knistert und die Flammen lodern, serviert Josi Tee und tischt selbst gebackenen Kuchen auf. »Der Herrgott ist überall«, sagt sie schmunzelnd, auf ihre zahlreichen Heiligenfiguren anspielend. Oben an der Schlafzimmerwand hängt Christus am Kreuz, vor dem Haus steht eine Marienfigur mit dem Jesuskind im Arm, und die Schutzheiligen Antonius, Wendelin und Agatha sind auf der Alp ebenfalls prominent vertreten.*

Der Wolf war schon in Isenthal, aber Gott sei Dank noch nie auf der Alp. Im Frühling, wenn die Schafe auf die Alp kommen, übergebe ich sie stets dem heiligen Antonius, dem Patron der Schafe, und der heiligen Agatha, die vor Feuer und Blitz bewahrt. Dass die Leute mich deswegen belächeln, ist nicht so schlimm. Denn ich weiß ja, dass die Schutzheiligen uns helfen. Und wenn es blitzt und donnert, stelle ich zusätzlich Kerzen auf, die in der Lichtmesse gesegnet wurden, und bete ein Vaterunser.

Einmal schlug der Blitz trotzdem ein. Ich war mit Hans auf der Alp, als das Unwetter über uns hereinbrach. Der Blitz fetzte in den mannshohen Stein neben der Hütte, spaltete den Block entzwei, sodass er wie zu Brosamen auseinanderbröckelte. Dann sprang der Blitz auf den Dachengel der Hütte über, tötete die vorderste Kuh im Stall und wanderte weiter durchs Haus. Der Strom fuhr durch Hans hindurch, der die Hand gerade am Fenstergriff hatte und rausschaute, betäubte ihn und fetzte ihm die Zunge in den Rachen. Er kriegte keine Luft mehr. So schnell ich konnte, klaubte ich ihm mit dem Finger die Zunge heraus, sodass er wieder atmen konnte. Das erschreckte mich sehr und zeigte mir, dass man auf der Alp noch stärker auf den Schutz Gottes angewiesen ist als unten im Tal.

*Als junge Frau verstand ich nicht, weshalb ich zur Kirche gehen sollte.*

Als junge Frau verstand ich nicht, weshalb ich regelmäßig zur Kirche gehen sollte. Aber mittlerweile gibt mir der Glaube viel Halt. Wichtig ist einfach, dass er von innen kommt. Scheinheilige Leute, die sonntags in der Kirche beten und werktags missgünstig über ihre Nächsten wettern oder gehässig mit ihnen umgehen, mag ich nicht.

Major Stadler, mein Hausherr damals in der Haushaltslehre, war so ein Mensch, ein richtiger Militärkopf! Er ging jeden Morgen um halb sechs in die Frühmesse. Aber wie der mit seinen Mitmenschen umgesprungen ist! Er lud häufig seine Militärkollegen zu sich ein, sodass ich als sechzehnjährige Hausangestellte oft für bis zu zwanzig Personen kochen musste.

Aber wehe, wenn unter dem Risotto auf dem Teller nicht noch ein bisschen Saft hervorlief oder die Polenta nicht so samtig weich war, wie er wünschte. Als sich auf seinem Teller mal ein paar Bohnenhäutchen lösten, fauchte er mich vor der ganzen Gesellschaft an: »Josi, wie lange müssen wir dich noch ausbilden, bis du endlich richtig kochen kannst?« Doch der Militärdirektor holte zu meiner Verteidigung aus: »Franz, das ist doch fein gekocht. Meckere nicht ständig an dem Mädchen herum!«

Zum Glück hatte ich sehr liebe Eltern. Sie hätten nie auch nur die Hand erhoben. Meine Geschwister und ich durften auf unserem Bergbauernhof zuhinterst im Chlital in großer Geborgenheit aufwachsen. Das gab mir sehr viel Kraft mit auf den Weg. Und ich habe die Gnade, das Leben so anzunehmen, wie es ist, und bin sehr froh, dass mir das in die Wiege gelegt worden ist. Wenn mir die Menschen manchmal die Ohren volljammern mit ihren kleinen Sorgen, denke ich oft, das sind doch Bagatellen.

Vielleicht hängt das mit meiner Kindheit zusammen. Während des Kriegs waren Schweizer Soldaten bei uns für drei Wochen zur Erholung stationiert. Mitte Februar erfroren sie fast in der Scheune unter ihren Wolldecken. Sie kamen dann zu uns auf den Hof, sodass Küche, Stube und Gang im Winter voller Soldaten waren. Wir Kinder konnten nirgendshin, ohne bei einem Soldaten auf dem Schoß zu landen. Dabei fürchtete ich mich als dreijähriges Mädchen sehr vor diesen vielen fremden Männern.

Oft waren die Soldaten so hungrig, dass sie sich in die Haare gerieten, wenn unsere Familie am Mittagstisch ein wenig Essen übrig hatte. Und die frisch gemolkene Milch, die für uns Kinder bestimmt war, rissen sie Vater fast aus der Hand, wenn er mit dem Kessi aus dem Stall kam.

Selber brauchten wir zum Glück nie Hunger zu leiden, auch wenn wir auf unserem kleinen Bauernhof in einfachsten Verhältnissen aufwuchsen. Früh mussten wir unserer Mutter helfen. Wir bauten überall Kartoffeln und gelbe Rüben an. Mais ging nicht, dafür liegt das Tal zu hoch. Aber Vater kaufte Mais und Reis dazu und Mutter zauberte daraus ein wunderbares Gericht: Reis mit Mais und Apfelschnitzen. Das Essen wärmte uns. Und das war nötig, mussten wir doch im Winter eine Stunde durch den Schnee ins Dorf zur Schule stapfen. Damals wurde der Schnee ja noch nicht geräumt. Es war ein vollkommen anderes Leben.

Als fünfjähriges Mädchen kam ich mit meinem Vater das erste Mal auf die Musenalp. Es gefiel mir traumhaft gut mit den Tieren und der Natur. Die schönen Alpenblumen! Und die Kräuter! Ich fand es beeindruckend, dass die einfach da sind, ohne dass sie jemand da hingesetzt hat. Auch die Vögel, Murmeltiere und Gemsen faszinierten mich. Das war wirklich das richtige Natur- und Älplerleben!

Später erkrankte Vater an einer Lungenentzündung. Ich war acht Jahre alt und fast drei Wochen lang alleine auf der Alp. Wir hatten neun Kühe, die ich alleine melkte. Nur bei einer, die ausschlug, getraute ich mich nicht, und deshalb kam Mutter hoch, sie zu übernehmen.

*Die schönen Alpenblumen! Sie sind einfach da, ohne dass sie jemand da hingesetzt hat.*

Auch später half ich Vater auf der Alp und hütete zusammen mit dem Hauptsenn die Kühe. Unterdessen waren es fast fünfzig, dazu ein Stier. Wir zäunten die Weiden mit Stacheldraht ein. Stromzäune gab es noch nicht. Von Zeit zu Zeit ging ich auf unseren Hof runter ins Tal, um ein paar Stunden beim Heuen oder Geißenmelken mitzuhelfen. Auf dem halbstündigen Rückweg trug ich Esswaren und Material hoch, so viel ich halt konnte.

Nach der Haushaltslehre unterstützte ich meine Eltern immer noch tatkräftig. Eine weitere Ausbildung lag nicht drin. Aber um einen kleinen Nebenverdienst zu erzielen, ging ich im Chli- und Grosstal taglöhnern.

Ich half den Bauern, Mist auszubringen. Den bugsierten wir mit dem Schubkarren aufs Feld oder trugen ihn in Körben den Hang hoch und zettelten ihn dort mit der Mistgabel. Den Frauen auf den Bauernhöfen ging ich beim Wäschewaschen zur Hand. Waschmaschinen gab's ja noch nicht. Wir mussten alles von Hand machen. Und in der Metzgerei half ich das Fleisch zerlegen, salzen und verwursten. Noch heute bereite ich alles Fleisch für die Verpflegung über den Alpsommer selber zu: Neunzig Würste stelle ich jedes Jahr her.

*Neunzig Würste stelle ich jedes Jahr her.*

Neben dem Taglöhnern ging ich zu Hause morgens und abends in den Stall. In jener Zeit lernte ich Hans kennen. Er arbeitete als Stallgehilfe für seinen Vater in der Geißhütte. Wir verliebten uns und heirateten 1962. Und bald kam unser erstes Kind, Renate, zur Welt. Später kamen noch sechs weitere: Hanspeter, Klaus, Monika, Armin, Felix und Werner.

Ich war 23 und Hans 28 Jahre alt, als wir mit Schafen und Rindern zum ersten Mal gemeinsam auf die Alp Oberberg gingen. Hans gefiel das Alpen nie besonders. Er führte mich ein, blieb fünf Alpsommer und arbeitete von da an als Bauarbeiter im Tal. Unser Familienleben fand aber trotzdem auf der Alp statt. Er kam fast jeden Abend und jedes Wochenende zu uns hoch. Die Kinder freuten sich immer riesig auf ihn.

*Und dann fiel Hans im Sommer 1974 beim Heuen plötzlich um.*

Und dann fiel Hans im Sommer 1974 beim Heuen plötzlich bewusstlos um. Zuerst dachten wir, das sei von der Hitze, er werde sich schon wieder erholen. Aber als ich ihm in der Nacht das Kissen unter dem Kopf zurechtrückte, schrie er auf vor Schmerzen. Da rief ich den Arzt, und der meinte, dass es doch etwas Gravierenderes sein müsse. Er ließ Hans sofort notfallmäßig ins Spital einliefern. Dort fand man heraus, dass ihm linksseitig ein Hirntumor geplatzt war, was zu einer Hirnblutung führte.

Im Unispital Zürich öffneten sie ihm Mitte August zum ersten Mal den Schädel, um den Tumor zu entfernen. Doch der Krebs wucherte so schnell weiter, dass sie Hans bereits zehn Tage später zum zweiten Mal operieren mussten. Er fiel in ein Koma, aus dem er erst neunzehn Wochen später wieder erwachte: schwerst hirngeschädigt und linksseitig gelähmt. Nach der Reha gaben ihm die Ärzte noch ein Jahr. Ich nahm Hans heim, pflegte ihn und schaute daneben für die Kinder – 25 Jahre lang. Er starb mit 66 Jahren.

Für mich war es eine sehr schwierige Zeit. Durch das Koma hatte ich von heute auf morgen meinen Mann verloren und einen wildfremden Menschen vor mir. Es gab kein nettes Wort mehr. Nie die Frage: Wie geht es dir? Wie geht es den Kindern? Wie kommst du über die Runden? Es war, als ob ich ein Kind mehr zu betreuen hätte. Manchmal wurde er auch richtig aggressiv und schlug mich.

Aber die elf Jahre zuvor war er so lieb gewesen zu mir und zu den Kindern. Ich hätte es nicht übers Herz gebracht, ihn in ein Heim zu stecken. So glaubte ich, dass der Herrgott mir das auferlegt hat. Irgendwie würde ich es schon schaffen. Ich hatte knapp 1100 Franken Rente, bestieß unsere Alp mit Schafen und führte den kleinen Bauernbetrieb im Dorf Isenthal mit vier Stück Vieh. So hatte ich Milch für die Kinder und konnte ab und zu ein Rind verkaufen, was mir einen kleinen Zusatzverdienst einbrachte.

Es gab oft Zeiten, wo ich jeden Franken zweimal umdrehen musste. Von Hans' Behandlung übernahm die Krankenkasse zwar neunzig Prozent, trotzdem musste ich eine Menge selber berappen, sodass ich jahrelang Schulden abstotterte. Es war schwierig, aber die Kinder hatten es gut, das war die Hauptsache.

Halt fand ich im Gebet. Ich bat den Herrgott oft um Kraft für die Pflege von Hans und das Großziehen unserer Kinder. Besonders freut es mich heute, immer wieder zu hören, dass meine Kinder gut seien zu ihren Mitmenschen. Dass sie alle recht herausgekommen sind und fest im Leben stehen, ist natürlich nicht nur mein Verdienst, die Muttergottes und die Schutzengel haben dabei geholfen.

Ja, und als ich alle Schulden abbezahlt hatte, schaffte ich mir endlich eine Kühltruhe an. Die war mir wichtiger als ein Fernseher oder neue Kleider. Denn wenn ich im Winter ein Schaf oder ein Schwein schlachtete, war ich so nicht mehr auf unsere zentrale Tiefkühlanlage im Dorf angewiesen.

Ferien im Ausland konnte ich mir nie leisten, aber drei Pilgerreisen nach Lourdes habe ich mir gegönnt. Das erste Mal war ich 44 Jahre alt. Ich hatte ein Magengeschwür und einen Nervenzusammenbruch gehabt, von dem ich mich kaum erholte. Das zweite und dritte Mal pilgerte ich zur Muttergottes, als Hans sehr krank war. Und jetzt spare ich wieder, um noch einmal nach Lourdes zu reisen.

*Als ich alle Schulden abbezahlt hatte, schaffte ich mir endlich eine Kühltruhe an.*

Während der Jahrzehnte auf der Alp war mir der Unterhalt der Hütten auf dem unteren und oberen Stafel immer viel wichtiger als irgendwelche Reisen. Meine Kinder unterstützen mich bei allen Ausbauarbeiten tatkräftig. Und ich durfte auch stets auf die Mithilfe vieler anderer lieber Menschen zählen, wofür ich sehr dankbar bin.

In einem Winter donnerten mal mächtige Lawinen auf die obere Hütte, begruben sie unter sich und zerstörten sie bis auf die Grundfeste. Beim Wiederaufbau verankerten wir das Haus mit Stahlseilen im frisch betonierten Fundament. Später stattete ich die Hütte mit fließendem Wasser aus, kaufte einen neuen Holzkochherd und installierte eine Solaranlage auf dem Dach. Jetzt sind wir topmodern eingerichtet. Und im neu getäferten Arvenstübchen ist es richtig gemütlich.

Auch die Geißhütte auf dem unteren Stafel haben wir saniert. Im Frühling 2006 rissen wir sie ab und bauten sie von Grund auf neu: Jetzt gibt es fließend Wasser, Solarstrom, eine Küche und ein WC. Bei diesem Umbau war es, dass ich auf dem Weg von der Seilbahnendstation Gietisflue zur Baustelle hoch plötzlich ein starkes Stechen in der Brust verspürte: ein Herzinfarkt. Felix alarmierte sofort die Rega, die mich mit dem Helikopter nach Altdorf ins Spital flog. Oben auf der Alp fielen alle aus den Wolken.

Im Triemlispital in Zürich wurde mit Laser das verengte Herzkranzgefäß erweitert. Aber nach drei Wochen Spital und zwei Wochen daheim zog es mich schon wieder zur Geißhütte hoch. Ich kochte für Hans' Cousin, der die Außenwände schindelte, und malte selber die Schindeln an. Ich legte mich einfach so oft wie möglich hin, das ging ganz gut.

Bei einer früheren Operation an der Hüfte, 1994, wurde durch die Anästhesie mein Rückenmarksnerv so stark verletzt, dass ich seither Rückenschmerzen habe und gebückt gehe, meistens am Hirtenstock. Damit geht's gut, ich bin einfach ein bisschen langsamer als früher unterwegs. Und nicht nur deswegen sehr froh um die Hilfe meines Sohns Felix. Ich habe ihm die Alp vor zehn Jahren verkauft. Trotzdem bin ich nach wie vor den ganzen Sommer oben und hüte die Schafe und die Alp. Er kommt an den Wochenenden und an einzelnen Abenden unter der Woche hoch: Er pflegt die Schafe, wenn eines lahmt, wartet das Transportbähnchen, flickt den Zaun oder hackt Holz. Was halt gerade so anfällt.

*Ich glaub schon, dass die Leidenschaft fürs Alpleben einem in die Wiege gelegt wird.*

Als Felix die Alp übernommen hat, investierte er einiges, zum Beispiel hat er die Transportseilbahn erneuert. Mit meiner kleinen Rente hätte ich mir das gar nicht leisten können. Die Alphütte des oberen Stafels neu zu schindeln, bezahlte ebenfalls er.

Und wer weiß, vielleicht hat er ja später selber mal Kinder, die die Alphütte übernehmen wollen. Ich glaub schon, dass die Leidenschaft fürs Alpleben einem in die Wiege gelegt wird. Wer hier oben aufwächst, lernt die Alp lieben. Bei Felix war es jedenfalls so. Als mich die älteren Kinder drängten, die Hütte zu verkaufen, beruhigte er mich schon als kleiner Knirps und sagte: »Mutter, du brauchst keine Angst zu haben, ich übernehme das alles mal.« Was er jetzt auch getan tat. Und so legen wir nun zusammen Hand an. Hoffentlich noch ganz lange!

Holland
Holland

# Älplerinnenmagronen

Ein währschaftes Gericht, das an kalten Tagen wärmt und nährt.

*Für 4 Personen*

| | |
|---|---|
| 4 mittlere Kartoffeln | schälen, in mundgerechte Stücke schneiden, 5 Minuten im Salzwasser gar kochen |
| 400 g Älplermagronen | dazugeben, al dente kochen |
| 1 EL Butter | |
| 1 Zwiebel | in Streifen schneiden, in Butter goldgelb braten |
| 2,5 dl Vollrahm | dazugeben, 10 Minuten bei kleiner Hitze kochen |
| Salz, Pfeffer, Muskat | damit würzen |
| 150 g Reibkäse | |

Rahmsauce über die Magronen gießen, mit Reibkäse bestreuen.

**Apfelkompott**

| | |
|---|---|
| 800 g Äpfel | schälen, Kerngehäuse entfernen, in Schnitze schneiden |
| 1 Zimtstange | |
| 1 Zitrone | in Scheiben schneiden |
| 1 El Zucker | |
| 1 dl Wasser | Apfelschnitze mit Zimt, Zucker und Wasser aufkochen. Bei mittlerer Hitze ca. 5 Minuten weich kochen. Zimt und Zitrone entfernen. Apfelkompott abkühlen lassen. |

Apfelkompott mit den heißen Älplerinnenmagronen servieren.

# Via Alp Oberberg auf den majestätischen Gitschen

Ein Ausflug zur Alp Oberberg von Josi Jauch lässt sich gut mit einer Wanderung auf den Gitschen (2513 m) verbinden. Wer Glück hat, trifft die Älplerin auf der Hütte an und bekommt einen Kaffee oder ein erfrischendes Getränk ausgeschenkt.

Ab der Bergstation Gietisflue (1390 m) auf dem gut markierten Weg bis zur Alp Oberberg. Von hier aus anspruchsvolles Alpinwandern auf dem Rinderstöckli (1944 m) zum Grat, mit herrlichem Tiefblick hinunter ins Reussdelta mit Flüelen, Altorf und bis nach Brunnen, Schwyz oder zum Ägerisee. Weiter über den weiß-blau-weiß markierten Bergwanderweg hinauf zum Gitschen. Entweder auf demselben Weg retour. Oder über einen schmalen Grat mit einer gesicherten Kletterstelle via Firnboden (1637 m) und Musenalp (1486 m) mit der Luftseilbahn zurück ins Chlital. Von dort zu Fuß zurück zur Talstation der Luftsteilbahn Gietisflue.

**Anreise:** mit Bahn und Postauto oder mit dem Auto über Flüelen–Isleten–Isenthal zur Talstation der Luftseilbahn Gietisflue
**Route:** Chli Bergli–Gietisflue–Alp Oberberg–Rinderstöckli–Gitschen und auf demselben Weg oder via Firnboden–Musenalp–Chlital–Chli Bergli zurück
**Gehzeit:** 1 h 30 bis zur Alp, insgesamt gut 5 h
**Höhenmeter:** 1200 m
**Karten:** Swisstopo 1171, Beckenried (1:25 000); Swisstopo 1191, Engelberg (1:25 000)

**Weitere Wandervorschläge:** www.top-of-uri.ch > Isenthal

Alp Vorder Füren
bei Engelberg (OW)

1829 m

90 Rinder
40 Schafe
1 Kater Tali

# Alp Vorder Füren

Die Stelle als Hirtin auf der Alp Vorder Füren bei Engelberg kam wie gerufen. Susanne Gross, 53, sehnte sich nach langer Pause, die sie der Kinder wegen eingelegt hatte, zurück auf die Alp, wo sie sich immer frei gefühlt hat. Und da sie die Einsamkeit liebt, suchte die Churerin nach einer Rinderalp im Bündnerland, die sie allein besorgen konnte. Eine solche war aber partout nicht zu finden. Bis sich im allerletzten Moment in der Innerschweiz eine andere Möglichkeit eröffnete: Die bisherige Älplerin auf Vorder Füren war unfallbedingt verhindert, sodass der Alpmeister verzweifelt eine Ersatzkraft suchte. Susanne erfuhr davon, rief an und war drei Tage später auf der Alp.

Und in was für einer Kulisse! Auf Füren liegt einem das Engelbergertal zu Füßen. Vis-à-vis ragt der schneehaubenweiße Titlis in den stahlblauen Hochsommerhimmel. Zu seiner Linken biegt sich das Bergmassiv wie eine Arena vom Grassengrat zum Chli und Gross Spannort, die mit ihrem nadelspitzförmigen Relief den Himmel zu kitzeln scheinen. In den Felsflanken gleißen Gletschertupfer so hell im Sonnenlicht, dass man gar nicht anders kann, als mit den Augen zu zwinkern.

Am Fuß des steilen Wissberg liegt die Fürenalp-Bergstation. Der Weg führt über Matten und um zwei, drei Kurven direkt zur Haustür der Alp Vorder Füren.

Als es Abend wird, erhellt die Älplerin ihre Hütte mit Kerzenlicht. Nach dem Essen heizt sie das Cheminée ein und setzt sich eine Zigarette rauchend vors knisternde Feuer. Am samtschwarzen Nachthimmel vor dem Fenster funkeln die Sterne am Firmament. Und Susanne Gross erzählt die Geschichte, die ihr Leben schrieb.

## Susanne Gross

Bäuerin, Sekretärin, Politaktivistin, Hirtin

*Am WG-Tisch führten wir nächtelange Diskussionen darüber, wie wir leben wollen.*

Meinen Mann, einen Bergbauern aus dem Münstertal, lernte ich während meiner Zeit auf der Alp Tabladatsch im Bündnerland kennen. Unsere Ehe hielt zehn Jahre. Als wir uns trennten, zog ich mit unseren beiden Kindern erst nach Zernez, später wegen der Ausbildung der Kinder nach Chur. Ich selber bin sowieso ein Stadtkind, wuchs im bewegten Zürich der Achtzigerjahre auf.

Dort war ich Teil der Friedens-, Jugend- und Frauenbewegung. Ich studierte Slavistik und lebte in einer WG. Am Tisch führten wir nächtelange Diskussionen darüber, wie wir leben wollen. Selbstversorgung, ja, das wär's! Für mich war klar, dass ich es ganz sicher nicht so machen werde wie meine Eltern. Wir wollten die gesellschaftliche Zwänge und die engen Wertvorstellungen der normalen Familie aufbrechen. Einige von uns gründeten Landkommunen, andere zog es auf die Alp. Ich selber ging erst nur aushilfsweise mit.

Die erste Alp war die Alp Grava im Valsertal, die jemand aus dem Politkuchen führte, eine grauenhafte Hütte. Und den Valsern war es einfach wurst, wie der Älpler überlebt. Die kümmerten sich um nichts. Es gab keinen Fahrweg nach oben und man musste vier Stunden hochwandern. Ich weiß noch, wie ich einen zwanzig Kilo schweren Rucksack da hinaufgebuckelt habe und fast verreckt bin. Zwar landschaftlich wunderschön, aber nein!

Ich beteiligte mich ein paar Jahre. Damals war mir noch nicht bewusst, was auf der Alp so schön ist: Die Sinnesorgane kommen zur Ruhe. Es gibt kein Tram, das vorbeifährt, und keine Werbung, die einen zukleistert. Man kann schauen und es ist still. Ich bin deshalb so oft wie möglich in den Bergen. In Lü im Münstertal, wo ich auf 1920 Metern lebte, war es genau richtig.

*1988 blieb ich darum im Herbst einfach oben und heiratete den Bauern.*

Beim Alpen ist es jedes Mal frustrierend, am Ende der Saison wieder hinunter zu müssen. 1988 blieb ich darum im Herbst einfach oben und heiratete den Bauern. Aus dem Zürcher Politkuchen fiel ich heraus. Aber als ein Ergebnis der Bewegung entstand dann www.zalp.ch, die Plattform für Älpler.

Aber da hatte ich bereits anderes zu tun. Und auch gemerkt, dass die Kommune gar nicht so mein Ding ist. Eigentlich bin ich eine Einzelgängerin. Die Spannungen in einer Gruppe auszuhalten, fiel mir extrem schwer, und die ewigen Diskussionen und Streitereien gingen mir mit der Zeit auf die Nerven. Auch vom Studium war ich nicht mehr richtig überzeugt.

Während der Ferien verliebte ich mich dann in die Berge und das Leben auf der Alp.

Dort konnte ich den Zwängen entfliehen. Es gab Arbeit, die nicht entfremdet war. Man spaltet Holz, um es warm zu haben, und macht Käse aus der Milch. Das war so wohltuend im Vergleich zu den nervtötenden Jobs, mit denen wir uns in der Stadt über Wasser hielten. Bei einem Studentenjob in der Verwaltung musste ich Durchschläge in die Hängeregister einsortieren, jeden Tag, von morgens bis abends. Da drehst du durch, ehrlich. Grauenhaft!

*Man spaltet Holz, um es warm zu haben, und macht Käse aus der Milch.*

Und eines Tages landete ich mit einer Freundin zusammen auf der Rinderalp Tabladatsch im Münstertal, der schönsten Alp, die ich kenne! Nur schon vom Gelände her. Es gibt mehrere Seen drum herum und Arvenwälder, wo Beeren und Pilze wachsen, und es ist eine super tolle Hütte. Es war wunderwunderschön. Die Alpmeister waren klasse. Sie brachten uns manchmal selbst gebackenen Kuchen und wir feierten zusammen Feste. Ich wollte bleiben, das Münstertal hatte mich getüpft. An manchen Stellen hatte ich das Gefühl, hier sind die Elfen am Tanzen. So etwas hatte ich noch nie erlebt.

Zum Ende des Alpsommers gingen meine Freundin und ich mit den Nachbarälplern ins Dorf Lü runter zum Nachtessen, wo wir mit den einheimischen Bauern jassten. Und einer von denen ist dann eben mein Mann geworden. Womit mein Wunsch in Erfüllung ging und ich im Münstertal bleiben konnte – auf seinem Bauernhof.

Wobei ich bald merkte, dass Bauern und Alpen kreuzverschieden sind. Der finanzielle Druck der Bauern ist ein ganz anderer als der für die Älpler. Wenn wir Älpler Geld verdienen wollen, nehmen wir einen Job an, und wir haben wieder welches. Aber die Bauern müssen ihr Geld über die Landwirtschaft verdienen. Das ist sackschwer. Ihre Arbeit ist alles andere als romantisch, vielmehr harte Knochenarbeit. Auf der Alp kannst du dir noch Lieblingskühe leisten. Aber wenn auf dem Hof eine Kuh nicht mehr gut ist in der Milch, muss sie zum Metzger.

*Auf der Alp kannst du dir noch Lieblingskühe leisten.*

Da sind Wertvorstellungen aufeinandergeprallt zwischen mir, dem Stadtmenschen, und den Leuten vom Land. Ich interessiere mich zum Beispiel für Heilkräuter und stellte Arnikatinkturen und -salben her, die niemand haben wollte. Alle um mich herum gingen lieber zum Arzt. Der mache das gut, basta. Das war echt frustrierend.

Mit meinem Mann gab's Reibereien wegen der Rollenverteilung. Meine Bedingung war von Anfang an, dass wir alles gemeinsam machen. Also nicht ich im Haushalt und er als Bauer auf dem Hof. Er war einverstanden. Aber es war halt schwierig. Manches – wie mit der Sense mähen – kriegte ich nicht hin. Da fehlte mir die Übung. Und bei strengen körperlichen Arbeiten brauchte ich Hilfe. Den Mähbalken an den Traktor anzuhängen, das braucht einfach Kraft. Wenn die fehlt, dann fehlt sie.

Gemeinsam zu kochen und den Haushalt zu machen, ging auch nicht. Anfangs machte er noch einiges, mit der Zeit immer weniger. Und als die Kinder da waren, wurde es noch schwieriger. Andererseits arbeitete ich im Stall mit. Aber der ganze Haushalt blieb an mir hängen. Sodass wir doch bei der klassischen Rollenteilung gelandet waren. Das passte mir gar nicht.

Vielleicht war ich zu blauäugig gewesen. Ich hatte mir einfach nicht vorstellen können, wie verschieden man sein kann. Wenn ich Zeitung las, fragte er, ob ich nichts zu tun habe. Denn tagsüber muss man arbeiten. Dann ist Mittagspause, danach arbeitet man wieder. Das ist einfach so. Und lesen kann man abends, falls noch Zeit ist. Und ich fand, hallo? Und er fand auch, hallo?

*Wenn ich Zeitung las, fragte er, ob ich nichts zu tun habe.*

Auf der Alp Vorder Füren erlebe ich Ähnliches in puncto Arbeitsmoral. Das Motto lautet: Hauptsache arbeiten. Wofür und wozu, ist egal. Deshalb wären die Bauern bestimmt nicht einverstanden mit meiner Arbeitsauffassung. Für mich ist wichtig, dass es meinen neunzig Rindern und vierzig Schafen gut geht. Der Alpmeister hat die Herde zusammengebracht. Ihm gegenüber bin ich verantwortlich. Wobei ich mich den Viechern gegenüber noch stärker verpflichtet fühle. Jedenfalls sag ich mir, gut, der Tag hat vierundzwanzig Stunden. Da ist es wurst, ob ich um sieben Uhr auf die Weide gehe und schaue, wie es ihnen geht, oder erst um zehn. Entscheidend ist, dass ich sie alle sehe, dass ich ihre Füße kontrolliere und dass sie genügend zu trinken haben. Die Zäune müssen intakt sein und ich muss eingreifen, wenn ein Tier Durchfall hat, der Glockenriemen zu eng sitzt oder ein Kalb lutscht. Die sechs da hinten zum Beispiel sind Jährlinge. Bei denen hab ich gesehen, wie das eine dem anderen am Euter saugt. Erst dachte ich mir, na ja, das ist nicht so tragisch. Bis ich sah, dass das eine Milch hat. Das hingegen ist ernst, weil es trächtig sein könnte. Jährlinge kann man mit Oberstufenschülerinnen vergleichen: zwar geschlechtsreif, aber viel zu jung für eine Schwangerschaft.

*Jährlinge kann man mit Oberstufenschülerinnen vergleichen: zwar geschlechtsreif, aber viel zu jung für eine Schwangerschaft.*

Also, es gibt halbjährige Kälber, dann die Jährlinge, die sind anderthalb, die Mäsen zweieinhalb und die Rinder dreieinhalb Jahre alt. Bei uns im Bündnerland werden erst die Rinder trächtig. Aber hier in der Innerschweiz besamen sie schon die Mäsen oder sogar schon die Jährlinge. Das ist übel. Du stiehlst den Tieren so einen Teil ihres Lebens. Natürlich, wenn du wartest und sie bis zum Rind durchfütterst, werfen sie zwei Jahre lang keinen Profit ab. Du hast dann erst nach drei Jahren Milch und Kalb. Je früher du sie besamst, desto rentabler.

Mein Mann hätte nie einen Jährling besamt, nie. Er dachte immer aus der Perspektive der Tiere. Nun, irgendwann hat's mit uns beiden einfach nicht mehr gepasst und wir haben uns getrennt. Ich zog über den Ofenpass nach Zernez. Wir hatten das so abgesprochen, dass die Kinder nur das Postauto nehmen müssen und schnell bei ihm in Lü sind. Die Kinder und ich zogen in eine Wohnung. Und ich musste mit knapp vierzig nochmals neu anfangen. Das war extrem hart. Ich nahm jede Arbeit an, arbeitete am Empfang des Nationalparks und in der Chasa Flurina und einem Behindertenwohnheim in Lavin. Später dann bei der Gemeindeverwaltung, da konnte ich die Arbeitszeit den Kindern anpassen. Nach fünf Jahren kündigten sie mir die Wohnung: Eine geschiedene Frau und zwei Kinder, das gehe nicht, hieß es. Wie das so ist im Engadin, die Wohnungen an Feriengäste zu vermieten, bringt deutlich mehr ein.

Wir zogen nach Chur, wo ich ohne Ausbildung mehr Möglichkeiten hatte. Ich hab ja nur den Abschluss als Arztgehilfin und die Arbeitszeugnisse von den Bürojobs. Bei der kantonalen Verwaltung fand ich einen Brotjob. Und von da an ging es uns finanziell viel besser. Wir konnten uns sogar auch mal Ferien leisten. Nach fünf Jahren wechselte ich zur reformierten Kirche und übernahm einen Job in der Jugendarbeit, der ich zu neuem Schwung verhelfen sollte. Aber als die Kinder groß waren, fand ich, pah, jetzt kann ich doch wieder machen, wozu ich Lust habe. Weil ich wieder auf die Alp wollte, kündigte ich den Job. Und nun bin ich hier.

*Weil ich wieder auf die Alp wollte, kündigte ich den Job.*

Wo es Bovisten gibt. Die Rinder fressen die gerne. Als ich mir mal einen in einem kleinen Plastiksack an den Gurt hängte, kam ein Stierchen auf mich zu und wollte mir den Pilz wegfressen. Frecher Kerl! Aber so ein Herziger. Er ist ganz zutraulich. Alle Tiere hier sind total an Menschen gewöhnt.

Das waren zwar auch die Galloway-Mutterkühe damals auf einer Alp bei Pontresina. Ich liebte sie heiß, sie sind so schön buschelig. Und Beatrix, die Älteste, war die Chefin. Sie war mächtig breit! Weil die Viecher ins frische Gras rüber wollten, trampelten sie mir den Zaun runter. Ich trieb sie zurück. Und wie ich den Zaun flicke, kommen sie in einer geschlossenen Phalanx wieder auf mich zumarschiert, wuah! Die wollten zurück ins gute Gras! Na ja, sie hätten mich sicher nicht angegriffen. Aber puh! Die haben mir einen ganz schönen Schrecken eingejagt!

Die interessanteste Vegetationszeit habe ich hier leider verpasst. Für Wildpflanzen wäre Juni am besten. Ich kam zwar am 21. Juni hoch, aber anfangs hatte ich keine Zeit, um nach neuen Pflanzen Ausschau zu halten. Klar, mit den üblichen Verdächtigen wie der Brennnessel hab ich schon Dinge gemacht: Suppe und frittierte Chips. Allgegenwärtig ist auch der Gute Heinrich, das Wildspinatgemüse, das heute auch in Gärten angepflanzt wird. Und Blumenblüten kann man praktisch alle in den Salat reintun. Die sehen schön aus. Aber anfangs hatte ich einfach alle Hände voll zu tun. Ich putzte die Hütte blitzblank von oben bis unten. Und dann waren da neben dem Hüten der Tiere die vielen Ansprüche der Bauern.

Die Weiden säubern ist zwar aus meiner Sicht nicht primär Hirtenaufgabe, sondern die der Alpgenossenschaft. Aber hier verlangen sie, dass ich die Disteln und das Kreuzkraut von der Weide nehme. Das ist übrigens spannend: Die Viecher fressen das Kreuzkraut nicht, wohlweislich, wird es in der Phytotherapie doch als Wehenmittel eingesetzt. Jedenfalls ist die Weide säubern eine Heidenarbeit. Und das Pfähleschleppen ein Krampf. Die überall herumliegenden Hölzer musste ich an einen regensicheren Ort tragen. Es ging mordssteil hoch. Und auch das Heuen hinter der Hütte, es wurde erwartet, dass ich die ganze Wiese zettle. Dann die Brunnentröge, die ich befestigen musste mit Stacheldraht ums Quellgebiet. Und Pfosten rundherum einschlagen. Für mich ist es unüblich, im Bündnerland waren Weide instandsetzen und fürs Wasser sorgen stets Bauernarbeit.

*Die Hirten sind vom sozialen Status her ganz unten.*

Die Alpmeister sind es nicht gewohnt, dass jemand eine Alp macht, der einen anderen Hintergrund hat. Die Hirten sind vom sozialen Status her ganz unten. Oft waren es die Schulversager, die Zurückgebliebenen oder solche, die sonst Probleme hatten. Auf der Alp brachte man sie gerade noch unter. Und das hat sich halt ganz schön geändert.

Ich hab mich dann aber eingerichtet, und zur Solarbatterie, wo früher nur der Auto-Zigarettenanzünder angeschlossen war, organisierte ich mir eine Kupplung für die elektronischen Geräte wie den Laptop und das Handy.

Um mich hier wohlzufühlen, verteilte ich auch einige Edelsteine in der Hütte. Mineralien haben mit ihrer geometrischen Struktur ganz feine elektromagnetische Felder. Die können auf der physikalischen Ebene zum Beispiel die Wasserqualität verbessern. In meinen Wasserkrug gebe ich immer einen Bergkristall. Er energetisiert das Wasser und gibt ihm die physikalische Information zurück. Wobei jeder Stein das Wasser wieder anders transformiert. Tali, mein Kater, hat einen Granat im Trinkgeschirr. Fast ein bisschen spacy, aber das hat sich so ergeben.

Mit den Steinen kann man einiges anstellen. Aber die Wirkung ist individuell. Ähnlich wie bei der Homöopathie, wo man auch den ganzen Menschen anschauen muss, um das richtige Mittel zu finden. Ich behandle auch die Tiere hier gerne mit Homöopathie. Für die kranken Füße der Kühe mit Panaritium hab ich drei Mittel. Es ist einfach phänomenal, wie sie wirken.

Antibiotika brauche ich dagegen kaum noch. Bei einer Mäse hatte ich schon die Spritze aufgezogen und gehofft, dass ich sie ihr auf der Weide verabreichen kann. Sie wusste es haargenau und haute ab. Ihr Fuß sah schlimm aus, er war sogar schon ein bisschen offen. Dann gab ich ihr die Kügelchen, ging am nächsten Tag wieder auf die Weide – und alles gut! In einem Tag. Ich konnte es fast nicht glauben. Am nächsten Tag dasselbe mit einer Red Holstein, die sowieso schlechte Füße haben. Unglaublich! Wenn du das richtige Kügelchen erwischst, sprechen die extrem darauf an.

*Das ist ja meine erste Alp, die ich von A bis Z alleine mache.*

Den Alpmeister habe ich natürlich gefragt, ob ich mit Homöopathie behandeln darf. Und er: »Ja klar, wenn's nützt!« Für mich ist es jetzt spannend herauszufinden, welches Mittel ich wie einsetzen kann. Das ist ja meine erste Alp, die ich von A bis Z alleine mache – mit Vertrag und allem, ohne Aushilfe und so.

*Ich war zweiundzwanzig Jahre für meine Kinder da. Jetzt bin ich an der Reihe.*

Jetzt leiste ich mir auch mal eine Zigarette. Eigentlich rauche ich ja nicht. Aber schön auf der Alp ist eben auch, dass du jeden Moment genau das machen kannst, was dir gerade in den Sinn kommt. Es interessiert eh keinen, auch wenn du was Verrücktes machst. Und jetzt ist mir halt in den Sinn gekommen, eine zu rauchen. Nach der Alp höre ich dann wieder auf, ganz klar. Ich werde mich allerdings schaurig zusammenreißen müssen.

Und wunderbar hier ist einfach das Alleinsein. Ich war zweiundzwanzig Jahre für meine Kinder da. Jetzt bin ich an der Reihe. Auf der Alp letztes Jahr im Bündner Madulain ließen mich die Alpmeister total in Ruhe. Die kamen nie hoch, auch nicht, wenn ein Vieh krank war. Wenn ich ganz alleine bin, verändert sich etwas in der Wahrnehmung. Ich hab andere Augen für das, was im Moment ist, für die Pflanzen, für die Tiere. Dann merke ich plötzlich, boah, das ist das, was ich will! Und das hat viel zu tun mit Bergen, Tieren, Vegetation.

Wenn ich nun über den Alpsommer auf Fûren nachdenke und mir überlege, was schön war und was ich mir wieder wünschen würde, kommt mir Amanda in den Sinn, die Mutterkuh, sechshundert Kilo, die da auf mich zustürmten, boah, ich will Salz! Oder wie ich am Abend vor der Hütte auf dem Bänklein sitze und denke, ach, vor zwei Wochen ging die Sonne noch dort unter, und jetzt ist sie schon da. Oder wie ich zum Gross Spannort mit seinen imposanten Zacken rüberschaue, die glitzernden Gletscher da drüben! Und einfach der Luxus, den ganzen Tag draußen zu sein.

# Tatsch

Das traditionelle Gericht aus dem Unterengadin und Münstertal ist einfach und schnell zubereitet und sehr lecker.
Man brät einen dickeren Omelettteig, lässt ihn aber nicht am Stück wie für ein Omelett, sondern zerteilt ihn während des Brätelns, bis er gleichmäßig brösmelig ist.

*Pro Person*

| | |
|---|---|
| 2 Eier | verquirlen |
| 4–6 EL Mehl | |
| 1 Prise Salz | einrühren |
| 0,5 dl Milch | dazugeben, zu einem sämigen Teig verrühren |

Nach Belieben 1 Handvoll Guten Heinrich, fein geschnitten, unterrühren. Den Teig in einer Bratpfanne in Butter und Öl unter ständigem Zerteilen mit der Bratschaufel zu Ribeli braten.
**Tipps:** Luftig wird der Tatsch, wenn man die Eier trennt und den Eischnee unter den Teig hebt.
Klassisch serviert wird der Tatsch mit Preiselbeerkonfitüre, Käse und gekochtem Schinken.

**Preiselbeerkonfitüre nach Anatschondra aus dem Münstertal**

| | |
|---|---|
| 1 kg Zucker | |
| 1 Zimtstange | |
| 3 Nelken | in einem Leinensäckchen |
| 1 l Veltliner | alles zusammen aufkochen |
| 1,5 kg Preiselbeeren | Sud über die Beeren gießen, über Nacht stehen lassen |

Am nächsten Tag Saft aufkochen und über die Beeren gießen; dreimal wiederholen. Gewürze entfernen, alles aufkochen und heiß in Einmachgläser füllen.

»Preiselbeeren sind recht sauer, aber der Veltliner nimmt ihnen die Säure«, weiß Susanne Gross, »sodass der spezielle Geschmack voll zur Geltung kommt.«

# Vis-à-vis des Titlis: von der Berg- zur Talstation Fürenalp

Von der Terrasse der Alp Vorder Füren aus locken verschiedene Wanderungen. Eine Halbtages-Panoramatour mit wunderbarem Blick auf die Berg- und Gletscherkulisse rund um den Titlis führt von der Bergbahnstation Fürenalp aus südostwärts Richtung Surenen.

Zwischen Alpenrosen hindurch und über Alpweiden geht's leicht abfallend zur Alp Äbnet. Auf der kleinen Sonnenterrasse gibt's frischen Alpkäse und Urner Spezialitäten. Hier hat man die Wahl, die Wanderung Richtung Blackenalp–Surenenpass oder via Stäuber–Stäfeli weiterzuführen. Um auf direktem Weg ins Tal zu kommen, folgt man ab Stäfeli links oder rechts dem Verlauf des Stierenbachs. Im Stäfeli gibt's ausgezeichnete Obstkuchen und im Alpenrösli wartet eine hausgemachte Rösti auf hungrige Wanderer.

**Anreise:** mit dem Auto oder mit Bahn und Bus via Engelberg zur Talstation der Fürenalpbahn
**Route:** Fürenalp–Äbnet–Stäuber-Wasserfall–Stäfeli–Alpenrösli–Talstation Fürenalp
**Gehzeit:** 2,5 h
**Höhenmeter:** 750 m
**Karte:** Swisstopo 1191, Engelberg (1:25 000)

**Weitere Wandervorschläge:** www.fuerenalp.ch

Alpe di Cavanna
im Bedrettotal (TI)

2015 m

1200 Schafe
6 Hirtenhunde
3 Herdenschutzhunde
5 Ziegen
4 Esel
5 Hühner
1 Katze

# Alpe di Cavanna

»Schutzhunde bewachen die Herde«, informiert die grün-weiße Hinweistafel am Wegrand zur Schafalp Cavanna im Bedrettotal beim Gotthard, »Halten Sie bitte Abstand«.
Wie eine Nabelschnur verbindet der Sentiero alto Bedretto die Alpe di Cavanna mit der Zivilisation. Praktisch waagrecht fügt sich die Naturstraße in die Flanken des Gotthardmassivs. Von der Postautohaltestelle Galleria Banchi an der Passstraße oberhalb von Airolo geht's über zahlreiche Kurven zur Alphütte von Franziska, 51, und Giacomo Cominelli. Giacomo war früher als Hirte mit seiner Herde auf der Winterweide im Berner Mittelland unterwegs und schon damals im Sommer auf der Alp. Als er vor fast fünfundzwanzig Jahren eine Hilfe suchte, meldete sich Franziska als Hirtin – und blieb gleich ganz bei ihm. Ihr gemeinsamer Sohn Mariano ist heute zwanzig Jahre alt, Zimmermann und bildet sich zum Landwirt weiter.
Franziska und Giacomo sömmern auf der Alp hoch über dem Bedrettotal, unterstützt vom Hirten Kurt, 1200 Schafe. Die Herde zählt zu den größten der Schweiz. Fünf Geißen klettern ebenfalls durchs Gelände. Und vier Esel helfen, Salz für die Schafe, Futter für die Schutzhunde, Essen für die Hirten oder Pfähle und Draht zum Zäunen über die weitläufige Alp zu tragen. Sechs Hirtenhunde halten die Herde zusammen und drei Herdenschutzhunde bewachen die Schafe vor Wolf-, Bären- und Luchsangriffen. Die Cominellis gehörten zu den ersten Schafzüchtern, die Herdenschutzhunde einsetzten. Nun, da sich am Calanda im Bündnerland das erste Wolfsrudel gebildet hat, findet Franziska: »Die Wolfspopulation darf nicht noch größer werden. Die Schweiz ist schlicht zu klein dafür.«

## Franziska Cominelli

Fotolithografin, Schafzüchterin, Hirtin

*Franziska feuert in der Hütte den Holzherd ein. Darüber hängen Salbei-, Rosmarin-, Thymian- und Loorbeersträuße zum Trocken an einer Schnur aufgereiht, dazu ein Bündel wilder Schnittlauch und Pepperoncini. Das Lammgigot in der Pfanne würzt Franziska mit viel Thymian, Knoblauch, Salz, Olivenöl und Rotwein. Dann lässt sie das Ragout anderthalb Stunden über dem offenen Feuer schmoren. Als es eindunkelt, kommen Giacomo und Kurt mit den Hunden vom Weidekontrollgang zurück und setzen sich zum Abendessen an den Tisch. Franziska serviert zum Fleisch Polenta sowie Bohnen-, Kabis- und Tomatensalat, dazu ein Glas Rotwein. Bald schon sind sie mitten im Gespräch.*

*Giacomo:* Heute war der schönste Tag der ganzen Saison, die Sonne lachte vom strahlend blauen Himmel. Doch dann kam doch noch die böse Überraschung: Wir haben zwei tote Schafe gefunden. Abgestürzt, wahrscheinlich wegen eines Misstritts im steilen Geröllhang. Ihre Kadaver haben wir liegen lassen. Dank Adler, Raben, Fuchs und Ameisen sind die in drei Tagen vertilgt. Nur im Wasserfassungsgebiet oder am Wanderweg nehmen wir tote Tiere weg und bringen sie in die Kadaversammelstelle nach Airolo. So ist das Hirtenleben: Freud und Leid liegen nahe beieinander.

*Franziska:* Wobei uns der Wolf noch weniger Freude macht. 2004 hatten wir die ersten Angriffe. Trotz Herdenschutzhunden riss er vier Schafe. Kurz darauf tötete er nochmals sechs und verletzte einige dazu. Auch später fiel er immer wieder in die Herde ein.

*Ein einzelner Wolf verbeißt locker zwölf Schafe.*

*Giacomo:* Die Wolfsrisse bereiten uns viel Ärger. Ein einzelner Wolf verbeißt locker zwölf Schafe. Die einen findet man tot, die anderen noch halb lebendig – wie auf einem Schlachtfeld.

*Kurt:* Eines unserer Schafe biss er mal in die Luftröhre. Es lebte noch, als wir es fanden, und röchelte durch die Bisswunden im Hals. Wolfsbefürworter sehen so etwas nie. Die sagen einfach, was wollt ihr, die Versicherung bezahlt ja.

*Franziska:* Dazu müssen wir die Schafe aber erst einmal finden. Und mit der Entschädigung ist es ja nicht getan, ein Wolfsangriff zieht häufig weitere Komplikationen nach sich. Wenn etwa eine Schafsmutter stirbt und das Lämmchen keine Milch mehr hat. Oder das Lämmchen wird gerissen und die Mutter bekommt ein entzündetes Euter, weil sich ihre Milch aufstaut.

*Giacomo:* Mit einzelnen Wölfen konnten wir noch leben. Aber jetzt mit dem ganzen Rudel im Bündnerland … Mehrere Wölfe können bis zu fünfzig Schafe auf einmal reißen. Für sie wird das Töten zum Spiel.

*Franziska:* In Filmaufnahmen eines Rudels aus Frankreich konnten wir beobachten, wie die Wölfe in der Dämmerung immer wieder

Scheinangriffe auf eine Schafherde starteten. Die Schutzhunde registrierten das als ein Spiel und legten sich schlafen. Dann griffen die Wölfe an.

*Giacomo:* Aber nicht nur die Wölfe werden mehr, sondern auch die Freizeitsportler bei uns auf der Alp.

*Franziska:* Das gibt manchmal Konflikte mit unseren Hunden, die darauf trainiert sind, ihre Herde zu schützen. Jeder, der sich den Schafen nähert, bedeutet eine Gefahr, nicht nur Luchs und Wolf, sondern auch Wanderer und Biker. Darum »kontrollieren« die Hunde auch die Touristen, die nahe an der Herde vorbeikommen.

*Kurt:* Letzthin kam ein Wanderer vom Berg herunter und marschierte mitten durch die Herde.

*Letzthin kam ein Wanderer vom Berg herunter und marschierte mitten durch die Herde.*

*Franziska:* Dabei stehen überall Hinweisschilder, dass Schutzhunde die Schafe bewachen und man einen großen Bogen um die Tiere machen soll.

*Am nächsten Morgen. Giacomo und Kurt sind schon auf der Weide, um nach den Schafen zu sehen. Derweil wäscht Franziska in der Hütte das Geschirr ab und knüpft an das Gespräch vom Vorabend an.*

Den Wolf sah ich mal hier vorne in der Kurve der Zufahrtsstraße. Unterhalb der Alp leben Hirsche, im Frühling sind es Herden von über hundertzwanzig Tieren. Die röhren zur Brunftzeit laut das Tal hinauf. Ein richtiges Touristenspektakel.

Als ich das Wild beim Einnachten durch den Feldstecher beobachtete, sah ich eine Hirschkuh mit einem Kalb, die nervös zur Seite tänzelte. Ich schwenke rüber, und da rückt plötzlich der Wolf ins Blickfeld, der abseits auf Beute lauerte. Ich beobachtete ihn drei, vier Minuten lang. Er griff nicht an, sondern zog wieder davon. Wirklich eindrücklich!

Dieses Jahr hatten wir glücklicherweise noch keinen Wolfsriss. Aber wenn er angreift, richtet er jedes Mal ein größeres Massaker an. Er spielt mit den Schafen wie die Katze mit der Maus und belässt es, um seinen Hunger zu stillen, nie beim Töten eines Tiers. Er nimmt ein bisschen hier und ein bisschen dort …

Und nach einer Wolfsattacke ist es für uns oft schwierig, den Schaden überhaupt nachzuweisen. Selbst wenn wir merken, dass ein Tier fehlt. Aber wenn wir den Kadaver nicht finden, wissen wir nicht, ob der Wolf es geholt hat oder ob es einen Felsen runtergestürzt und von anderen Tieren bereits weggeputzt worden ist. Wir müssen das tote Schaf vor uns haben, um zu sehen, ob es Wolfsmale aufzeigt. Nur so können wir die Täterschaft mittels DNA-Analyse beweisen.

Beim kleinen See oben entdeckten wir mal einen Wolfsriss mit siebzehn toten beziehungsweise verletzten Tieren. Für die Spurensicherung alarmierten wir sofort den Wildhüter. Er vermutete, dass der Wolf in der folgenden Nacht wieder angreifen würde. Aber er kam nicht zurück, obwohl wir bei der Spurensicherung extra alles mit Handschuhen angefasst hatten. Exakt ein Jahr später griff er allerdings an der gleichen Stelle wieder an. Es war derselbe Wolf, wie die DNA-Spuren zeigten. Wir hatten die Schafe zwar über Mittag und in der Nacht eingezäunt, aber da es neblig war, fanden wir nicht alle, und er konnte wieder zuschlagen.

*Nach dem Abwaschen wärmt Franziska Wasser auf dem Herd, um das Milchpulver für die Sorgenlämmer anzurühren. Kranke und schwache Tiere nimmt sie aus der Herde heraus, um sie im Stall bei der Hütte gesund zu pflegen und aufzupäppeln.*

*Als Kind wollte ich Hebamme oder Tierärztin werden, jetzt bin ich beides.*

Als Kind wollte ich Hebamme oder Tierärztin werden, jetzt bin ich beides: Ich helfe den Schafmüttern, die Lämmer zur Welt zu bringen, und kümmere mich um unsere Pflegelämmer, wenn sie einen Fuß gebrochen haben, wenn sie zu wenig Milch von ihrer Mutter bekommen, weil ein Schaf zum Beispiel Drillinge hat und nicht alle Lämmlein allein über die Runden bringen kann. Eine schöne Aufgabe!

Viel Freude macht mir auch das Dressieren unserer Hunde, Esel und Hühner. Die Esel und Hühner laufen mir nach, wenn ich sie füttere. Und mit unseren sechs Hirten- und drei Herdenschutzhunden arbeite ich intensiv. Die Arbeitshunde sind größtenteils Bordercollies. Wir lehren sie von klein auf, die Schafherde zusammenzuhalten, die Tiere in ein Gebiet zu lenken und Ausreißer zurückzuholen.

Vento, unseren Hirtenhund-Pensionär, konnten wir in seinen besten Zeiten siebenhundert Meter hoch bis fast zum Gipfel schicken, um die Schafe zu holen. Aus der Nähe geben wir die Befehle mit Worten, dann pfeifen wir, und schließlich arbeiten wir mit Handzeichen.

Kurt hat noch zwei eigene Hunde, wobei jeder Hund sich für andere Einsätze eignet. Wir können sie aber nicht jeden Tag voll in den Einsatz schicken. Die beiden Hunde vor der Hütte haben gerade Pause. Und Vento darf auf seine alten Tage eh machen, was er will. Wenn er Lust hat mitzukommen, wartet er in der Kurve bei der Straße vorne, dass wir mit der Herde losziehen. Sonst bleibt er im Hundehüttchen und döst, bis wir zurück sind.

Dass ich einmal auf der Alp landen würde, war alles andere als geplant. Nach der Ausbildung zur Erzieherin und der Lehre als

Fotolithografin hat mich erst einmal das Reisefieber gepackt. Ich wollte die Welt kennenlernen, reiste nach Südafrika und blieb fast vier Jahre in Kapstadt, wo ich in einem Grafikatelier Lithografien anfertigte. Von Südafrika aus lernte ich den ganzen Kontinent kennen. Ich fuhr mit meinem Bus mit Bett und Kochgelegenheit bis nach Namibia. Dann kehrte ich zurück in die Schweiz, um wieder Geld zu verdienen. So arbeitete ich jeweils rund anderthalb Jahre, legte Geld zur Seite und zog wieder los, nach Neuseeland, Thailand, Indonesien und Australien.

Als ich wieder einmal in der Schweiz war und schon die nächsten Pläne schmiedete, suchte ich über den Sommer eine Arbeit, am liebsten mit Tieren. Als ich einem Bauern das erzählte, wusste der von einem Schafhirten, der eine Hilfskraft suchte. Es war Giacomo hier auf der Alpe di Cavanna. Der Rest ist Geschichte.

Er engagierte mich. Und sein Leben als Schafzüchter faszinierte mich vom ersten Moment an, wie er mit einfachsten Mitteln zurecht kam, im Sommer auf der Alp lebte und im Winter mit den Tieren über die Weiden im Berner Mittelland zog. Ich schätzte auch das Zusammenleben. Unsere Zuneigung wuchs und wuchs und wuchs. Und schließlich wurden wir ein Paar. Seither bin ich Hirtin und Schafzüchterin.

*Sein Leben als Schafzüchter faszinierte mich vom ersten Moment an.*

Auf der Alp genieße ich das Leben mitten in der Natur, wo ich nicht dauernd abgelenkt werde durch Besuche, Telefon, Post, Fernsehen … Und ich habe Zeit! Zeit für mich, Zeit für die Tiere, Zeit, um die Natur, Wind und Wetter zu beobachten. Natürlich ist das kein einfaches Leben. Wir haben weder Strom noch Heizung. Aber wozu auch? Wir haben ein Cheminée, das gut heizt, wenn ich regelmäßig Holz nachlege. Statt einer Glühbirne erhellen Kerzenlicht, Gas- und Petrollampen die Hütte. Und wenn ich Nachrichten hören will, schalte ich das Batterieradio ein.

So wuchs ich Stück für Stück in mein neues Schäferinnenleben hinein. Die Arbeit als Lithografin gab ich nach einer weiteren Saison auf und lebte von da an ganz bei Giacomo – sommers auf der Alp, und im Winter schaute ich in Cama im Misox zu den trächtigen Auen, gebärenden Mutterschafen und ihren Lämmern, während Giacomo mit der Herde auf der Winterweide durchs Berner Mittelland zog.

Er ist einer der letzten Schäfer, der die Transhumanz lebt, die Herde also auf der Alp sömmert und mit ihr im Winter über verschneite Weiden im Mittel- und Unterland wandert. Das Hirten hat er im Blut. In seiner Schäferfamilie in der italienischen Provinz Bergamo war er schon als Bub mit den Schafen unterwegs. Sein Nachtlager schlug er meist am Waldrand unter einer Militärblache auf, wo er sich mit Stroh, einem Schaffell und einem warmen Schlafsack eine Bettstatt errichtete. Mit der Zeit modernisierte er sich. Zunächst mit einem Zelt, dann mit seinem ersten Transporter, den er mit Bett und Kochgelegenheit ausstattete. Später kam das erste Handy. Mit seiner großen Schafherde, den Eseln, Hunden und den Geschichten im Gepäck war er stets ein richtiger Magnet für die Kinder in den Dörfern, an denen er vorbeikam. Die Leute brachten ihm oft reichlich Essen und Trinken.

Ich bin eher die Schönwetterhirtin, das Winterleben als Hirtennomadin ist nicht so meines. Ich friere schnell und vermisse die Toilette und das Bad. Richtig schön fand ich's dafür im Sommer oder auch wenn wir bei den Schafen Waldweihnachten feierten. Später, als unser Sohn auf der Welt war, feierten wir den Heiligen Abend immer auf der Winterweide in Bern, fast wie Maria und Josef mit ihren Tieren im Stall.

*Später feierten wir den Heiligen Abend immer auf der Winterweide in Bern, fast wie Maria und Josef.*

Unterdessen ist Mariano zwanzig Jahre alt, gelernter Zimmermann und bildet sich auf dem Plantahof in Landquart zum Landwirt weiter. Gut möglich, dass er einst in unsere Fußstapfen tritt und die Schafzucht mit der Winterweide übernimmt. Aber so schnell geht das nicht. In den nächsten paar Jahren sind sicher noch Giacomo und ich verantwortlich.

Mariano ist ein Einzelkind, und damit er Gesellschaft hat und die italienische Sprache lernt, kam ich auf die Idee, einen Ferienbub einzuladen. In einem Kinderheim in der Nähe von Bellinzona fanden wir Roman. Erst war er nur über die Wochenenden bei uns, dann während der Sommerferien und später immer öfters. So wuchs Mariano mit einem älteren Bruder auf. Die beiden sind heute noch eng befreundet, klar.

Und da ich mich wahnsinnig gerne um Kinder und Jugendliche kümmere, nahm ich später auch andere Jungen aus Heimen und Erziehungsanstalten auf. Deren Betreuung ist für mich ein willkommener Nebenerwerb. Der einzige, den ich zusätzlich zu den Schafen haben kann. Und jetzt, wo Mariano selbständig geworden ist, hab ich Platz für Gäste. Neulich half mir eine junge Frau aus. Sie lebt in einer sozialtherapeutischen Station für Drogensüchtige. Da sie einigen Mist gebaut hat, muss sie ihre Strafe in Sozialeinsätzen abarbeiten. Eine Therapie kann ich hier zwar nicht anbieten, dafür aber ein Timeout und unser spezielles Schäferleben inmitten der Natur.

*Am nächsten Tag beim Heidelbeerensammeln unterhalb der Hütte. Der Hang ist über und über voll von »Heiti«, wie Franziska die Beeren auf Berndeutsch nennt. Mit dem Heidelbeerkamm strählt sie die*

*Früchte sorgfältig von den Sträuchern, sodass sich der Korb nach und nach mit der dunkelblau-silbern schimmernden Beerenpracht füllt. Später verarbeitet sie die Beeren zu Konfitüre, Grappa, Likör und Essig. Oder serviert sie warm mit Vanilleglace zum Dessert.*

*In der Hütte kommt sie bei Kaffee und Kuchen noch einmal auf die Konflikte zwischen Schutzhunden und Touristen zu sprechen.*

Als der Wolf 1998 in die Schweiz zurückkehrte, mussten wir zum Schutz unserer Herde eine Lösung finden. Wir gehörten zu den ersten Schafzüchtern, die sich Herdenschutzhunde zutaten. Außerdem begannen wir, die Herde einzuzäunen. Vorher hatten wir die Schafe über Mittag und über Nacht lediglich zusammengetrieben.

Mit den Hunden ging elf Jahre lang alles gut. Aber 2011 hat Olmo, einer der drei, einen Touristen gebissen. Kurz zuvor hatten wir einen neuen Hund angeschafft, und jeder Neuankömmling bringt das soziale Gefüge der Hundekonstellation erst einmal durcheinander. Aber natürlich darf ein Schutzhund keinen Menschen beißen. Wir entschuldigten uns, und unsere Rechtsschutzversicherung bezahlte Schadensersatz. Und wir bekamen eine saftige Buße vom Kanton …

Da sich Bissvorfälle insgesamt häufen, sucht der Herdenschutzhunde-Verein nach Lösungen. Er klärt mit den Tafeln nicht nur die Freizeitsportler auf, wie sie sich verhalten sollen, sondern hat jetzt auch die Empfehlungen für die Hundezüchter überarbeitet.

Früher hieß es, wir dürften die Hunde nicht streicheln, da sie sich ganz mit der Herde identifizieren sollten. Mir passte diese Vorgabe von Anfang an nicht. Seit 2011 empfiehlt der Verband jetzt aber Gott sei Dank, dass die Hunde sozialen Kontakt zu den Besitzern haben sollen. Ich versuche jetzt, Olmo umzuerziehen. Er soll fremde Leute tolerieren, sich von uns streicheln und an der Leine führen lassen und auf Zuruf herkommen. Ende Sommer weiß ich dann, inwieweit meine Arbeit gefruchtet hat.

*Früher hieß es, wir dürften die Hunde nicht streicheln.*

Sorgen macht mir aber auch, dass immer mehr Touristen kommen, seit die Mountainbiker die Gegend entdeckt haben und der Vierquellenweg eröffnet worden ist. Der Weg führt vom Gotthardpass direkt an unserer Alp vorbei, da sind die Probleme fast vorprogrammiert.

Wenn wir weiterhin mit dem Wolf leben wollen, gibt es für mich nur ein Rezept: Toleranz auf allen Seiten. Die Touristen sollten die Verhaltensregeln lernen, während wir Schafzüchter versuchen, unsere Hunde gut zu erziehen.

Trotzdem meine ich, es reicht mit den Wölfen! Die Schweiz ist zu klein. Wenn sich noch mehr Rudel bilden, muss die Zahl der Wölfe reduziert werden. Sonst können wir Schafzüchter bald einpacken.

PALL MALL
FENDT
2000

# Zwiebelsuppe und Alpkäsebrot

Die würzige Zwiebelsuppe köchelt bei Franziska Cominelli in der Alphütte über dem offenen Kaminfeuer. Das leicht zuzubereitende Gericht gelingt aber auch wunderbar auf dem Induktionsherd. Einfach genug lang köcheln soll es, damit die Zwiebeln ihren milden Geschmack bekommen.

*Für 4 Personen*

| | |
|---|---|
| 500 g Zwiebeln | schälen und fein hacken |
| 1 EL Butter | Zwiebeln darin goldbraun anbraten |
| 1 Bouillonwürfel | in 1 l Wasser auflösen |
| | Zwiebeln mit Bouillon ablöschen und eine Stunde kochen lassen |
| Salz und Pfeffer | zum Nachwürzen |

| | |
|---|---|
| 4 Scheiben altbackenes Brot | in Würfel schneiden |
| 1 EL Butter | Brotwürfel darin goldbraun braten |
| 200 g geriebener Alpkäse | übers Brot streuen |

Das Ganze im Backofen bei 200 Grad 10 Minuten überbacken.

| | |
|---|---|
| Schnittlauch | hacken |
| Rahm | schlagen |

Mit gehacktem Schnittlauch und einem Tupf geschlagenem Rahm servieren.

# Auf dem Vier-Quellen-Weg vom Gotthardpass zur Reussquelle

Der Vier-Quellen-Weg im Gotthardmassiv führt zu den Quellen der Flüsse Rhein, Reuss, Ticino und Rhone. Man kann ihn auf einer fünftägigen Wanderung gehen oder eine Etappe als Tageswanderung machen. Auf der dritten passiert man die Schafalp Cavanna.

Man startet am Gotthardpass und gelangt nach dem geschäftigen Treiben beim Gotthardhospiz am imposanten Lucendro-Stausee vorbei zu einem spiegelglatten kleinen See, der Quelle der Reuss. Nach der Lucendropasshöhe wandert man weiter auf dem langen Sentiero alto Bedretto via Alpe di Cavanna zur Piansecco-Hütte. Die Aussicht unterwegs ist fantastisch. Und die saftig-süßen Heidel- und Preiselbeeren am Wegrand laden zur kleinen Zwischenverpflegung ein.

**Anreise:** mit Bahn und Postauto oder mit dem Auto auf den Gotthardpass
**Route:** Gotthardpass–Lucendro-Stausee–Lucendropass–Rosso di Fuori–Alpe di Cavanna–Piansecco-Hütte
**Gehzeit:** 7 h 30
**Höhenmeter:** ↗ 1500 m, ↘ 1650 m
**Rückreise:** zu Fuß weiter nach All'Acqua (1 h) oder zur Alp Cruina (1 h 30). Dann mit dem Postauto zum Bahnhof Airolo oder auf den Gotthard zurück zum Auto.
**Karte:** Swisstopo 5001, Gotthard (1:50 000)

**Weitere Wandervorschläge:** www.vier-quellen-weg.ch

Bussalp
bei Grindelwald (BE)

Unterläger, 1630 m
Mittelläger, 1800 m
Oberläger, 2020 m
Melkhütte Hinter der Burg, 2120 m

Senntum Kaspar Wenger

26 Milchkühe
24 Rinder
4 Kupferhalsgeißen
4 Appenzeller Spitzhaubenhühner
2 Appenzeller Barthühner
1 Bordercollie

# Bussalp

Vis-a-vis stehen Eiger, Mönch und Jungfrau, mit Schneehauben-Wolken umflockt, die manchmal den Blick auf den Jungfraugletscher freigeben, der still zwischen den Gebirgsriesen ruht. Eine Kulisse, die so schon seit Jahrtausenden existiert.

Kurz wird das Kuhglockengebimmel auf der Bussalp aus den Wolkenfetzen heraus von einem Heli-Geräusch gestört. Von Grindelwald herauf weht eine kühle Brise und auf dem Vorplatz der Alphütte hält der gackernde und wichtig seinem Harem vorausstolzierende Hahn mit den Hennen Hof. Derweil reihen sich auf dem Dachgiebel des Stalls Dohlen auf, die Schnäbel in Richtung Tal, und fliegen dann und wann eine Runde.

Als eine Nachbarälplerin auf die Bussalp herüberkommt, will sie Eier kaufen. Neben Alpkäse verkauft Sennin Maria Müller, 40, auch selbst gebackenes Brot und frischen Joghurt.

Am Nachmittag machen sich Maria und Zusenn Toni auf Ziegenpirsch. Vier Geißen haben sich gestern in die Berge verstiegen und bis jetzt keine Lust verspürt, zur Hütte zurückzukehren. Nach dreistündiger Suche taucht der erfolgreiche Trupp vom Faulhorn her wieder auf; Maria mit sichtbar rotem Kopf den Geißen voraus den Berg herunterhüpfend, Toni den Ziegen und ihr hinterher. Und der auf Hochtouren hechelnde Hund sinkt erschöpft vor der Stalltür nieder.

Die Ziegen sind gerade im Stall, da rollt ein bombastisches Unwetter heran, die Wolken schwappen wie eine Tsunamiwelle über den Berg, ein riesiges Gewitter bricht über die Alphütte herein, Hagel prasselt aufs Schindeldach. Und die Sennin hat Zeit zu erzählen.

## Maria Müller

Landwirtin, Störköchin, Shiatsu-Therapeutin, Glasmalerin, Sennin

Trix ist eine besondere Kuh. Sie liebt es, den Menschen in die Sätze zu bringen. Wenn sie in den Stall kommt und niemand da ist, geht sie schnurstracks an ihren Platz. Doch sobald ich ihr hinterherlaufe, schaut sie ganz beflissen nach links und nach rechts, ob sie noch ein Strohhälmchen findet, an dem sie herumknabbern könnte. Wenn ich sie zurechtweise und sag, Trix, geh an den Platz!, lässt sie den Strohhalm los, streckt den Rücken und tänzelt brav an ihren Platz. Ein richtiges Schlitzohr ist das. Sie weiß haargenau, was mich aufregt, und amüsiert sich über mich.

Vor zwei Jahren fraß sie mir den Faserpelz. Und letztes Jahr ging sie im Stall zwar stets schön brav an den Platz, aber dann zerkätschte sie immer den Hälslig der Nachbarskuh, also das Hanfseil, mit dem man die Kühe im Stall anbindet. Ich installierte jeden zweiten Tag einen neuen Strick.

*Wenn ich Kuhglocken bimmeln hörte, rannte ich zum Fenster, um den Alpaufzug zu sehen.*

Manchmal genügt es, auf den Boden zu stampfen und zu sagen: Trix, jetzt reicht es! Dann lässt sie den Hälslig los, dreht den Kopf zur Seite und kugelt mit den Augen. Ich sehe ihr an, dass sie ganz genau weiß, dass sie wieder Quatsch anstellt und mich damit auf die Palme bringt.

Kühe faszinierten mich schon als Kind. Ich wuchs in Teufen in Appenzell Ausserrhoden auf. Wenn ich in der Schule Kuhglocken bimmeln hörte, rannte ich zum Fenster, um den Alpaufzug zu sehen. Die Sennen mit der Tracht, das Zäuerli, typische Appenzeller Naturjodel, und die Geißen voran, das machte mir Hühnerhaut.

Und wenn ich z Berg ging und Alphütten sah, kamen mir fast die Tränen. Die Sennen mit ihren gegerbten Gesichtern und den mächtigen Pranken. Das Währschafte dieser müden, zufriedenen Gesichter. Das war wunderbar. Aber auf die Idee, das Sennen zu meinem Beruf zu machen, kam ich nicht. Stattdessen wurde ich Glasmalerin und ging auf die Walz. Zehn Jahre gab ich mir, um herauszufinden, wo ich hingehöre. Ich arbeitete als Malerin auf dem Bau, als Krankenpflegerin im Spital und bei der Spitex, als Handwerkerin auf einer Schiffswerft am Bodensee, als Schreinerin bei einem Zimmermann und dann noch mit schwer erziehbaren Jugendlichen in einem Heim. Als es geschlossen wurde und alle Mitarbeiter auf der Straße standen, gingen ein paar Kollegen z'Alp. Und ich fand, das mach ich auch. Der Zeitpunkt war goldrichtig.

*Aber auf die Idee, das Sennen zu meinem Beruf zu machen, kam ich nicht.*

Und als ich auf der Alp Grosse Scheidegg im Berner Oberland am ersten Morgen früh um vier aufstand, um die Kühe von der Weide zu holen, lief ich mit Gummistiefeln durch die Blumen über die taubenetzte Wiese, den Hirtenstecken in der Hand, über mir der Sternenhimmel. Und ich dachte nur: Nein, so schön! Und hatte das

Gefühl, jetzt ist das Leben ein Stück wahrer geworden. Der Fall war klar: Die Alp war das, wonach ich die letzten Jahre gesucht hatte.

*Die Alp war das, wonach ich die letzten Jahre gesucht hatte.*

Ein Alpsommer folgte dem nächsten. Sieben Mal war ich seither auf der Alp. Die ersten vier Sommer auf der Grossen Scheidegg am Fuße des Wetterhorns vis-à-vis der Eigernordwand, und ab 2009 auf der Bussalp auf der gegenüberliegenden Talseite. In den Wintermonaten bin ich als Störköchin unterwegs und halte mich mit verschiedenen Gelegenheitsjobs über Wasser. Ich führe ein Sennenleben ähnlich dem der Nomaden, die mit ihren Tieren im Frühling vom Winterquartier aus zu den Sommerplätzen ziehen, dort die Weiden nutzen und im Herbst müde, erfüllt und gut genährt wieder zurückkehren. So breche auch ich im Herbst immer wieder die Zelte ab, kehre zurück ins Unterland, um mich zu erholen, und träume bald schon vom nächsten Frühling, wo ich wieder auf die Alp gehen kann.

Doch mehr und mehr kommt der Wunsch auf, sesshaft zu werden und Landwirtschaft zu betreiben. Ich meine nicht als Bauersfrau, die gärtnert, Früchte einmacht, und zwischendrin ihrem Mann mit dem Ladwagen hilft, eine Fuhre Heu einzuholen. Nein, ich will selber einen Hof aufbauen. Und zwar einen Archehof, also einen nach ProSpecieRara-Richtlinien mit schützenswerten Nutztierrassen. Der Hof soll für die Öffentlichkeit zugänglich sein.

Darum bildete ich mich zur Landwirtin aus. Ich will respektiert werden. Wie hier auf der Alp, wo mich die Bauern schätzen. Sie fragen mich jedes Jahr, ob ich wieder komme. Das heißt wohl, dass ich es nicht schlecht mache.

Ich erinnere mich noch gut daran, wie ich im ersten Alpsommer melken lernte. Die Kühe waren nervös. Und der erste Abend war schlimm. Es war eng im Stall, die Kühe hatten Durchfall, und ich kam mit der Melkmaschine nicht klar. Die andere Sennin melkte zwanzig Kühe, während ich vier schaffte. Ich hatte keine Ahnung von gar nichts.

*Die andere Sennin melkte zwanzig Kühe, während ich vier schaffte.*

Trotzdem wusste ich, die Alp, das ist es! Es reicht, am Morgen aufzustehen und die Kühe zu holen, um das Gefühl zu haben, am richtigen Ort zu sein. Auf der Alp werde ich als Person weniger wichtig. Ich gehöre einem Gefüge an, in dem das Wetter und die Kühe und alle Umstände in gleichem Maß eine Rolle spielen. Hier bin ich Teil des Ganzen und darauf angewiesen, dass das Wetter hält, die Kühe gesund bleiben, das Gras wächst. Ich kann viel weniger ausweichen als im Tal, kann nicht zum Zusenn sagen, das Wetter passt mir nicht, komm, wir gehen. Oder, die Kühe treten mir ständig auf die Füße, komm, wir holen neue. Ich muss mit der Situation umgehen und mich fragen, also, was mache ich, wenn es mal schneit? Die Kühe müssen ja auch dann gefüttert und gemolken werden.

Und so werde ich als Mensch kleiner und das Universum wird größer. Auf der Alp werde ich andächtig und fange an, die Welt zu verstehen. Es gibt Momente, in denen mir die Worte fehlen und ich nur noch in Bildern sprechen kann. Ich sehe den Sonnenaufgang und stehe mitten drin in diesem Wunder.

Die Zeit in einem buddhistischen Kloster in Katmandu trug sicher auch dazu bei. Fünf Monate lang übte ich mich in Zen-Meditation. Ich hatte die Meditationsform während meiner Shiatsu-Ausbildung kennengelernt. Danach wollte ich wissen, was passiert, wenn ich länger als nur einen Tag sitze und meditiere. Was zeigt sich da? Die ersten Tage im nepalesischen Kloster waren schön. Dann begann es zu drehen in meinem Kopf, dann begann es noch mehr zu drehen, dann wurde es langsam schwierig, dann begann ich mich zu fürchten, bis ich dachte, jetzt haut es mir die Sicherungen raus. Ich ging in die Stadt, kaufte mir Stift und Papier und begann, alles aufzuschreiben. Ich schrieb, machte Skizzen und schrieb. Und nach drei Monaten wurde es still. Ich saß nur noch am Boden auf dem Meditationskissen – und war angekommen in mir.

Diese Stille finde ich auch auf der Alp. Hier werde ich Teil dieses Gefüges und habe das Gefühl, gleichzeitig Himmel, Wiese und Kuhglocke zu sein. Die Sinne dehnen sich aus auf das Ganze und ich kann alles gleichzeitig wahrnehmen. Es ist, als ob das Universum sich für einen Moment auftut. Wie ein Samen, der plötzlich aufplatzt.

*Es ist Morgen und das heißt, die Kühe holen.*

Auf der Alp wurde mir klar, so macht das Leben Sinn, wenn man am Morgen aufsteht und sich freut. Und man sich nicht ständig fragen muss, ob man gut genug ist oder wie der Chef heute drauf ist, ob meine Kollegin gestern wohl wegen mir betupft war. All diese komplizierten Beziehungskonstrukte, wo man von einem Gefühl zum nächsten springt. Hier ist nur noch das, was ist. Es ist Morgen und das heißt, die Kühe holen. Das heißt ein Gewitter erleben und einen Hagelsturm. Das heißt, am Abend alle Kühe wiedergefunden und gesund in den Stall gebracht zu haben. Das sind Momente, wo alles stimmt.

Das Alpen gezeigt hat mir Claudia. Mit ihr war ich die ersten zwei Sommer auf der Alp. Sie konnte extrem wütend werden, wenn die Zeit fürs Morgenessen fehlte. Ich dachte immer, ja, aber hallo. Man muss die Dinge nehmen, wie sie sind. Wenn du am Morgenessen bist und der Tierarzt kommt, geht man halt weg vom Essen. Der Arzt kann nicht warten und das Essen springt einem nicht davon. Was bringt es da, hässig zu sein?

Natürlich, die Arbeit auf der Alp ist streng. Wenn ich alleine bin, geht's am Morgen um vier Uhr los. Dann hab ich eine Stunde Mittag. Und weiter geht's bis neun Uhr abends. Aber streng macht es nur der Kopf. Wenn du schon vorher denkst, es wird streng, dann willst du dir Zeit nehmen zum Essen, damit du auch glaubst, dass du es schaffen kannst. Aber wenn du es einfach machst, dir nichts überlegst dabei, nicht denkst, o nein, jetzt muss ich noch eine Stunde auf die Weide hochwandern und dann noch all die Kühe suchen, dann wieder eine Stunde runter, dann der Knorz, sie in den Stall rein zu bringen. Sondern dir einfach sagst, ja, okay, Zeit zum Küheholen, und du steigst in die Stiefel und gehst. An ein paar Blumen vorbei. Hältst Ausschau und siehst, ah, die Kühe sind dort. Wenn du nicht denkst, denkst du auch nicht, dass du müde wirst. Dann ist einfach ein Schritt nach dem anderen. Am Schluss ist es neun Uhr und alles schläft, also ist es Zeit, ins Bett zu gehen.

*Manchmal vergesse ich auch zu schlafen.*

Manchmal vergesse ich auch zu schlafen. Dann schlaf ich vielleicht vier, fünf Stunden, bin am Morgen trotzdem hellwach und habe auch nicht das Gefühl, zu wenig geschlafen zu haben. Die Arbeit läuft wie von selbst. Als ob der Körper von selber in die Bewegung reingeht und der Geist sich irgendwo ausklinkt, auf einer Mauer sitzt und zuschaut.

*Du kannst dich wahnsinnig über das Leben freuen, und eine Sekunde später übermannt dich Todesangst.*

Irgendwie geht es immer auf. Obwohl die Alp manchmal Himmel und Hölle gleichzeitig ist. Es brennt dir zum Beispiel eine Kuh durch und du stampfst tobend auf den Boden und zerbrichst vor Wut den Treibstecken. Und später im Stall lehnt sich die Kuh dermaßen herzig an dich an, dass du fast verschmilzt vor Wonne. Die Extreme liegen ganz nah. Du kannst dich wahnsinnig über das Leben freuen, und eine Sekunde später übermannt dich Todesangst.

Wie in jenem Sommer, als ich die Kühe vor dem Gewitter von der Alp runterholen musste. Ich stand auf dem Hochplateau der Grossen Scheidegg auf 2000 Metern, der Blitz schlug neben mir in den Boden ein, und ich trieb die Tiere die Weide runter. Kirschgroße Hagelkörner prasselten auf mich nieder. Jede Körperstelle, die nicht durch mein T-Shirt geschützt war, bekam Dellen. Ich hielt die Arme über den Kopf, rannte die Wiese runter was ich konnte. Und kam mit den Kühen gerade noch rechtzeitig im Stall an.

Die Nachbarin war eine halbe Stunde zu spät. Der Blitz erschlug ihr zwei Kühe. Wir schauten zu, wie der Heli die toten Tiere ins Tal flog. Das sind Momente, in denen du merkst, wie ausgeliefert du bist. Andererseits kann ein Hagelsturm in der Hütte etwas Wunderbares sein. Dann steh ich am Fenster und denke, hei, ist das schön! Du bist geschützt im Trockenen und spürst, wie das Haus arbeitet. Manchmal weht es so stark durchs Holzschindeldach, dass jahrzehntealter Dreck runterfällt und ich mich frage, ob das Hüttchen wohl der nächsten Böe standhält. Doch es hat schon manchen Sturm erlebt und wie ich schon manche Krise überstanden.

Wie jüngst, als ich nicht mehr wusste, ob ich die Milch von jener Kuh, die wegen ihres entzündeten Euters Penizillin gespritzt bekam, ins Milchkessi geschüttet hatte oder nicht. Falls ja, würde es den ganzen Käse aus diesem Kessi blähen und ich könnte ihn fortschmeißen. Das darf doch nicht wahr sein!, schoss es mir durch den Kopf. Vierhundert Kilo Milch gibt vierzig Kilo Käse à zwanzig Franken. Gibt achthundert Franken Verlust. Eine Tagesproduktion. Ich hätte mir die Haare ausraufen können. Aber Gott sei Dank ist nichts passiert und der Käse gut gelungen.

Unsern Berner Alpkäse machen wir auf der Bussalp wie zu Großvaters Zeiten – streng nach AOC-Richtlinien. Also über dem offenen Feuer und nur mit Milch von der Alp. Nach dem Melken frühmorgens impfe ich die Milch im Kupferkessi mit einer Bakterienkultur und gebe das Lab hinzu, damit die Masse dick wird. Die zerschneide ich mit der Käseharfe, bis sie aussieht wie Hüttenkäse. Dann hänge ich das elektrische Rührwerk, den »Flugzeugpropeller«, rein und lasse die Käsemasse eine halbe Stunde lang drehen. Nun ziehe ich das Kessi über das Feuer, wo der Propeller weiterdreht, bis der Käse auf fünfzig Grad erwärmt ist. Durch das Rühren trennt sich die Molke, und das Käsekorn wird trockener. Jetzt nehme ich das Kessi wieder vom Feuer und rühre weiter, bis der Griff stimmt. Mit einem Tuch ziehe ich dann portionsweise den Käse heraus, drücke ihn in die Käseform, den Järb, und lege den mit fünf bis zwölf Kilo Käsemasse gefüllten Spannring 24 Stunden unter die Presse, wo ich ihn mehrere Male wende. Jetzt wandert der Laib in den Käsespeicher. Dort kommt er erst 24 Stunden in ein Salzbad, wird auf Holztablaren gelagert und täglich einmal geschmiert. Reif ist er frühestens nach vier Monaten. Einen richtig guten Berner Alpkäse hat man nach einem Jahr. Und ab dem zweiten Jahr wird's Hobelkäse, den man, wenn er gut ist, bis zu drei Jahre lagern kann. Seine Herstellung ist ein bisschen eine Kunst. Man muss den Kopf bei der Sache haben und aufs Gspüri vertrauen. Ich hatte bisher wirklich Glück!

*Einen richtig guten Berner Alpkäse hat man nach einem Jahr.*

Weniger glimpflich verlief die Episode mit einer verletzten Kuh. Meine damalige Zusennin war Tierärztin und meinte, die Verletzung am Vorderlauf würde von selber heilen, wir müssten der Kuh einfach Zeit lassen. Aber es wurde immer schlimmer. Nach drei Wochen konnte ich nicht mehr zuschauen und zog den lokalen Tierarzt hinzu. Die Kuh müsse sofort ins Tal, meinte er, und intensiv gepflegt werden. Doch die Entzündung war zu weit fortgeschritten. Der Bluterguss hatte sich einwärts gefressen, sodass sie wenige Tage später geschlachtet werden musste. Das war einer meiner traurigsten Momente auf der Alp.

Die Bauern anzurufen und ihnen mitzuteilen, dass mit ihrer Kuh etwas nicht stimmt, ist sowieso nie lustig. Wenn du anrufst und sagst, du, deine Venus, die geht so lahm, dann weißt du genau, dass der das überhaupt nicht amüsant findet.

Und wenn wir schon bei den schlimmen Erlebnissen sind: Den ganzen dritten Alpsommer auf der Grossen Scheidegg könnte man unter Alptraum verbuchen. Die Konstellation der Sennen war so schwierig, dass sich eine Tragödie an die andere reihte. Eines Abends packte eine Älplerin ihre Sachen und ging – kommentarlos. Sie war Krankenschwester und wollte mal auf eine Alp. Aber offenbar hat sie das Alpszenario, in das sie hineingeraten war, nicht mehr ausgehalten.

So was gibt es oft. Die Leute haben allzu romantische Vorstellungen von der idyllischen Wunderalp, die sie von Burnout, Suchtproblemen, sozialem Ausgeschlossensein oder psychischen Schwierigkeiten heilen soll. Aber hier oben begegnet man keinen Wundern, sondern nur sich selber. Und wer Probleme mitbringt, kann fast sicher sein, dass sich die auf der Alp zu riesigen Monstern aufbäumen.

*Aber hier oben begegnet man keinen Wundern, sondern nur sich selber.*

Selber hatte ich mit meinen Zusennen bisher immer Glück, Gott sei Dank. Mit Toni, der heuer zum ersten Mal mit anpackt, verstehe ich mich prächtig. Er ist eine super Hilfe und steht mit beiden Beinen auf dem Boden. Weil er weiß, wer er ist und warum er auf der Alp ist, geht es prima.

Traurig macht mich aber, dass wir seit letztem Sommer keine Schweine mehr frei halten dürfen – aus Tierschutzgründen. Damit sie nicht die ganze Alp umpflügten, bestückten wir sie mit einem Nasenring. Wie ein Piercing bei Jugendlichen. Dagegen wehrten sich Tierschützer und zeigten alle Älpler mit solchen Schweinen rund um Grindelwald an. Das Tierschutzgesetz müsse eingehalten werden und die Nasenklammer weg, hieß es. Das bedeutet, dass man die Tiere entweder einzäunen oder im Stall einpferchen muss. Zu beidem fehlte uns die Infrastruktur. Dabei bin ich mir sicher, wenn die Schweinchen entscheiden dürften, würden sie freiwillig einen Nasenring tragen, um frei leben zu können auf der Alp.

Die Schweinchen waren so lustig! Sie waren scheu, und wenn es im Stall klöpfte, sprangen sie in alle Richtungen, weil sie so hypersensibel sind. Mit der Zeit gewöhnten sie sich an meine Stimme und an den Arbeitsrhythmus. Und wenn ich mich mit ihnen abgab wie mit einer Katze oder einem Hund, wurden sie fast zum Schmusetier.

Ihre Effizienz war allerdings nicht allzu groß. Im Frühling kaufte ich fünf Ferkelchen zu je 150 Franken. Und den Sommer durch fütterte ich sie mit Schotte. Dazu fraßen sie Gras und Wurzeln, Körner und Samen. Im Herbst bezahlte ich 800 Franken fürs Zerlegen beim Metzger. Das gab 1000 Franken Aufwand. Und wenn man nach den neuen Vorschriften die Tiere nun einzäunen, zufüttern und die Unterhaltskosten für den zusätzlichen Schweinestall bezahlen müsste, lohnt sich so eine Sau schon gar nicht mehr.

Aber fehlen tun die Schweinchen schon. Die haben richtig für Unterhaltung gesorgt. Das Verrückteste, was ich mit ihnen erlebt habe: Sie kamen jeden Abend pünktlich um acht Uhr von der Alp nach Hause in den Stall. Aber als die Bauern die Schweine für den letzten Gang zum Metzger abholen und wir sie am Abend zuvor in den Stall einsperren wollten, waren sie verschwunden und beim Nachbarn auf dem Miststock schlafen gegangen. Die sind den ganzen Sommer nie weggerannt. Aber als sie wussten, dass sie am nächsten Tag zum Metzger müssen, sind sie ausgebüxt.

Von den Nachbaralpen rüber hört man manchmal die Sennen wüten. Sie brüllen ihre Kühe an und machen mit ihnen Rodeo, indem sie sie an den Hörnern packen. Da denke ich manchmal: Jetzt ist die Kuh nervös und du willst sie so gestresst melken. Das ginge besser, wenn sie entspannt wäre. Und als Senn fühlt man sich auch wohler, wenn man nicht in der Gegend rumbrüllen muss.

Um Kühe an den Platz zu lotsen, musst du sie nicht am Horn schränzen oder ihnen einen Tritt in den Hintern versetzen. Du weckst so nur ihren Fluchtreflex. Aber wenn du ihnen achtsam, ruhig und in normalem Umgang zeigst, wo ihr Platz ist, und das mit ihnen übst, gehen sie in den Stall, stehen mit dem Hals exakt an den Hälslig, und du kannst sie anbinden. So ersparst du dir viel Ärger.

*Überhaupt, für mich ist jede Kuh eine Persönlichkeit.*

Überhaupt, für mich ist jede Kuh eine Persönlichkeit. In meiner kleinen Herde mit den 26 Kühen kenne ich jede einzelne. Es gibt die Pflichtbewussten, die Verschlafenen, die Ehrgeizigen, die Talentierten, die Frechen und die, die du immer zurechtweisen musst. Aber ich kann sie doch nicht anbrüllen oder einfach sagen, eine Kuh ist eine Kuh und sie soll funktionieren. Sondern das sind Lebewesen mit einem Charakter, zu denen ich im Laufe des Sommers eine Beziehung aufbaue.

Und dann macht es Schwups und der Alpsommer geht schon wieder dem Ende zu. Jesses Gott, jetzt noch drei Mal aufstehen, denke ich dann. Einerseits kann ich es kaum erwarten, dass es bald fertig ist, und andererseits kommt Panik auf, was mein Leben nachher noch für einen Sinn hat, wenn alles fort ist, die Kühe und der Käse.

Auf der Grossen Scheidegg hatte ich am Alpabfahrtstag kaum die letzte Kuh gemolken, da kam schon der erste Bauer, band seine Kühe los und ging mit ihnen fort. Und eine Stunde später stand ich alleine da, der Stall war verschissen, der Käse drehte noch im Kessi, und ich hörte außer dem Motörchen vom Rührwerk keinen Piep mehr. Es war schon herbstlich kalt und neblig. Und ich dachte, hey, die haben die Hälfte von mir weggeschnitten. Ratsch, und weg waren sie.

Dasselbe beim Käse. Die haben den mitgenommen, ohne dass ich dabei war. Da hegst du wochenlang mit viel Aufwand und Liebe diesen Käse, reibst ihn täglich mit Salzwasser ein, pflegst ihn, kultivierst ihn, damit es ein guter Käse wird. Und dann kommen die, und zack, weg! Das Einzige, was übrig bleibt, ist ein dreckiger leerer Käsespeicher, den du noch putzen musst.

Auf der Bussalp ist das zum Glück anders, hier gibt's das Ritual der Käseteilete, wo man einen Apéro nimmt, sich gegenseitig hilft, den Käse ins Auto einzuladen, und gemeinsam Mittagessen geht ins Alprestaurant. Für mich ist das ein würdevoller Tag, an dem ich den Bauern die Alpernte übergeben kann. Und von ihnen die Wertschätzung zu bekommen ist tausendmal wertvoller als der höchste Lohn überhaupt.

*Das ist ein würdevoller Tag, an dem ich den Bauern die Alpernte übergeben kann.*

Schön ist hier auch der Abschied von den Kühen. Ich darf mit den Bauern ins Dorf abfahren. Am Alpabfahrtstag steh ich eine Stunde früher auf und putze die Kühe, damit sie nicht aussehen wie zugekleistert. Sie sollen stolz heimkehren. Dann treffen die Bauern ein, holen ihre geschmückten Tiere ab. Es geht die Alpgasse runter, über die Vorsassen, durchs Dorf Grindelwald, bis nach Burglauenen. Zweieinhalb Stunden sind wir unterwegs. Ich voran, den Zug anführend, müde, genährt und erfüllt, die Kühe im Gleichschritt hinter mir hermarschierend, mit dem archaischen Klang ihrer Glocken.

Für mich ist das einer der berührendsten Momente der Alp: Dankbarkeit, dass Gesundheit und Ertrag auf der guten Seite waren, mischen sich mit Zufriedenheit, Stolz und Wehmut; ein richtiger Cocktail der Gefühle – überwältigend. Im Tal angekommen, dürfen die Kühe auf eine frische Weide, wo sie sich gierig aufs saftige Gras stürzen. Kein Herbstkauen mehr auf leeren aufgebrachten Weiden – sie sind einfach glücklich, wieder zu Hause zu sein. Auch den Bauern sieht man an, wie sie sich freuen, dass ihre Kühe wieder daheim sind.

Und ich bin einfach froh, wieder mal unter die Dusche zu kommen. Raus aus dem Sennenzeug, das aussieht wie ein Sack und steht vor Dreck. Und in saubere Kleider zu schlüpfen. Das ist schön.

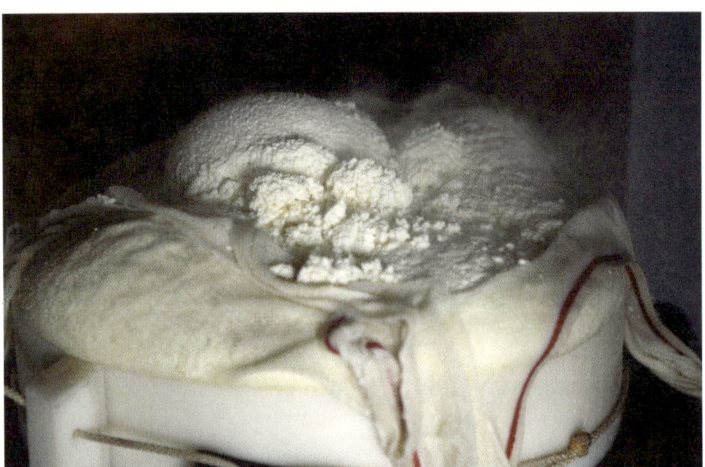

DIE ALPEN
Carefree

# Kratzets – der Seelenwärmer

Wenn es draußen stürmt oder schneit und man in der Hütte etwas Heimeliges braucht, ist Kratzets genau das Richtige. Der Zimt wärmt die Seele und gibt ein Gefühl von Geborgenheit. Nach einem langen Arbeitstag kommt das Älplergericht wie gerufen. Ein schnelles Essen, aber immer fein.

*Pro Person*

| | |
|---|---|
| 2 Scheiben Brot | in Würfel schneiden (am besten eignet sich Ruchbrot, es darf schon ein bisschen hart sein) |
| Butter/Bratbutter | in der Bratpfanne erhitzen, Brotwürfel knusprig rösten |
| 2 TL Zucker | darüberstreuen, weiterrösten, bis der Zucker schmilzt und beginnt zu karamellisieren |
| 1 Ei | |
| 0,5 dl Rahm | |
| Zimt | in einer Schüssel verrühren, zu den Brotwürfeln gießen, Hitze reduzieren, verrühren, bis das Ei richtig stockt |

Am besten sofort warm essen. Dazu Apfelkompott servieren.

**Produkte**

3000 bis 3500 Kilogramm Berner Alpkäse AOC in 250 Laiben à 5 bis 10 Kilogramm, gut 100 Kilogramm Mutschli, 150 Kilogramm Butter, etwas frischer Ziger, etwas Frischkäse, Joghurt für den Eigenverbrauch und bei Lust und Zeit Bratkäse, Preiselbeerkonfitüre, getrocknete Steinpilze, eingelegte Eierschwämme und Tee von Alpenkräutern

# Vom First zur Bussalp – mit Blick auf Eiger, Mönch und Jungfrau

Auf der traumhaft schönen Panoramawanderung liegen das Dreigestirn Eiger, Mönch und Jungfrau mit den beiden Grindelwaldner Gletschern sowie die Engelhörner, das Wetter-, Schreck-, und Finsteraarhorn zum Greifen nah. Über blumenübersäte Alpwiesen erreicht man auf gut markierten Wanderwegen via Bachsee mit dem Faulhorn den Höhepunkt.
Die Rundsicht vom ältesten Berghotel Europas ist überwältigend.

**Anreise:** mit dem Auto oder mit Bahn und Bus via Grindelwald, von dort mit der Gondelbahn zur Bergstation First
**Route:** First–Bachsee–Faulhorn–Bussalp
**Gehzeit:** 4 h
**Höhenmeter:** ↗ 540 m, ↘ 900 m
**Rückreise:** mit dem Bus vom Bergrestaurant Bussalp nach Grindelwald
**Karte:** Swisstopo 1229, Grindelwald (1:25 000)

**Weitere Wandervorschläge:** www.jungfrau.ch > Sommer > Ausflugsziele

Alp Gornere
bei Griesalp im Kiental (BE)

1500 m

130 Alpakas
10 Lamas

www.alpacas-of-switzerland.com

# Alp Gornere

»Unten haben sie die Kartoffeln auf den Herd gestellt«, sagt Ueli Luginbühl, als der Nebel aus dem Kiental zur Alp Gorneren bei Griesalp heraufwallt. Der Himmel hängt tief und grau in grau. Nach einer kurzen Regenpause schiebt sich pechschwarzes Gewölk in den Talkessel hinein. Dann regnet es wieder in Strömen. »Die armen Natursträßchen«, sorgt sich Marianne Schläpfer, 65, »der Regen wäscht das Kies aus.«
Die Alpakas und Lamas auf den Weiden rund um die Alphütte lassen sich indes nicht irritieren. Sie grasen in Seelenruhe weiter, schütteln sich dann und wann das Wasser vom Fell, andere liegen gelassen im Gras.
Für Aufregung sorgt einzig Marianne, als sie mit dem Kübel voller Futterflocken anmarschiert: Hafer, Gerste, Roggen. »Das ist wie Schokolade für die Tiere«, schmunzelt sie, als die Tiere ihr entgegentrippeln.
Dass Marianne einmal auf der Griesalp landen würde, war fast vorgezeichnet. Als Kind war sie hier in den Ferien. Und später eroberte der ansässige Bauer Ueli Luginbühl ihr Herz. Seine Söhne betreiben heute in Aeschi bei Spiez die größte Lama- und Alpakazucht der Schweiz. Die Idee ist aber auf Uelis Mist gewachsen, und er war einer der Ersten, der auf die Andentiere setzte – auf die »Gummihälse« und »Ofenröhrchen«, wie die Touristen sie ihrer langen biegsamen Hälse wegen manchmal amüsiert nennen.
Dabei hatte es Marianne zunächst weggezogen. Flight Attendant oder Krankenschwester wollte sie werden und in die große weite Welt reisen. Als Au-pair und als Sekretärin kam sie dann tatsächlich herum, lebte in London und Rom. Und doch landete sie wieder in der Schweiz, und zwar auf der Griesalp, wo sie heute ihr Glück gefunden hat.

## Marianne Schläpfer

Sekretärin, Shiatsu-Therapeutin, Hirtin

*Oft werden die Frauen schwach, wenn sie ein Lama oder Alpaka sehen.*

*Marianne und Ueli sitzen in der Küche beim Tee.*

*Marianne:* Wir sind weit und breit die Einzigen, die Alpakas und Lamas auf der Alp sömmern. Früher bestieß Ueli die Alp mit Kühen. Es ist pures Glück, dass seine Familie die Alp besitzt – schon in der fünften Generation. Die meisten Lama- und Alpakazüchter haben nur einen Hof im Unterland.

*Ueli:* Hier schaut vor allem Marianne zu den Tieren. Ich bin fürs Holz, den Wald und das Land zuständig. Auf der Alp gibt es immer etwas zu tun: Steine vom Lawinenzug aus der Wiese räumen, Zäunen, Heuen oder nach einem Sturm die Äste aus den Wiesen nehmen und die Weiden pflegen.

*Marianne:* Unsere Tiere sind so herzig! Ganz sanfte, echte Persönlichkeiten. Die Kleinen sind lustig, wenn sie voller Lebensfreude auf der Weide herumhopsen! Ihre Augen sind so süß!

*Ueli:* Oft werden die Frauen schwach, wenn sie ein Lama oder Alpaka sehen. Meist sind sie es, die ein Tier kaufen wollen, und überzeugen dann ihren Mann. Wir haben natürlich nichts dagegen *(lacht).*

*Marianne:* Alpakas und Lamas sind pflegeleicht. Wir gehen jeden Tag den Weiden nach und sehen uns die Tiere an, ob sie gesund und munter sind. Wenn sie dich anprusten, heißt das, du nervst. Aber wenn das Eis einmal gebrochen ist, sind sie sehr zutraulich. Man kann sie sogar an das Halfter gewöhnen. Viele Leute gehen mit ihren Tieren spazieren wie mit einem Hund.

*Ueli:* Und weil sie weder blöken noch wiehern oder meckern, hat man auch keinen Mäis mit den Nachbarn.

*Marianne:* Sie sind wirklich ganz leise. Auch wenn sie mir auf der Weide entgegentrippeln, hört man sie nicht, weil sie, anders als Ziegen oder Kühe, weiche Plustersohlen haben, sogenannte Schwellsohlen. Und weil sie leicht sind im Land, hinterlassen sie auch keinen Trittschaden.

*Es ist schon seltsam. Alle Wege führten immer auf die Griesalp.*

*Ueli bricht auf ins Holz. Marianne bleibt sitzen und erzählt, wie es dazu kam, dass sie bei ihm auf der Griesalp gelandet ist.*

Es ist schon seltsam. Alle Wege führten immer auf die Griesalp, als hätte es sein müssen, dass ich mal mit Ueli zusammenkomme. Schon früher, in den Ferien, fühlte ich mich hier daheim. Als Kind mit den Eltern, dann mit meinen Mann und den Kindern, später mit meinem Freund, der hier ein Ferienhaus hatte. Ueli ist mir schon als Kind aufgefallen.

Er ist ein Bergkind. Seine Eltern hatten auf der anderen Seite des Bachs vis-à-vis unserem Ferienhaus Kühe im Stall. Er kam abends immer mit der Brente voll Milch auf dem Rücken am Bärgrösli vorbei. Sein Vater war schon älter, als Ueli zur Welt kam, und so musste er von klein an viel mitarbeiten. Im Sommer hatte er von der Alp in die Schule nach Kiental runter anderthalb Stunden Fußweg. Vorher ging er noch in den Stall die Kühe melken. Und nach der Schule hieß es wieder anderthalb Stunden hochlaufen und nochmals melken. Einfach extrem.

Ich bewunderte ihn als Kind, aber war viel zu scheu, um nur schon Piep zu sagen. Fünfzig Jahre später, nach der Scheidung von meinem Mann und der Trennung von meinem Freund, machte ich immer noch Ferien auf der Griesalp. Da kamen Ueli und ich ins Gespräch. Wie ich hat auch er vier Kinder und steckte mitten in der Scheidung. Und weil wir es immer gut hatten und einander gern haben, fanden wir im Herbst 2009: Du bist alleine, ich bin alleine, jetzt versuchen wir es doch gemeinsam. Das hat sich bis heute super bewährt. Ich bin jetzt schon den vierten Sommer mit ihm auf der Alp.

*Du bist alleine, ich bin alleine, jetzt versuchen wir es doch gemeinsam.*

Mit meinem Exmann Ruedi habe ich vier wunderbare Kinder, mit denen mich heute eine herzliche Beziehung verbindet. Aber Ruedi war ein Machtmensch. Und als er 1996 in den USA eine andere Frau kennenlernte, war's aus mit uns. 1998 ließen wir uns scheiden. Für mich brach eine Welt zusammen.

Aber im Nachhinein war die Scheidung befreiend. Mir wurde klar, dass ich mich ein Leben lang bemüht hatte, brav und lieb zu sein. Nicht nur als Ehefrau, sondern schon als Tochter. Meine Mutter schalt mich einmal, ich sei dem Teufel vom Karren gefallen. Lieber hätte sie sieben Hunde als mich. Ich hatte ständig das Gefühl, mich anpassen zu müssen – alles war eng. Im Dorf stand alle paar Schritte eine Nachbarin Blumen gießend auf dem Balkon und beäugte einen gwunderfitzig. Ich konnte kaum atmen und wollte weg.

Flight Attendant wäre ich gerne geworden und in die weite Welt hinaus geflogen! Doch es waren schwierige Zeiten. Mein Vater war schwer krank, das Geld knapp und die Sorgen waren groß. Meine Mutter fand, jetzt machst du das KV, dann hast du etwas Währschaftes. Die kaufmännische Lehre beim Schweizerischen Serum- und Impfinstitut in Bern Bümpliz war dann so bodenlos langweilig, dass ich dachte, ich sterbe. Besser ging es mir erst, als mich der Chef der Exportabteilung Mittel- und Südamerika unter seine Fittiche nahm. Bei ihm lief wenigstens etwas, sodass ich die Lehre doch mit Bravour abschloss.

*Flight Attendant wäre ich gerne geworden und in die weite Welt hinaus geflogen!*

Nur drei Tage später flog ich nach London, um als Au-pair zu arbeiten. Endlich weg! Das war das volle Kontrastprogramm dort: die Stadt 1969, Flower-Power und happy Hippies. Nach einem weiteren Jahr in Schottland, wo ich an der Universität Cambridge das Certificate of Proficiency ablegte, zog ich als Au-pair nach Rom. Auch da machte ich ein Sprachdiplom. Danach fand ich eine Sekretärinnenstelle bei der FAO, der Welternährungs- und Landwirtschaftsorganisation der Vereinten Nationen. Das war eine tolle Zeit. Ich wusste nie, welche Sprache der Nächste spricht, der zur Tür reinkommt: Deutsch, Französisch, Spanisch, Italienisch oder Englisch.

Aber mit der Zeit nervte mich das Stadtleben. Ich wollte zurück in die Schweiz. Kaum daheim, kam ich dank eines Tipps meines Göttis als Direktionssekretärin zur Ciba Geigy nach Basel, wo ich mich in Ruedi verliebte. Aber das ist schon lange her, Tempi passati, wie auch die Shiatsu-Ausbildung, die ich damals machte.

In jener schwierigen Scheidungszeit tröstete mich auch mein Konfirmationsspruch: »Er hat seinen Engeln befohlen über dir, dass sie dich behüten auf allen deinen Wegen.« Das gab mir das Gefühl, aufgehoben und geborgen zu sein, und die Gewissheit, dass das Leben Sinn hat, mit allen seinen Turbulenzen.

Als mein Exmann fort war und ein Kind um das andere auszog, konnte ich mir das Haus nicht mehr leisten und es auch nicht mehr ausfüllen. Ich liebäugelte mit Bern als neuem Wohnsitz, das liegt nah am Berner Oberland und ist doch zentral, für meine Kinder gut erreichbar. Also räumte ich das Haus, in dem wir zwanzig Jahre gelebt hatten, und zog in die Bundeshauptstadt, wo ich eine Shiatsu-Praxis eröffnete. Ich meldete mich auch bei den Berner Wanderwegen an, zog aber doch meist alleine los. Sehr oft auch auf die Griesalp.

***Einmal sagte Ueli beim Mittagessen, er wolle ein Lama kaufen.***

*Am nächsten Morgen in der Küche. Der Milchkaffee ist fast ausgetrunken. Butter, Brot und Konfi stehen noch auf dem Tisch. Marianne beginnt mit dem Abwasch und berichtet, wie die Lamas und Alpakas auf die Alp kamen.*

Einmal sagte Ueli beim Mittagessen, er wolle ein Lama kaufen. Seine Familie fand das amüsant. Und ein paar Tage später las der älteste Sohn in der *Tierwelt,* dass jemand in Langenthal Lamas verkaufe. Da fuhren die beiden hin und Uelis Sohn kaufte gleich zehn Stück. Sie gefielen ihm so gut. Einige Zeit später klopfte das eidgenössische Veterinäramt bei Luginbühls an: Da sei ein Amerikaner, der zweihundert Alpakas aus Chile nach England importieren wolle. Ob sie die Tiere vor dem Import nicht hier in der Schweiz in Quarantäne nehmen könnten. Bald kamen die ersten Alpakas nach Aeschi bei Spiez. Sie mussten ein Festzelt mieten, weil sie natürlich keinen freien Stall für die Tiere hatten. Und die Sicherheitsvorschriften waren streng: doppelt einzäunen und dreihundert Meter rundherum durfte keine Kuh weiden. Es durfte auch immer nur dieselbe Person zu den Alpakas hineingehen, durch Schleusen, mit Kleiderwechsel und allem Drum und Dran. Nach drei Monaten Quarantäne wurden die ersten sechzig Tiere nach England exportiert. Dort brach gerade die Maul- und Klauenseuche aus, weshalb die Engländer auf der Stelle alle Tiere töteten. Für Luginbühls war klar, dass sie die restlichen Alpakas nicht mehr nach England verschiffen, sondern in der Schweiz behalten würden. Und als der amerikanische Alpakabesitzer die Familie fragte, ob sie in den Handel mit Alpakas einsteigen wollen, willigten sie ein. Sie inserierten im Internet und die Tiere waren gefragt wie warme Weggli. So war mit dem Import aus den Anden der Anfang der Lama- und Alpakazucht bei den Luginbühls gemacht. Das Talgut in Aeschi und die Gornerenalp brauchten sie nun für die Zucht. Ueli verkaufte sein Vieh und übergab den Betrieb seinen Söhnen. Jetzt sömmern Ueli und ich die Tiere auf der Alp. Für den ganzen Zuchtbetrieb sind hingegen seine Söhne zuständig.

Sie verkaufen die Tiere in die Schweiz und ins Ausland, nach Finnland, Schweden, Italien. Meist bringen Arnold und seine Frau Uli die Tiere zum Käufer. Eine Stute kostet rund viertausend Franken. Und weil es zu viele Hengste gibt, sind die günstiger. Ein kastriertes Tier ist ab tausendfünfhundert Franken zu haben.

*Eine Stute kostet rund viertausend Franken. Und weil es zuviele Hengste gibt, sind die günstiger.*

Wenn sie mal ein Lama oder Alpaka töten müssen, verarbeiten sie es zu Trockenwürsten. Die schmecken ähnlich wie Bündnerfleisch, aber sie für den regelmäßigen Verzehr zu produzieren, käme zu teuer.

Ende April müssen die Tiere zur Schur. Rund eine Woche dauert's, bis der Scherer die ganze Herde durch hat. Die läuft bei den Alpakas anders als bei Schafen: Man legt sie auf den Tisch und fixiert die Beine mit einem Flaschenzug. Dann legt man ihnen einen Sandsack über den Hals, damit sie stillhalten. Das ärgert sie furchtbar. Da sind die Lamas pflegeleichter. Die kann man im Stehen scheren.

*Rund eine Woche dauert's, bis der Scherer die ganze Herde durch hat.*

Die Schur gleicht einer Zirkusvorführung. Jedes Tier reagiert anders. Während die einen es pragmatisch nehmen, machen die anderen ein riesiges Theater und jammern, als kämen sie unters Schafott. Andere werden fuchsteufelswild und speien wild um sich. Wenn man da nicht aufpasst, wird man grün im Gesicht.

*Nach dem Abwasch macht sich Marianne auf, um nach den Tieren zu schauen. Sie hofft, dass der Luchs nicht wieder da war. Drei Jungtiere hat er bereits geholt.*

Zäunen nützt nichts. Der Luchs schlüpft untendurch. Aber Alpakas und Lamas sind zum Glück nicht allzu gefährdet, weil sie wahnsinnig neugierig sind. Sobald sie etwas hören, rennen sie hin und schauen, was los ist. Das verunsichert den Luchs total und jagt ihm Angst ein. Aber er hat Zeit. Er kann irgendwo liegen und lauern. Und wenn sich einmal ein Tier von der Herde absetzt und schläft, hat er leichtes Spiel.

*Und wenn sich einmal ein Tier von der Herde absetzt und schläft, hat der Luchs leichtes Spiel.*

Wenn er eins getötet hat, frisst er ein bisschen und lässt den Rest angeknabbert liegen. Er kommt immer wieder zur Beute zurück, bis er alles aufgefressen hat. Wir befestigen dann einen Draht am Kadaver und der Wildhüter stellt eine Fotofalle auf. Das Bild liefert den Beweis, dass es der Luchs war. Hier ist eidgenössisches Jagdbanngebiet, darum entschädigt uns der Bund den Tierriss.

Wahrscheinlich nahm auch der Adler mal ein Junges mit. Das Kleine war plötzlich weg. In den flacheren Weiden kann er die Tiere nicht greifen, aber wenn er im Sturzflug den Steilhang runter den Schwung ausnutzt, dann geht's. Man sieht den Adler oft hoch über dem Tal, ab und zu auch den Bartgeier, aber der zieht nur seine Kreise, sehr schön! Dann gibt es Turm- oder Wanderfalken, die an der großen Flue nisten. Eigentlich lassen sie den Adler in Ruhe. Doch sobald er in ihr Quartier eindringt, gehen sie auf ihn los wie die Berserker. Sie peilen ihn an, stürzen sich auf ihn und verhaken sich in sein Federkleid. Er muss sie richtig abschütteln.

Aber auch Krankheiten machen unseren Tieren zu schaffen. Kürzlich brach auf der Weide ein junges Lama zusammen. Es war, als versuchte seine Mutter mit ihm zu sprechen, so rührend! Als das Kleine nicht reagierte, schubste sie es zur Seite. Ich gab ihm Wasser und versuchte mit Shiatsu, seinen Herz-Kreislauf zu stabilisieren. Es erholte sich recht gut, hatte allerdings Fieber und Koordinationsprobleme. Es taumelte ständig nach links. Arnolds Frau Uli, die Tierärztin ist, meinte, es habe einen epileptischen Anfall gehabt. Sie nahmen das Stütchen mit nach Aeschi, um es im Auge zu behalten.

*Im oberen Bütt angekommen guckt Marianne, ob es genug Wasser im Trog hat. Als sie den Futterkübel mit den Körnern schüttelt, kommen die ersten Alpakas und Lamas den steilen Hang hochgerannt. Einige fressen ihr aus der Hand, andere stecken ihren Hals in den Eimer.*

Hoi zäme! Butzi! Ihr anderen, müssen wir zu euch runtersteigen oder kommt ihr hoch?

Die sind so lustig, richtige Charaktere. Einige lassen sich streicheln. Andere zieren sich, so à la: Ich fresse dir zwar aus der Hand, aber rühr mich nicht an! Und manchmal stellen sie sich vor mich hin, schauen mich an und machen mir klar, dass sie etwas wollen, Salz oder Wasser, oder dass sie nicht zufrieden sind mit dem Gras.

Auf dieser Weide sind es 28 Tiere. Insgesamt haben wir im Moment 150 Lamas und Alpakas auf der Alp, in vier Gruppen, auf jeder Weide einen Hengst und seine Stuten. Die Jungstuten separat. Wir müssen zusehen, dass die Hengste weit genug voneinander entfernt sind, sonst gibt's einen Höllenkrach. Im Winter sind sie die besten Freunde. Aber sobald sie im Sommer auf die Weiden kommen und Weibchen um sich rum haben, gibt es Zoff.

***Einige lassen sich streicheln. Andere zieren sich, so à la: Ich fresse dir zwar aus der Hand, aber rühr mich nicht an!***

Anfang August trennen wir die Hengste von der Gruppe. Die Stuten tragen elf Monate. Die Kleinen sollen im Mai oder Juni zur Welt kommen, damit sie über den Sommer gedeihen können. Die Mütter haben dann super Milch vom Berggras, sodass sich die Kleinen bestens entwickeln. Und wenn sie die Weiden hoch und runter springen, stärkt das ihre Muskeln und Knochen. Die Alp tut ihnen gut.

Interessanterweise kommen die Jungen immer tagsüber zur Welt. In den Anden, wo sie herkommen, ist es nachts eiskalt. Und da die Mütter ihre Kleinen nach der Geburt nicht trocken lecken, gebären sie tagsüber und vertrauen auf die Sonnenstrahlen.

Lustig ist es, wenn die Tiere am Bach unten sind. Sie plantschen wahnsinnig gerne, obwohl es in den Anden trocken ist. Als wir ihnen einmal mit dem Gartenschlauch ein großes Becken füllten, hüpften sie hinein. Jetzt will ich ihnen ein Gummischwimmbecken kaufen.

Also, tschüss, einen schönen Tag euch!

*Auf dem Weg zurück zur Hütte.*

Es ist so schön hier! Als junge Frau genoss ich das Leben in London und Rom. Aber heute wäre mir das zu hektisch. Ich brauche und genieße die Natur und habe es lieber still. Drum schalte ich fast nie das Radio ein, höchstens für die Nachrichten. Ich höre mir lieber beim Denken zu.

***Jetzt will ich ihnen ein Gummischwimmbecken zum Plantschen kaufen.***

Ich fühle mich daheim und aufgehoben hier auf dem Land bei Ueli. Und empfinde es nicht mehr als eng. Wahrscheinlich, weil ich mich unterdessen selbst entfalten konnte und in mir gefestigt bin.

Trotzdem reizt mich die Ferne immer noch. Ich möchte wahnsinnig gerne einmal den Uluru sehen. So nennen die Aborigines den mächtigen feuerroten Ayers Rock in Australien. Nächstes Jahr wird Ueli 70 und ich 65 – das wäre doch eine Reise wert!

947

927

STIHL
STIHL

Arctic Ocean

# Gratinierte Schinken-Bananen

Bei Schinken-Bananen verbindet sich die Süße der Banane mit der Würze des Schinkens und von Senf, Curry und Käse. Wer einen Hauch Exotik auf dem Teller liebt, ist mit dem schnellen und einfachen Gericht bestens bedient.

*Pro Person*

| | |
|---|---|
| 1 EL Bratbutter | in der Bratpfanne schmelzen |
| 1–2 Bananen | anbraten |
| Curry | daraufstreuen |
| 2–3 Tranchen Schinken | |
| Senf, mittelscharf | die Schinkentranchen mit Senf einstreichen, die angebratenen Bananen darin einrollen, in die Bratpfanne zurücklegen |
| 1 dl Rahm | darübergießen |
| Curry und Streuwürze | dazugeben |
| Reibkäse | darüberstreuen und bei geschlossenem Deckel den Käse auf den Curry-Bananen schmelzen lassen |

Oder die eingewickelten Bananen in eine ausgebutterte Auflaufform legen, Käse darüberstreuen und im vorgeheizten Backofen bei 180 Grad 20 Minuten gratinieren. Die Käsekruste gibt dem Gericht das gewisse Etwas.

Mit Reis oder Teigwaren heiß servieren.

# Zum Aaberg – mit Besuch bei den Lamas und Alpakas

Von Griesalp aus gibt's zahlreiche Möglichkeiten für wunderschöne Ausflüge, von einfachen Spaziergängen bis zu anspruchsvollen Hochgebirgstouren.

Eine gemütliche Tour führt vorbei an den Weiden der Lamas und Alpakas zum Aabeberg (1964 m). Dort genießt man eine wunderbare Aussicht nach Thun und in den Spiggegrund.

**Anreise:** mit der Bahn und dem Postauto (auf der steilsten Postautostrecke der Welt) bis Griesalp
**Route:** Griesalp–Golderli–Gälmi–Aabeberg und zurück, oder über Ryschere nach Golderli zur Griesalp
**Gehzeit:** jeweils 2 h
**Höhenmeter:** 570 m

Eine anspruchsvolle Wanderung führt über die Sefinafurgga nach Mürren

**Anreise:** wie oben
**Route:** Griesalp–Sefinafurgga–Poganggen Aalp–Mürren
**Gehzeit:** ca. 6 h 30
**Höhenmeter:** 1271 m
**Rückreise:** ab Mürren mit der Bahn und Gondelbahn nach Lauterbrunnen und dort auf die Bahn
**Karte:** Swisstopo 1248, Mürren (1:25 000)

**Weitere Wandervorschläge:** www.griesalp.ch

Alpage de Tsartsey
im Val de Réchy (VS)

Maiensäß Réchy, 1400 m
unterer Stafel La Lé, 1643 m
oberer Stafel Le Tsartsey
2250 m

40 Pferde
41 Eringer-Rinder
2 Hunde

Die Buvette in La Lé ist vom
25. Juni bis zum 24. Oktober
geöffnet.

www.alpagedetsartsey.ch
www.estivagechevaux.ch

# Alpage de Tsartsey

Die wilde und archaisch-romantische Gebirgslandschaft des Réchy-Tals im Mittelwallis mit dem Wildbach, den Wasserfällen, den Bergseen und dem Hochmoor ist fast zu schön, um wahr zu sein. Kein Wunder, steht die Gegend zwischen dem Val d'Hérens und dem Val d'Anniviers unter Naturschutz. Vor einigen Jahren wurde dieses kleine Paradies dank der Sanierung zweier Alphütten neu belebt. Sodass Natacha Favre, 24, und ihr Vater Gilles die Alpage de Tsartsey auch in Zukunft mit Eringer-Kühen und Pferden bestoßen können.

»Pferde auf der Alp zu sömmern, ist auf den ersten Blick vielleicht ungewöhnlich«, sagt die junge, temperamentvolle Älplerin. Doch das Höhentraining tue den Pferden gut. Und Kühe und Pferde ergänzten sich auf den Weiden wunderbar.

Auf der Alp sind Vater und Tochter ein eingespieltes Team, sowohl bei den Tieren als auch in der Buvette La Lé, dem kleinen Bergrestaurant im Herzen des Tals, in dem die Familie Gäste bewirtet. Gilles hilft Natacha, wo er kann. So legte er den Alpweg zur obersten Alpweide im fantastisch schönen Hochmoor Le Tsan neu an, und nun können die Pferde auf direktem Weg hochlaufen.

Die Zucht der Lusitano-Pferde und deren Dressur sind Natachas ganze Passion. Ihre Augen leuchten, wenn sie vom ersten Pferd erzählt, mit dem sie schon als vierjähriges Mädchen ausgeritten ist. Später brachte sie sich das Dressieren bei.

Heute züchtet sie Veiga-Pferde aus der Lusitano-Linie, bestreitet mit ihren Vollblütern Dressurwettkämpfe und belegt mit den Erstklasspferden Spitzenplätze. Schon jetzt freut sich Natacha auf den nächsten Schritt: »Im Tal möchte ich bald meine eigene Pferderanch eröffnen.«

## Natacha Favre

Pferdezüchterin, Dressurreiterin, Landwirtin, Hirtin

*Pferde fressen, was die Rinder stehen lassen.*

Pferde bedeuten mir alles. Zuerst kommen sie und dann lange nichts mehr. Mit ihnen zusammen geht's mir richtig gut. Darum mache ich nicht gerne Ferien, und wenn, dann nur mit ihnen. Letztes Jahr haben meine Freundin Lesly und ich eine Woche eine Trekkingtour durchs Val d'Anniviers gemacht. Wir haben Zelt und Schlafsack mitgenommen und die Pferde abends mit Plastikzaunpfählen eingezäunt. Das waren richtig erholsame Tage!

Auf der Alp ist es sowieso viel schöner als irgendwo am Meer oder in der Stadt. Mir tut die Luft hier gut und den Pferden das Höhentraining. Dank der vielen Höhenmeter, die sie am Berg zurücklegen, kommen sie nach dem Alpsommer gut trainiert ins Tal zu den Besitzern zurück. Zurzeit hab ich vierzig Pferde auf der Alp. Gerade für die jungen Tiere ist das Gelände optimal für den Muskelaufbau. Es ist spannend zu sehen, wie sich die Füllen im steilen Gelände schnell zu Hause fühlen.

In der Kombination mit Vaters Rindern ist unsere Alp sicher schweizweit einzigartig.

Er züchtet Eringer-Kühe, die schwarze Walliser Rasse, die von Natur aus miteinander um die Vormachtstellung kämpfen. Die Gewinnerin eines »combat de Reines« kann einen guten Preis erzielen. Während die gut vierzig Rinder im Vallon de Réchy sind, sömmert er die Kühe auf der anderen Bergseite in Bouzerou.

Die Rinder haben eigentlich Angst vor Pferden, aber es hilft, wenn wir die Rinderherde mit den Pferden zusammentreiben. Und bei der Weidepflege ergänzen sich die Tiere prächtig. Pferde fressen, was die Rinder stehen lassen. So mögen Pferde zum Beispiel keinen Hahnenfuß und auch keinen Enzian. Dafür stehen die Kühe umso mehr darauf. Um Brennnesseln machen beide einen Bogen. Aber sobald wir die Pflanzen ummähen und an der Sonne trocknen lassen, sind die Tiere ganz wild darauf. Ende der Saison haben sie die Weiden dann schön kahl gefressen und jeden Halm verwertet.

*So beschlossen Papa und ich, eine Annonce zu schalten: Bieten Alpsömmerung für Pferde.*

Nach der Ausbildung zur Bäuerin im Sommer 2008 kam ich auf die Idee, neben meinen eigenen Pferden auch Pensionstiere auf der Alp zu sömmern. Auf der Alp spross noch so viel Gras, weil die Rinder die Hälfte stehen ließen. So beschlossen Papa und ich, eine Annonce in *Terre & Nature* zu schalten: Bieten Alpsömmerung für Pferde.

Kurz darauf meldete sich der Besitzer von achtzehn Quater-Horse-Pferden und wir hatten schon im ersten Sommer eine stattliche Anzahl zusammen. Jetzt, im fünften Jahr, sind es bereits vierzig aus der ganzen Westschweiz, einundzwanzig Quater Horses, sechzehn andere Pferde von acht Besitzern und meine eigenen drei

Lusitanos, mit denen ich züchte. Schön wär's, nächstes Jahr fünfzig Tiere auf der Alp zu haben. Das wäre aber das Maximum.

Ausgeritten bin ich schon als vierjähriges Mädchen, allein, mit einer sechsundzwanzigjährigen Stute, ohne Sattel und Zaumzeug. Später kaufte Papa ein achtzehnjähriges Rennpferd, Beljet. Er war riesig, seine Risthöhe betrug ein Meter achtzig. Und er ging ab wie eine Rakete, richtig cool! Von da an wollte ich nur noch mit ihm ausreiten. Die alte Stute musste ich die ganze Zeit antreiben, da schlief ich ein. Ich mag es viel lieber, wenn die Pferde impulsiv und feurig sind wie meine Veigas und ich sie eher bremsen muss.

Meine erste große Pferdeliebe war Banzai, ein extrem schöner Hengst ohne Papiere, den Papa mir geschenkt hatte. Das Pferd stand mir näher als mein Freund und verhielt sich fast wie ein Mensch. Banzai war sogar eifersüchtig auf Guillaume! Als der mich zum ersten Mal auf der Alp besuchte, riss der Hengst sein Maul auf wie ein Löwe und wollte Guillaume beißen, sodass ich das Pferd mit der Reitpeitsche wegjagen musste.

Banzai und ich waren unzertrennlich. Er folgte mir auf Schritt und Tritt. Aber er biss auch meinen Vater, auf den er ebenfalls eifersüchtig war. Er biss überhaupt jeden, der mir zu nahe kam. Auch Leute, die durch den Naturschutzpark wanderten. Ich hätte ihn beim Bergrestaurant mit den Gästen niemals frei weiden lassen können.

*Das Dressieren habe ich mir selber beigebracht.*

Das Dressieren habe ich mir selber anhand von Büchern beigebracht. Ich arbeitete nach der Methode von Pat Parelli, einem ehemaligen Rodeoreiter, der heute einer der bekanntesten und angesehensten Pferdeflüsterer der Welt ist. Er hat eine sanfte Dressurmethode entwickelt, die auf Respekt und Vertrauen zwischen Mensch und Tier basiert und bei der man das Pferd ohne Sattel und Zaumzeug zureitet.

Als ich mich zur Landwirtin ausbildete, erarbeitete ich während eines Praktikums auf dem Schweizerischen Nationalgestüt in Avenches mit Banzai das vierstufige Parelli-Dressurprogramm. Ab dem dritten Niveau filmt man die Gangarten und Figuren und schickt sie Pat Pirelli in den USA zur Prüfung. Dieses Jahr wollte ich die Aufnahmen machen. Doch letzten Alpsommer verunfallte Banzai. Er verletzte sich am Huf, der sich dann entzündete. In der Tierklinik in Bex schnitten sie die Wunde auf und kratzten den Eiter aus. Aber der Huf entzündete sich erneut, sodass Banzai kaum mehr gehen konnte und auf drei Beinen durch die Landschaft humpelte. Ich hatte keine andere Wahl, als ihn sechzehnjährig einzuschläfern. Es brach mir fast das Herz. So ein schönes Pferd! Er war mein Ein und Alles gewesen.

Auf dem Gestüt damals in Avenches freute Banzai sich jedes Mal riesig, wenn ich am Morgen in den Stall kam. Er war es nicht gewohnt, in einer Pferdebox zu sein. Seine Augen klebten richtig an mir, wenn ich die anderen Boxen ausmistete.

Er war auch enorm lernfähig und begriff sehr schnell, worum es ging. Bei der Parelli-Methode geht man davon aus, dass das Pferd die Gedanken der Dressurreiterin lesen kann: Wenn die Reiterin nur an die nächste Bewegung denkt, führt das Pferd sie bereits aus. Bei Banzai war es jedenfalls so. Ich kann mir nicht vorstellen, dass ich je wieder ein solches Pferd haben werde.

Ich möchte es auch nicht. Als professionelle Züchterin von Lusitano-Pferden gehe ich inzwischen ganz anders mit den Tieren um: immer noch mit sehr viel Spass und Motivation, aber mit professioneller Distanz. Eine so enge Bindung wie zu Banzai will ich nicht mehr haben. Natürlich ist es schön, wenn die Beziehung zu den Pferden stimmt und sie sich wohlfühlen. Aber im Vordergrund steht heute, dass sie die Schritte und Übungsabfolgen sauber beherrschen. Ich arbeite auch nicht mehr nach der Parelli-, sondern nach der traditionellen Methode und halte gesunden Abstand zu den Tieren. Sie sollen nicht zu stark auf mich fixiert sein. Ich will sie ja verkaufen können.

*Sie sollen nicht zu stark auf mich fixiert sein. Ich will sie ja verkaufen können.*

Wichtig ist mir, dass sie an einen guten Ort kommen. Ein Halter muss sich um sein Pferd kümmern, zwar nicht zwingend als Dressurreiter. Wenn jemand ein gut dressiertes Pferd zum Ausreiten möchte, ist das okay für mich. Doch das Pferd muss unbedingt regelmäßig bewegt werden und soll sich nicht als schönes Accessoire und als eines unter vielen auf der Koppel langweilen.

Selber hab ich zurzeit drei Pferde. Reina, meine erste Lusitano-Stute, habe ich vor fünf Jahren gekauft. Sie kommt aus dem portugiesischen Gestüt Oliveira und hat erstklassige Papiere mit einem super Stammbaum. Mit ihr züchte ich und geh an die Concours. Ich suche ihr die schönsten Hengste aus den besten Gestüten aus. Ihr Fohlen ist Higado. Dann hab ich noch Réal, ein reinrassiges Pferd aus der Veiga-Linie vom Gestüt Alter Real, einem erstklassigen Züchter in Südfrankreich. Die anderen Stuten, Globo und Mistral, habe ich verkauft. Zur Sömmerung sind sie trotzdem bei mir auf der Alp.

Im Herbst fahr ich dann mit Réal nach Avenches aufs Gestüt und bleib einen Monat dort. Ich möchte die Dressur verfeinern. Und im Frühling fahr ich mit Reina hin, um sie decken zu lassen. Der Hengst, den ich für sie ausgewählt habe, hat bergseeblaue Augen und ein cremefarbenes Fell. Alle grauen Stuten, die er bisher deckte, bekamen milchkaffeefarbenen Nachwuchs. Hoffentlich ist das bei Reinas Fohlen auch so.

Mit meinen Pferden kann ich nun sogar hier oben trainieren. Papa hat mir vor der Buvette ein zwanzig mal zwanzig Meter großes Dressurviereck angelegt. Dafür hat er mit dem Camion aus dem Tal neun Kubikmeter Erde angekarrt. Jetzt kommt noch Sand auf die Fläche, dann ist das ein wunderbarer Dressurplatz. Alle zwei Wochen fahr ich mit den Pferden außerdem in die Reithalle eines Kollegen runter nach Grône, wo ich sie optimal trainieren kann.

*Ich mag die Einkaufsfahrten gar nicht. Lieber bliebe ich wie Papa den ganzen Sommer auf der Alp.*

Ins Tal muss ich auch zum Einzukaufen für die Buvette: Trockenfleisch, Fondue, Brot und Getränke. Ich mag die Einkaufsfahrten gar nicht. Lieber bliebe ich wie Papa den ganzen Sommer auf der Alp. Aber wenn ich abends schon bis nach Vercorin auf halber Höhe runterfahre und daheim in unserem Haus übernachte, kann ich am nächsten Tag auch schnell ins Tal runterfahren. Dann bin ich trotzdem früh auf der Alp zurück und kann noch mit den Pferden arbeiten, bevor ich über Mittag in der Buvette mithelfe und dort zusammen mit Papa, meinem Zwillingsbruder Yannick und unserem Team für die Gäste da bin.

Die Buvette ist den ganzen Sommer offen, von Juni bis Oktober. Oft kommen die Gäste einfach zu uns hoch, um ein Fondue zu essen, und wandern wieder runter. Unsere Menukarte ist schlicht: Wir bieten Fondue oder Walliser Trockenfleisch, dazu Getränke. Und die umwerfende Aussicht inmitten des Naturparks dazu. Zwischen zwölf und vier Uhr ist das Beizchen voll. Dann wird es wieder ruhiger. Ich schaue also am Morgen nach den Pferden, über Mittag sind wir im Restaurant, und am Abend kümmere ich mich wieder um die Pferde und bewege sie. So gestaltet sich mein Tag auf der Alp.

Dass ich mit den Pferden hier sein kann, ist super. Ein Riesenglück, dass Papa die Alp gepachtet hat und ich die Pferde im Winter bei ihm auf dem Hof in Granges unterbringen kann. Im Tal haben wir 25 Hektar Land, mit den Weiden dazu sogar 32 Hektar. Und hier auf der Alp gibt's unendlich viel Platz, an die 250 Hektar. Vieles davon ist natürlich Wald, nicht alles ist reine Weidefläche.

*Es gibt unendlich viel Platz, an die 250 Hektar.*

Morgen zäunen Papa und ich auf dem Maiensäß unten eine neue Weide ein. Anfang der Saison weiden die Tiere immer am Taleingang. Dann ziehen sie rauf bis zum Lac de Tsartsey. Die geschützte Hochmoorlandschaft dort – magnifique! Auf der obersten Alpstufe zäunen wir das riesige Weidegebiet nur einmal ein. Die Pferde können sich ab Mitte Juli bis Ende Alpsaison frei darin bewegen. Aber auf dem Maiensäß unten ginge das nicht. Das Gras dort steht zu hoch. Die Pferde würden alles niedertrampeln. Da sie extrem schnell fressen, sie futtern achtzehn Stunden am Tag, ist es aber bald weg. Wir müssen die Weiden deshalb alle zwei Tage neu einzäunen.

Schön ist, dass sich die Pferde im alpinen Gelände erstaunlich trittsicher bewegen. Beim See oben ist das Gelände relativ eben und die Weideflächen sind gut. Es gibt fast keine Steine. Mais bon, ein paar wenige schon, aber ernsthaft verletzt hat sich noch nie ein Tier, zum Glück.

*Kaum sind sie oben, springen sie gleich in den See.*

Die Pferde genießen ihr Alpparadies direkt unter dem Himmel in vollen Zügen. Kaum sind sie oben, springen sie gleich in den See. Sie lieben das Nass! Sogar wenn ich auf ihnen reite, gehen sie ins Wasser. Letztes Jahr bin ich mit einer weißen Stute vorausgeritten und ihr Fohlen folgte uns bis in den See. Das Kleine schwamm. Das war richtig idyllisch!

Mitte September sind die oberen Weiden dann kahl gefressen und die Saison neigt sich dem Ende zu. Die Besitzer kommen ihre Pferde holen, und wir montieren auf der Alp alle Zäune ab, rollen die Drähte zusammen, sammeln die Pfosten ein. Das gibt zu tun bis Ende Oktober, ab November wird's ruhiger. Die freie Zeit nutze ich für Ausritte.

Ab Dezember bin ich wieder im Sportgeschäft im Nachbardorf Nax anzutreffen, wo ich Skier präpariere, wachse, ausbessere und Skiausrüstungen verkaufe. Auch im Winter läuft's bei mir nach demselben Rhythmus: Am Morgen bin ich im Stall bei den Pferden in Crête Longue, am Nachmittag arbeite ich im Sportshop, und am Abend gehe ich wieder in den Stall.

Aber der Winter ist hart. Papas Stall liegt im schattigen Talgrund. Der Boden dort ist oft gefroren. Drum reite ich wenig aus und führe die Pferde lieber am Halfter spazieren. Und meist liegt auf der Koppel so viel Schnee, dass ich draußen nicht mit ihnen trainieren kann. Das ist eine ziemliche Katastrophe. Die Pferde mögen zwar den Schnee und wälzen sich liebend gerne darin herum, aber die Gefahr, dass sie ausschlipfen und sich ein Bein brechen ist zu groß, sodass ich im Winter mit der Dressurarbeit leider pausieren muss.

Auch Papas Kuhstall, in den wir die Pferdeboxen eingebaut haben, ist ziemlich rustikal. In zwei Jahren möchte ich selber einen größeren Reitstall für zehn Pferde bauen und eine komfortable Reithalle dazu: meine eigene Pferderanch. Spätestens dann werde ich das ganze Jahr über trainieren können.

Als Züchterin und Dressurreiterin hab ich nun schon einiges erreichen können. Aber ich will noch viel dazulernen und mit der

Zucht so weit wie möglich vorankommen. In den nächsten fünf Jahren möchte ich gerne auf zehn Stuten aufstocken. Allzu groß soll die Ranch aber nicht werden. Ich will nicht jede Menge Fohlen haben, die ich an irgendwen verkaufen muss. Lieber kleiner bleiben und hier und da ein Fohlen bei einem Halter platzieren, bei dem ich sicher bin, dass es in guten Händen ist.

Die Käufer meiner Lusitano-Vollblüter können jedenfalls sicher sein, dass sie ein schönes, gut dressiertes und gelehriges Pferd bekommen, sehr eigenständig und mit zackigem Gang, ein barockes Pferd, mit dem man Dressurreiten bestreiten kann und das sich hervorragend führen lässt. Auch wenn man es nur zum privaten Reitvergnügen einsetzt.

*Ich will nicht jede Menge Fohlen haben, die ich an irgendwen verkaufen muss.*

So viel ist klar: Die Pferde, ihre Zucht und Dressur sind meine Zukunft. Ein Leben ohne sie kann ich mir nicht vorstellen. Sobald ich mit ihnen zusammen bin, komme ich in meine Mitte, werde ruhiger. Darum werden sie die große Liebe meines Lebens bleiben.

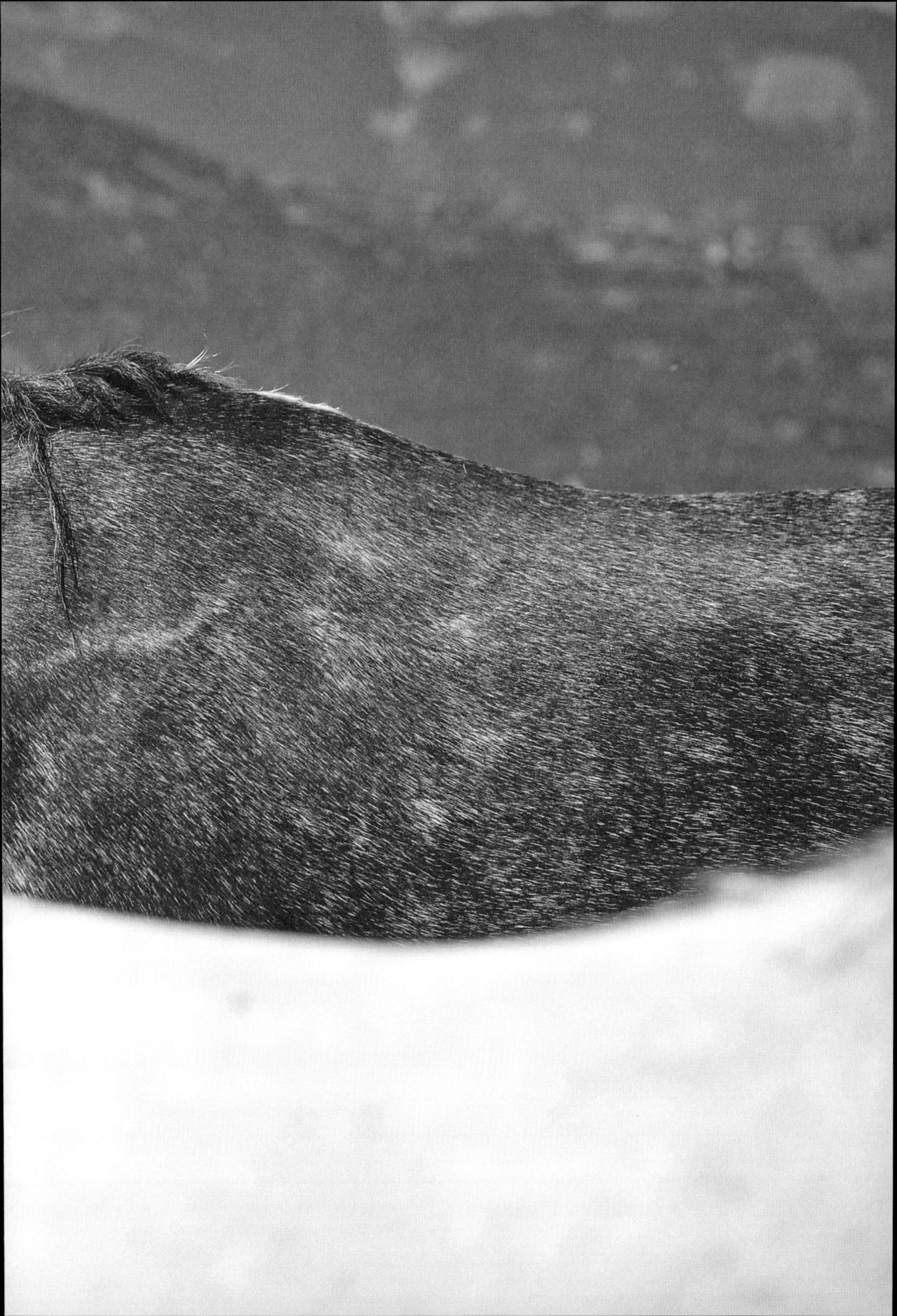

# Walliser Aprikosen-Tarte mit Streuseln

Das Rezept wird in der Familie Favre von Generation zu Generation weitergegeben. Mit frischen Aprikosen aus dem Wallis schmeckt die Tarte natürlich am besten!

*Für ein Ofenblech*

| | |
|---|---|
| 250 g Butter | in der Pfanne schmelzen |
| 1 Tasse Wasser | dazugeben, umrühren |
| 600 g Mehl | |
| 1 Prise Salz, 2 TL Zucker | |
| 2 Tassen Wasser | alles mischen, Butter unterrühren, zu einem Teig kneten, bis er aussieht wie krümeliger Parmesan. Den Teig zu einer Kugel formen, in Klarsichtfolie wickeln und im Kühlschrank eine halbe Stunde ruhen lassen. Dann auswallen und aufs Blech legen, mit einer Gabel einstechen. |

*Belag*

| | |
|---|---|
| 8 EL Aprikosenkonfitüre | auf den Teigboden pinseln |
| 1 kg Aprikosen | halbieren, entsteinen und auf dem Teig auslegen |

*Streusel*

| | |
|---|---|
| 50 g Butter | mit der Gabel zerdrücken |
| 1 Tasse Zucker | mischen |
| 2 EL Puddingcrème | |
| 2 TL Mehl | unterrühren, bis sich Streusel formen<br>Kuchen damit bedecken |

Im vorgeheizten Ofen bei 250 Grad 10 Minuten backen, dann bei 200 Grad 20 bis 25 Minuten weiterbacken, bis der Kuchen goldbraun ist. Mit Puderzucker bestäuben. Mit einem Glas Walliser Petite Arvine genießen.

# Valle de Réchy: durchs Naturreservat zur Alpbeiz La Lé

Das Valle de Réchy – dieses magisch schöne Tal zwischen dem Val d'Hérens und dem Val d'Anniviers – ist ein einzigartiges Naturreservat im Wallis, das sich in drei Stufen gliedert: vom bewaldeten Bas-Vallon, das abrupt in der steilen Wand des Wasserfalls Le Pichioc endet, über das Vallon Moyen, der alpinen Moorlandschaft des Ar du Tsan, bis hin zum Haut-Vallon beim Lac Louché, der sich in eine wunderbare karstige Mondlandschaft einfügt.

Den untersten Teil des Tals kann man auf einer leichten Wanderung zur Alpbeiz La Lé (1643 m) kennenlernen. Auf demselben Weg geht's wieder zurück.

**Anreise:** mit Bahn und Bus via Grône nach Loye. Von dort zu Fuß auf der Alpstraße ins Tal hinein. Mit dem Auto kann man noch ein Stückchen weiter bis zum Maiensäß mit den Chalets fahren.
**Route:** Loye–Mayens de Réchy–Buvette La Lé, retour
**Gehzeit:** 2 h
**Höhenmeter:** 720 m
**Karte:** Swisstopo 1307, Vissoie (1:25 000)

**Hochalpin: Mont Noble**
Die anspruchsvolle hochalpine Rundwanderung führt von der Buvette La Lé bis zuhinterst ins Hochtal zum Lac Le Louché.
Der Aufstieg zum Pichioc geht durch einen feuchten, mit Moos und Flechten überwachsenen Feenwald. Der Wasserfall ist überwältigend. Dann über das satte Grün der Moorlandschaft L'Ar du Tsan zum Lac Louché. Von dort über die Becca de Lovégno und Pointe de Masserey zum Mont Gautier, dessen Form an ein Amphitheater erinnert. Der Gipfel des Mont Noble belohnt mit einer prächtigen Aussicht. Dann via Pichioc auf demselben Weg zurück ins Tal.

**Route:** Mayens de Réchy–Buvette La Lé–Le Pichioc–L'Ar du Tsan–Le Louché–Pas de Lovégno–Becca de Lovégno–Pointe de Masserey–Mont Gautier–Col de Cou–Mont Noble–Col de Cou–Le Pichioc–L'Ar du Tsan–La Lé–Mayens de Réchy
**Gehzeit:** 8 h 30
**Höhenmeter:** 1700 m
**Karte:** Swisstopo 273T, Montana (1:50 000)

Die Autorin dankt für die finanzielle Unterstützung:

Alexander Schmidheiny Stiftung

Bertold Suhner Stiftung

Dätwyler Stiftung

Einwohnergemeinde Engelberg

Einwohnergemeinde Grindelwald

Ernst Göhner Stiftung

Fredy & Regula Lienhard Stiftung

Gemeinde Flims

Gemeinde Safien

Gemeinde Verdabbio

Georg und Josy Guggenheim Stiftung

Grindelwald Tourismus

Kulturstiftung des Kantons Thurgau

Max und Erika Gideon-Stiftung

Ortsgemeinde Buchs

Patenschaft Berggemeinden

Pro Patria

ProSpecieRara

Schweizerische Stiftung für Alpine Forschung

Stiftung Dr. Valentin Malamoud

Walter Haefner Stiftung

Schweizerischer Bauernverband

GUT, GIBT'S DIE SCHWEIZER BAUERN.
www.landwirtschaft.ch

Stadt Winterthur

Südkultur Kt. St. Gallen

Südkultur

SWISSLOS
Kultur
Kanton Bern

SWISSLOS
KULTURFÖRDERUNG
KANTON GRAUBÜNDEN

KANTON
URI
SWISSLOS

**Daniela Schwegler,** geboren 1970, ist Juristin und Journalistin. Als Redakteurin arbeitete sie bei der Schweizerischen Depeschenagentur (sda), beim juristischen Fachmagazin *plädoyer* und bei der Kirchenzeitung *reformiert.* Seit 2010 ist sie freischaffend, schreibt u. a. für die *Neue Zürcher Zeitung,* den *Beobachter* und *Das Magazin.* Zahlreiche Beiträge in Publikationen, zuletzt *Die schönsten Naturparadiese der Schweiz* (2009), *Unter der Haube. Diakonissen erzählen aus ihrem Leben* (2011).
www.danielaschwegler.ch

**Vanessa Püntener,** geboren 1973 in Basel, lebt als freischaffende Fotografin mit ihrer Familie in Winterthur. Zahlreiche Auftragsarbeiten, Publikationen, Ausstellungen im In-und Ausland. Sie erhielt vielfache Auszeichnungen, u. a. Urner Werkjahr sowie 2008 den Swiss Photo Award – ewz selection, 1. Preis Fine Art für ihr Buch *Alp – Porträt einer verborgenen Welt.* Sie fotografiert Geschichten, die das Leben schreibt.
www.vanessapuentener.ch

Alp Oberberg
Alp Vorder Füren
Bussalp
Alp Gornere
Alpage de Tsartsey
Alpe di Cavanna
Basel
Delémont
Solothurn
Neuchâtel
Bern
Fribourg
Yverdon
Interlaken
Spiez
Lausanne
Sierre
Sion
Genf